LAS GRANDES
DOCTRINAS
DE LA
BIBLIA

LAS GRANDES DOCTRINAS DE LA BIBLIA

por

WILLIAM EVANS

EDITORIAL PORTAVOZ

Las Grandes Doctrinas de la Biblia, de William Evans,
© 1974 por Moody Bible Institute de Chicago, Illinois y
publicado con permiso por Editorial Portavoz, filial de
Kregel Publications, P. O. Box 2607, Grand Rapids,
Michigan 49501. Todos los derechos reservados.

Traducción: M. Garrido Aldama

EDITORIAL PORTAVOZ
Kregel Publications
P. O. Box 2607
Grand Rapids, Michigan 49501 EE.UU.A

Visítenos en: www.portavoz.com

ISBN 0-8254-1222-6

24 25 26 28 edición/año 06 05

Printed in the United States of America
Impreso en los Estados Unidos

CONTENIDO

INTRODUCCION

Han venido solicitudes de los estudiantes de mis clases que han escuchado estas conferencias sobre las grandes doctrinas de la Biblia, para que les dé una forma permanente, a fin de que sirvan para su estudio ulterior. Por consiguiente, este libro ha sido preparado primariamente, aunque no exclusivamente, con la mira puesta en los estudiantes y en sus necesidades.

La forma de tratar las doctrinas en el libro es más bien desde el punto de vista de la teología bíblica que de la dogmática. Esto se puede echar de ver por el plan que se desarrolla en la obra, a saber, la reunión de los pasajes bíblicos que se refieren al asunto que se trata y la elección entre ellos de los que consideramos representativos; después buscar el significado de estas referencias, estudiando el mismo texto así como el contexto y los pasajes paralelos; finalmente, de los textos seleccionados formular la enseñanza doctrinal, colocando los resultados en acápites adecuados.

Las doctrinas acerca de Dios, de Jesucristo y del Espíritu Santo, son tratadas más ampliamente que las otras doctrinas que siguen. Esto tiene más aplicación al tratamiento de la doctrina de Dios. La razón de esto es poner delante el método que se sigue en estos estudios, para que sirvan de modelo al estudio de las doctrinas subsiguientes.

Es muy deseable que las doctrinas contenidas en este libro se estudien teniendo siempre a la mano la Biblia abierta. Por esta razón muchas de las referencias bíblicas se indican solamente con el capítulo y el versículo. Debe recurrirse constantemente a las mismas Escrituras.

De esta manera este libro puede servir de gran ayuda a los que dirigen las clases bíblicas. Probablemente no hay necesidad más grande hoy día en la iglesia cristiana que la de que sus miembros se familiaricen con los hechos y doctrinas fundamentales de la fe cristiana. Por consiguiente, el creyente que desea adquirir el conocimiento más profundo de las doctrinas de la fe cristiana, encontrará en este libro toda la ayuda que necesita. Es de esperar que el creyente laico en las iglesias no lo encuentre muy profundo, a pesar de que ha sido preparado para los estudiantes.

El autor aprovecha esta oportunidad para mostrar su gratitud a las siguientes obras: "Lo que Enseña la Biblia," por R. A. Torrey, D.D., al que el autor debe mucho, especialmente en lo relacionado con el método y plan de este libro. "Teología Sistemática," por A. H. Strong, D.D., ha proporcionado hermosas y ricas exposiciones del texto sagrado. "Doctrina Cristiana," por el Dr. F. L. Patton, ha servido también de mucha ayuda, especialmente en lo que se relaciona con las "Pruebas de la Existencia de Dios." Debemos también mostrar nuestra gratitud a los siguientes: "El Problema del Antiguo Testamento," y "Cómo el Cristiano Mira a Dios y al Mundo," por el Dr. James Orr; "Estudio sobre Doctrina Cristiana," por George Knapp; "Jesús y el Evangelio," y "La Muerte de Cristo," por el profesor James Denny; "La Persona y Obra de Jesús," por Nathan E. Wood, D.D.

Probablemente habrá otros a quienes debemos también las gracias y de los que el autor no se recuerda en este instante, porque, después de todo, somos "parte de todo lo que hemos visto, leído y encontrado." Vaya, pues, a todos estos autores desconocidos el reconocimiento de nuestra gratitud.

WILLIAM EVANS

Los Angeles, California

1

DOCTRINA ACERCA DE DIOS

I. SU EXISTENCIA.

1. LAS ESCRITURAS BIBLICAS LA DAN POR SUPUESTA.

Parece que a ninguno de los escritores del Antiguo o del Nuevo Testamento se les ocurrió tratar de probar o argüir acerca de la existencia de Dios. Es un hecho que se da por supuesto siempre y en todas partes. "Un Dios que pudiera ser demostrado, no sería Dios" (Jacobi). Dios es el que existe de sí mismo (Exod. 3:14) y el origen de toda vida (Juan 5:26).

La apertura sublime de las Escrituras nos anuncia el hecho de Dios y su existencia: "En el principio Dios" (Gen. 1:1). No nos describe cómo surgió en la mente humana la existencia de Dios. "Dijo el necio en su corazón, no hay Dios" (Salmo 14:1), no indica una falta de fe en la existencia, sino más bien, en el interés activo de Dios en los asuntos del hombre, como si El pareciera ocultarse de lo que al hombre concierne (Job 22:12-14).

Las Escrituras reconocen, además, que el hombre no sólo conoce la existencia de Dios, sino que también tiene un conjunto de ideas acerca de quién y qué es (Rom. 1:18, 19).

Solamente un necio se atrevería a negar el hecho de Dios. "¡Qué! ¿No hay Dios? ¿Un reloj sin que tengamos llave para él? ¿Un reloj que tiene el resorte principal roto y no hay joyero que lo pueda componer? ¿Un tren y un horario y nadie lo puede hacer andar? ¿Una estrella brillando y nadie que pueda ponerle el aceite para que no extinga? ¿Un jardín sin jardinero? ¿Flores

sin florista? ¿Condiciones sin haber quien las imponga?" El que
está sentado en el cielo se reirá de un ateísmo tan absurdo.

2. ARGUMENTO SOBRE LA EXISTENCIA DE DIOS.*

Estos argumentos quizás no prueban en una forma concluyente
que Dios existe, pero lo que sí hacen, es demostrar que para
que exista el conocimiento, el pensamiento, la razón y la conciencia del hombre, debe presuponerse la existencia de Dios
(Strong). Se dice que la belleza puede mostrarse, pero no
probarse. Lo mismo podemos decir de la existencia de Dios.
Estos argumentos son probabilidades, pero no demostraciones.
De ahí que se completa el uno al otro y constituyen una serie
de evidencias que se acumulan la una a la otra. Tomados
separadamente, ninguno de ellos puede considerarse como
concluyente. Pero todos juntos vienen a corroborar nuestra
original convicción de la existencia de Dios, la cual tiene un gran
valor práctico y es suficiente en sí misma para obligar al hombre
a obrar moralmente.

Un puñado de varillas no puede romperse en conjunto,
aunque cada una de ellas se rompa separadamente. La resistencia total la forma la resistencia del conjunto. Nosotros
nunca comenzaríamos a obrar en nuestros asuntos diarios, si
tuviéramos que esperar a adquirir una certeza absoluta y
demostrativa en cada caso. En vez de dudar de todo lo que
se puede dudar, no dudemos de nada hasta que nos veamos
precisados a dudar.

El difunto Dr. Orr dijo: "Lo que queremos dar a entender,
al hablar de la prueba de la existencia de Dios, es sencillamente
que existen hechos necesarios en el pensamiento, los que nos
elevan de lo finito a lo infinito, de lo causado a lo que no tiene
causa, de lo contingente a lo necesario, de la razón que supone
la estructura de nuestro universo, a una razón universal y eterna
que es la base de todo, de la moralidad de la conciencia a un

*En las obras del Dr. Augusto H. Strong y del Dr. Francisco I.
Patton se puede encontrar una exposición más amplia y completa de
estos argumentos sobre la existencia de Dios. El autor reconoce lo que
debe a estos escritores.

Legislador y Juez moral. Las pruebas teóricas a este respecto forman una unidad inseparable. Como declara el Dr. Stirling, 'Juntos forman la ondulación de una sola ola, que no es más que la elevación natural hacia Dios de parte del entendimiento humano, que tiene por delante la experiencia y conciencia del mismo hombre.'"

La religión no es el resultado de las pruebas de la existencia de Dios, ni será destruida porque éstas sean insuficientes en la mente de algunos. La religión existió antes de todo argumento. En realidad la hermosura de la religión está en que impele a buscar toda confirmación posible de la realidad de Dios.

a) Universalidad de la Creencia en la Existencia de Dios.

(1) *Planteamiento y prueba del hecho.*

El hombre cree, en todas partes, en la existencia de un ser o seres supremos para con los que tiene responsabilidad moral, en honor de los cuales tiene que hacer algo para obtener su propiciación.

Esta creencia tal vez se manifieste en una forma cruda o grotesca; pero la realidad del hecho no pierde su valor, como no la perdería la existencia de un padre, si el hijo tratase de pintarlo en forma tosca.

Algunos han dicho que, en el interior del Africa, existen tribus que no tienen idea o concepto de Dios. Tal afirmación la hizo Moffat, el suegro de Livingstone. Pero el mismo Livingstone, después de estudiar cuidadosamente las costumbres y el lenguaje de tales tribus, prueba en forma concluyente que Moffat se había equivocado.

Suponiendo que existieran tales tribus, esto no invalidaría el hecho que estamos aquí considerando, como la existencia de algunos hombres ciegos, cojos, mudos y sordos, tampoco probaría que es errónea la afirmación de que el hombre es una criatura que ve, oye, habla y camina. El hecho de que en algunas naciones no se conozca la tabla de multiplicar, no echa por tierra la aritmética.

Es muy dudoso que existan los llamados ateos en países

cristianos. Se dice que Hume, que llevaba fama de gran
escéptico, dijo a Férguson, cuando ambos estaban contemplando
el cielo estrellado: "Adán, Dios existe." Voltaire, el gran ateo,
cuando se encontró en medio de una gran tormenta, se puso a
orar. Cuando a Ingersoll se le acusó de que era ateo, respondió
indignado a tal acusación diciendo: "Yo no soy ateo, ni digo que
no hay Dios; yo soy agnóstico, por consiguiente, no sé si hay
Dios." Las primeras palabras de un argumento que trataba de
probar la no existencia de Dios fueron éstas: "Yo doy gracias a
Dios de que soy ateo." Uno que recién se había convertido al
ateísmo, dijo en medio de un grupo de incrédulos: "Yo me he
librado de la idea de un Ser supremo y por ello doy gracias a
Dios."

(2) *¿De dónde procede esta creencia universal en la existencia
de Dios?*

aa) *No procede de causas externas* como la razón, la tradición,
ni siquiera de las Escrituras.

No procede de la razón o de argumento alguno, porque muchos
que creen en Dios, no han tomado tiempo de razonar o argüir
acerca de este asunto. La verdad es que algunos ni siquiera
podrían hacerlo intelectualmente. Otros que tienen gran capacidad intelectual y que se han detenido a razonar o argüir sobre
este asunto, niegan abiertamente la existencia de Dios. La creencia en Dios no es el resultado de argumentos de lógica, o de lo
contrario la Biblia nos hubiera proporcionado las pruebas.

Esta creencia universal tampoco procede de la tradición,
porque "La tradición no puede perpetuar más que lo que ya
ha tenido principio," dice el Dr. Patton.

*Tampoco podemos decir que esta creencia procede de las
Escrituras,* porque como se ha dicho muy bien, si el hombre no
tuviera algún conocimiento del Dios de quien proceden las
Escrituras, la misma Revelación no tendría autoridad alguna
para él. Aun la idea de las Escrituras como una Revelación,
presupone la creencia en un Dios que puede hacerla (Newman
Smith). La Revelación necesariamente supone la existencia de
Dios.

bb) *Esta creencia universal procede de dentro del hombre.*
Todas las evidencias que poseemos al respecto, nos llevan a la conclusión de que esta fe universal en la existencia de Dios es innata en el hombre y procede de la intuición racional.

(3) *Peso y valor de este argumento.*

El hecho de que todos los hombres en todas partes creen en la existencia de un Ser supremo, o seres, para con los que tienen responsabilidad moral, es un argumento muy fuerte en favor de esta verdad. Un efecto tan universal debe por necesidad tener una causa asimismo universal. De lo contrario, nos encontraríamos con un efecto al que no podríamos asignar causa alguna. De consiguiente, son los que niegan la existencia los que están en la obligación de buscar una prueba.

b) Argumento Cosmológico: Causa y Efecto.

Cuando vemos un objeto, naturalmente nos preguntamos cuál fué la causa de tal objeto. Vemos este mundo en que vivimos y nos preguntamos cómo vino su existencia. ¿Se originó de sí mismo, o tiene causa su existencia fuera de sí? ¿Su causa es finita o infinita?

Es obvio que no puede proceder de sí mismo, como los ladrillos, los clavos, la madera, las pinturas, los colores, no pueden formar por sí mismos una casa o edificio; ni los tipos que componen un libro pueden colocarse por sí mismos en el orden en que están. Cuando preguntaron a Liebig si creía que la grama y las flores que veía a su alrededor crecían en virtud de las meras fuerzas químicas, contestó: "No, como no puedo creer que los libros de botánica que nos describen esas plantas pueden formarse solamente por las fuerzas químicas." No existe teoría de una serie eterna que pueda explicar la creación de nuestro universo. No importa cuan larga sea la cadena, debemos contar siempre con un eslabón del que ella depende. Una cadena perpendicular sin fin es una imposibilidad. La Biblia dice que: "Toda casa ha sido edificada por algún hombre." De la misma manera este mundo en que vivimos fué construido con un propósito por una mente de poder y sabiduría infinitos.

El mismo razonamiento se puede aplicar al hombre. El hombre existe, pero debe su existencia a alguna causa. ¿Esta causa se encuentra dentro o fuera de él? ¿Es finita o infinita? Remontemos nuestro origen, si les parece, a nuestro primer padre Adán. Inmediatamente debemos preguntar, "¿Cómo vino él a la existencia?" La doctrina de la eternidad del hombre no puede ser sostenida. Los restos fósiles no se encuentran más allá de los 6,000 años. El hombre es un efecto; no ha existido siempre. Así lo prueba la geología. Que la primera causa debe haber sido un ser inteligente, lo demuestra el hecho de que nosotros mismos somos seres inteligentes.

c) Argumento Teleológico: Designio.

Un reloj no sólo supone un relojero o artífice, sino también uno que lo ideó. Un reloj se hace con un propósito, lo que es evidente observando su misma estructura. Detrás del reloj hubo una mente que lo ideó con un designio, lo mismo que ocurre con el mundo en que vivimos. Estos "propósitos" en la naturaleza no se pueden atribuir a "resultados naturales," ni a la "selección natural," para cuya producción no se requiere la inteligencia. Ni son tampoco "el triunfo de los más fuertes," en cuyo caso "la casualidad o el accidente actúan por la razón." No, son los resultados de una inteligencia y voluntad que los origina y se cuida de ellos.

d) Argumento Ontológico: Ser.

El hombre tiene una idea acerca de un Ser infinito y perfecto. ¿De dónde procede tal idea? ¿Será de seres finitos e imperfectos como nosotros? Ciertamente que no. Por consiguiente esta idea requiere la existencia de un Ser infinito y perfecto. No basta que sea un mero pensamiento, sino que tiene que ser una persona.

e) Argumento Antropológico: Moral.

El hombre tiene una naturaleza intelectual y moral. De consiguiente concluimos que su Creador tiene que ser también un Ser intelectual y moral, un Juez y Legislador. El hombre siente profundas emociones, y solamente un Ser dotado de bondad, poder, amor, sabiduría y santidad, puede satisfacer tal naturaleza, lo que indica la existencia de un Dios personal.

La conciencia le dice al hombre: "Harás," o "No harás"; "Debes," o "No debes." Tales mandatos no se los impone el hombre a sí mismo. Implican la existencia de un Gobernador moral, ante el cual el hombre es responsable. En el corazón del hombre está asentada la conciencia, como un Moisés interior que está proclamando con truenos, desde un Sinaí invisible, la ley de un Juez santo. El Cardenal Newman dijo: "Si no fuera por la voz que habla con tanta claridad en mi conciencia y en mi corazón, yo sería un ateo o un panteísta cuando contemplo este mundo." Unas cosas son buenas, otras malas; el amor es bueno, el odio es malo. Y una cosa no es buena precisamente porque agrada, o mala porque desagrada. ¿De dónde nos viene esta norma del bien o del mal? La moralidad es obligatoria, no opcional. ¿Qué es lo que la hace obligatoria? ¿Quién tiene derecho de mandar en mi vida? Tenemos que creer que existe un Dios, o creer que la misma fuente de nuestra naturaleza es una mentira.

f) Argumento de Congruencia.

Si tenemos una llave que se adapta perfectamente a todas partes de la cerradura, sabemos que es la llave que se busca. Si tenemos una teoría que se adapta a todas las circunstancias de un hecho, sabemos que tenemos la verdadera teoría. "La creencia en un Dios personal que existe por sí mismo, está en armonía con todos los hechos de nuestra naturaleza mental y moral, así como con todos los fenómenos del mundo natural. Si Dios existe, la creencia en su existencia es natural. Con ella queda satisfecho el impulso irresistible de buscar una causa adecuada; nuestra naturaleza religiosa tiene un objeto; la uniformidad de la ley natural encuentra una explicación adecuada; y la naturaleza humana no resulta ser meramente una gran impostura. El ateísmo deja todas estas cosas sin explicación y convierte en mentira y falsedad no solamente la historia entera, sino nuestra misma naturaleza moral e intelectual." (*Patton*)

g) Argumento Bíblico: La Escritura.

La mayor parte de nuestros conocimientos se apoyan en el testimonio de otros, y la Biblia es un testimonio de autoridad. Si nos es suficiente a nosotros el testimonio de los viajeros acerca de los hábitos, costumbres y maneras de vivir de los países que visitan y que nosotros nunca hemos visto, ¿por qué no nos ha de satisfacer la evidencia de la Biblia acerca de la existencia de Dios, si la Biblia es auténticamente histórica?

Sabemos que unos hechos requieren más pruebas que otros, y esto es cierto del hecho de la existencia de Dios. Pero la historia bíblica es suficiente para satisfacer cualquier exigencia racional. La historia de los judíos y la profecía no se pueden explicar sin Dios. Si no podemos creer en la existencia de Dios, apoyados en el testimonio de la Biblia, haríamos bien en quemar todos nuestros libros de historia. Una persona no puede negar la verdad del testimonio de la Biblia, a no ser que esté lista a decir: "Ningún argumento me convencería de la existencia de lo sobrenatural."

La Escritura no trata de probarnos la existencia de Dios. La afirma, la supone, y declara que el conocimiento de Dios es universal (Rom. 1:19-21, 28, 32; 2:15). La Biblia afirma que Dios ha grabado esta gran verdad en lo íntimo de todo ser humano, de modo que en ninguna parte se encuentra El sin alguien que dé testimonio de El. Un predicador puede con toda seguridad seguir el ejemplo de las Escrituras, presuponiendo que existe un Dios. La verdad es que debe afirmarlo como lo hace la Escritura, de una manera indubitable y clara, creyendo que su "eterno poder y divinidad" son cosas que se ven claramente y se perciben por la evidencia que de ellas dan las obras de sus manos que se encuentran por todas partes.

II. NATURALEZA DE DIOS: (Vs. Agnosticismo).

1. ESPIRITUALIDAD DE DIOS: (Vs. Materialismo). "DIOS ES ESPIRITU."

a) Afirmación del Hecho, Juan 4:24: "Dios es Espíritu."

Significado: Pregunta de la mujer samaritana: "¿Dónde se puede encontrar a Dios?" etc. ¿En el monte Sión o en Gerizim? Respuesta de Cristo: "Dios no está confinado a un solo lugar" (Hechos 7:48; 17:25; 1 Reyes 8:27). Dios debe ser adorado *en espíritu* en contraposición al lugar, forma y otras limitaciones sensorias (4:21); *y en verdad* en contraposición a los falsos conceptos que se originan en un conocimiento imperfecto (4:22).

b) Luz que Arrojan otros Textos de la Biblia sobre "Dios es Espíritu."

Lucas 24:39: "El espíritu ni tiene carne ni huesos," es decir, no tiene cuerpo o partes como los seres humanos; es incorpóreo; no está sujeto a las limitaciones humanas.

Col. 1:15: "La imagen del Dios invisible."

1 Tim. 1:17: "El Rey de los siglos, inmortal, invisible."

Estos pasajes nos enseñan que Dios no participa en nada de la naturaleza material o corporal. La vista no ve más que los objetos del mundo material, pero como Dios no se encuentra en la naturaleza de este mundo material, no puede ser visto con nuestros ojos materiales, por lo menos por ahora.

c) Luz que se Deriva de las Amonestaciones contra el Representar a Dios mediante Imágenes.

Deut. 4:15-23; Isa. 40:25; Exod. 20:4. Examinando con cuidado estos pasajes se hace notorio que la razón por la que se prohiben las imágenes es porque nadie ha visto a Dios jamás; por consiguiente, no puede representarlo; y además, no existe nada en la tierra que se le parezca.

d) Definición de "Dios es Espíritu" a la Luz de lo Precedente.

Dios es invisible, incorpóreo; no tiene cuerpo, ni partes, ni pasiones, así que no tiene limitaciones. No se le puede percibir con los sentidos sino con el alma; de consiguiente Dios está muy por encima de las percepciones sensorias. Las palabras de Pablo en 1 Cor. 2:6-16 enseñan que no podemos conocer a Dios sin la enseñanza que viene del Espíritu de Dios. Dios no es un ser material. "La Place recorrió los cielos con su telescopio y en ninguna parte encontró a Dios. Lo mismo hubiera dado, si hubiera recorrido la cocina con su escoba." Como Dios no es un ser material, no puede ser percibido con los sentidos físicos.

e) Preguntas y Problemas Relacionados con la Afirmación de que "Dios es Espíritu."

(1) *¿Qué significa la declaración de que el hombre fué hecho "a la imagen de Dios"?*

En Col. 3:10; Efes. 4:24, se nos declara que esta "imagen" consiste en "justicia, conocimiento y santidad de verdad." Esto quiere decir que la imagen de Dios en el hombre se halla en la semejanza intelectual y moral, más que en el parecido físico. Algunos piensan que 1 Tes. 5:23 indica que la "trinidad del hombre": cuerpo, alma y espíritu, constituye esa imagen y semejanza.

(2) *¿Qué se quiere dar a entender con las expresiones antropomórficas que se usan hablando de Dios?*

Por ejemplo, se dice que Dios tiene manos, pies, brazos, ojos, oídos; que ve, siente, oye, camina, etc. Estas expresiones deben entenderse solamente en el sentido de que son expresiones humanas, de las que nos valemos para traer lo infinito dentro de los límites de comprensión de lo finito. ¡En qué otra forma podríamos nosotros entender que Dios salva, sino por medio de expresiones humanas y de figuras que todos podemos comprender!

(3) *¿Cómo se podrán reconciliar los pasajes Exod. 24:10 y 33:18-23, en que se nos dice terminantemente que algunos hombres vieron al Dios de Israel, con pasajes tales*

como Juan 1:18: "A Dios nadie le vió jamás," y Exod. 33:20: "No me verá hombre y vivirá"?

Respuesta:

aa) *El Espíritu puede manifestarse en forma visible:*

Juan 1:32: "Ví al Espíritu que descendía del cielo como paloma (o en forma de una paloma)." A través de todos los tiempos el Dios invisible se ha manifestado a sí mismo en forma visible. (Jueces 6:34: El Espíritu de Jehová se envistió en Gedeón.)

bb) *La doctrina de "El Angel del Señor" está basada en esta verdad,*

según la encontramos en el Antiguo Testamento, Gen. 16:7, 10, 13. Nótese cómo aquí se identifica al Angel del Señor con el mismo Jehová, cf. vv. 10, 13; y también Gen. 22:12, "El Angel de Jehová dijo, . . . no me rehusaste tu hijo." En Gen. 18:1-16 se identifica claramente uno de los tres ángeles con Jehová. Compárese también con el capítulo 19, en donde vemos que solamente dos de los ángeles vinieron a Sodoma, mientras que otro se quedó atrás. ¿Quién fué este ángel que quedó atrás? En Génesis 18:17, 20 se da la respuesta, y en el versículo 22 se lee: "Mas Abraham estaba aún delante de Jehová." En Exodo 13:21 es Jehová el que iba delante de Israel, mientras que en 14:19, es el Angel. De esta manera se preparó el camino a la encarnación, porque el Angel del Señor en el Antiguo Testamento es la segunda persona de la Trinidad.

cc) *¿Qué es, pues, lo que los ancianos de Israel vieron cuando se dice que "vieron al Dios de Israel"?*

No fué ciertamente Dios en su misma esencia, Dios como es en sí mismo, porque nadie puede tener esta visión y vivir. Sobre este particular es muy claro lo que dice Juan 1:18: "A Dios nadie le vió jamás." El énfasis en este versículo se encuentra en la palabra "Dios." En el capítulo 5:37 Jesús dice: "Ni nunca habéis oído su voz, ni habéis visto su parecer." De aquí parece deducirse claramente que el "ver" que no ha sido el privilegio de ningún hombre, se refiere más a la esencia que a la persona de Dios, si es que realmente puede hacerse esta distinción. Esto también parece deducirse de la posición que se da a Dios en esta frase. Nadie ha visto a Dios, como El realmente es, sino el Hijo. ¿Qué es, pues, lo que vieron estos hombres?

Evidentemente fué una *apariencia* de Dios en alguna forma perceptible por sus sentidos físicos, tal vez la forma de un hombre, puesto que se hace mención de sus "pies." Tal vez la visión fué demasiado brillante para que los ojos humanos la pudieran contemplar plenamente pero ciertamente fué una visión de Dios. Sin embargo, no fué mas que una manifestación de Dios, pues a pesar de que Moisés estaba conversando con Dios, dijo: "Si he hallado gracia en tus ojos, muéstrame tu rostro." Moisés había recibido grandes y extraordinarios privilegios, pues había sido admitido a la comunión con Dios más que ningún otro miembro de la raza humana. Sin embargo, no estuvo satisfecho con esto y quería más; por eso en versículo 18 pidió ver la gloria de Dios sin velo, que es lo que ningún hombre puede ver en la carne y vivir; pero esto no podía ser. Con referencia a Exod. 33:18-23, encontramos la respuesta de Dios: "No podrás ver mi rostro . . . verás mis espaldas; mas no se verá mi rostro." (En Números 12:8, encontramos más luz sobre este asunto si lo comparamos con Exod. 33:11.)

"El secreto permaneció oculto, las ansias insatisfechas, y lo más que se le permitió acercarse a la visión beatífica al que habló con Dios cara a cara, como un amigo con otro, fué el quedarse oculto en una hendidura de la peña, el ser hecho consciente de una sombra terrible, y el oír la voz del invisible."

2. PERSONALIDAD DE DIOS: (Vs. Panteísmo).

El panteísmo sostiene que este universo, en su estado de continuo cambio, no es más que la manifestación de una sustancia que siempre está cambiando, que es Dios. De esta manera todo es Dios y Dios es todo. De esta manera a Dios se le identifica con la naturaleza y no es independiente o separado de ella. Dios es, por consiguiente, una fuerza necesaria pero inconsciente que obra en el mundo.

¿En qué Forma Repercute la Personalidad de Dios en la Idea de la Religión?

La verdadera religión puede definirse como la comunión entre dos personas, Dios y el hombre. La religión es una relación personal entre Dios en el cielo y el hombre en la tierra. Si Dios no fuera una persona no podría haber comunión; y si Dios y el hombre fueran una misma cosa, no podría haber comunión y, por consiguiente, tampoco religión. Para que haya comunión es absolutamente necesario que haya una relación personal e independiente por ambos lados. El hombre no puede tener comunión con una energía, una fuerza o algo impersonal; ni una influencia puede tener una inclinación o afecto para con el hombre. Es absolutamente necesario para la verdadera definición de la religión que Dios y el hombre sean personas. Dios es una persona, no es una fuerza o una influencia.

a) Definición de Personalidad.

La personalidad existe donde existe la inteligencia, la mente, la voluntad, la razón, la individualidad y la conciencia y determinación propias. No es suficiente el mero conocimiento, porque las bestias también tienen algo de esto, sino la conciencia de sí. Tampoco la personalidad es la determinación, porque también las bestias tienen esto, aunque tal determinación sea el resultado de influencias externas, sino la determinación propia, el poder por el cual el hombre por un acto de su propia y libre voluntad determina sus actos de sus adentros.

No son necesarias para la personalidad ni la corporeidad ni la sustancia, en la forma en que nosotros las entendemos. Puede existir la verdadera personalidad sin la una ni la otra.

b) Enseñanzas Bíblicas acerca de la Personalidad de Dios.

(Sería bueno consultar el Argumento Ontológico de la Existencia de Dios sobre este particular, según se encuentra en la página 14.)

(1) Exod. 3:14: "YO SOY EL QUE SOY."

Este nombre tiene un significado admirable. La existencia y la personalidad forman su idea central. Estas palabras significan, "YO SOY, YO FUI, YO SERE," lo que corresponde de una manera tan sugerente con la declaración del Nuevo Testamento acerca de Dios: "Que eres y que eras y que has de venir."

Todos los nombres que se dan a Dios en las Escrituras indican personalidad.

En Gén. 22:13, 14: Jehová proveerá.

En Exod. 15:26: Yo soy Jehová tu Sanador.

En Exod. 17:8-15: Jehová nuestra Bandera (Jehová-nissi).

En Jueces 6:24: Jehová nuestra Paz (Jehová-salom).

En Salmo 23:1: Jehová mi Pastor.

En Jer. 23:6: Jehová, Justicia nuestra.

En Ezeq. 48.35: Jehová presente (Jehová-shamma).

Además los pronombres personales que se dan a Dios hacen ver su personalidad: Juan 17:3, y otros. "Que te conozcan"; nosotros no podemos conocer una influencia en el sentido en que la palabra conocer se emplea aquí.

Declaración: Los nombres y pronombres personales que se dan a Dios a través de las Escrituras prueban sin lugar a duda que Dios es una persona.

(2) *En las Escrituras se hace una distinción bien definida entre los dioses de los paganos y el Señor Dios de Israel (Jer. 10:10-16).*

Nótese el contexto: vs. 3-9; Los ídolos son cosas, no personas; no pueden caminar, hablar, ni hacer el bien o el mal. Dios es más sabio que los hombres que hicieron estos ídolos; de modo que si los que hicieron los ídolos son personas, con mucha más razón lo es Dios.

Nótese el contraste saliente que se hace entre los ídolos muertos y el único Dios vivo, personal y verdadero: Hech. 14:15; 1 Tes. 1:9; Salmo 94:9, 10.

Declaración: Dios debe distinguirse con claridad de todas las cosas que no tienen vida. El es una Persona viviente.

(3) *A Dios se le atribuyen en las Escrituras los atributos de la personalidad.*

Dios se arrepiente (Gén. 6:6); se entristece (Gén. 6:6); se aira (1 Reyes 11:9); es celoso (Deut. 6:15); ama (Apoc. 3:19); odia (Prov. 6:16).

Declaración: Dios posee los atributos de la personalidad, de consiguiente es una persona.

(4) *Para explicar la relación de Dios con el universo y con el hombre, según se nos presenta en las Escrituras, es menester reconocer que Dios es una persona.*

El deísmo sostiene que Dios, aunque es el Creador del mundo, no tiene más relaciones con él. El lo hizo como un relojero hace un reloj que se da cuerda a sí mismo. Lo hace y lo deja que corra de por sí, sin meterse él para nada. En la Escritura no se encuentra prueba alguna para esta enseñanza. ¿Cuáles son las relaciones de Dios para con el universo y para con el hombre?

aa) *Dios es el Creador del universo y del hombre.*

Gén. 1:1, 26; Juan 1:1-3. Estos versículos encierran verdades que son vitales. El universo no existió desde la eternidad, ni fué hecho de una materia que ya existía. No procedió como una emanación del infinito sino que fué traído a la existencia por un decreto del mismo Dios. La ciencia, al darnos a conocer el poder maravilloso y la exactitud de la ley natural, nos obliga a creer en una inteligencia que la vigila que es infinita. Tyndall dijo: "Yo he notado que no es precisamente durante las horas de lucidez y de vigor que la doctrina del ateísmo material atrae mi mente."

(En relación con esto pueden leerse con provecho los argumentos de Causa y Designio, páginas 13, 14.)

Declaración: La creación del universo y del hombre demuestra la personalidad del Dios Creador.

bb) *Dios tiene ciertas relaciones con el universo y el hombre que El creó.*

En Hebreos 1:3 se dice que "sustenta todas las cosas"; en Col. 1:15-17 se dice que "por el todas las cosas subsisten"; en el Salmo 104:27-30 se dice que todas las criaturas esperan "que El les dé su comida a su tiempo"; y en el Salmo 75:6, 7. el "ensalzamiento" de los hombres, es decir, el quitar al uno para ensalzer al otro, procede de la mano de Dios.

¿Qué es lo que aprendemos de estos pasajes bíblicos sobre la relación de Dios con el universo, con el hombre y con todas las criaturas de Dios?

Primero: Que El sostiene todas las cosas; si no, todo este mundo se desmoronaría rápidamente. La uniformidad y exactitud de la ley natural nos obliga a creer en un Dios personal que guía y gobierna el universo de una manera inteligente. La no creencia en este hecho acarrearía una confusión completa. En el timón del mundo no se encuentra la casualidad ciega, sino un Dios personal.

Segundo: Que la provisión de todas las necesidades físicas de las criaturas de Dios depende de su mano; El alimenta a todos. Nosotros cogemos lo que Dios da, y si El no nos provee, morimos.

Tercero: Que Dios tiene su mano puesta en la historia del hombre, guiando y moldeando los asuntos de las naciones. Victor Hugo dijo: "Waterloo era Dios."

Cuarto: Nótese con qué precisión de detalles se nos describe el cuidado de Dios: los gorriones, los lirios, los cabellos de la cabeza, las lágrimas de sus hijos, etc. Véase con qué claridad se nos pintan estos hechos en los siguientes pasajes bíblicos: Mat. 6:28-30; 10:29, 30; Gén. 39:21; 50:20; Dan. 1:9; Job 1:12.

Declaración: La personalidad de Dios se echa de ver por su interés activo y su participación en todas las cosas, aun en las más pequeñas, en el universo, en la experiencia del hombre y en la vida de todas sus criaturas.

3. UNIDAD DE DIOS: (Vs. Politeísmo).

En el mundo existen tres religiones monoteístas: el Judaísmo, el Cristianismo y el Mahometismo. El segundo es un desarrollo del primero, y el tercero un brote de ambos.

La doctrina de la unidad de Dios se sostiene en contraposición del *politeísmo,* que es la creencia en la multiplicidad de dioses; del *tri-teísmo,* que enseña que hay tres dioses, es decir, que el Padre, el Hijo y el Espíritu Santo son tres dioses distintos; y del *dualismo,* que enseña que existen dos seres divinos o principios eternos distintos, el uno bueno y el otro malo, según claramente lo proponen los sistemas gnósticos, tales como el Parsismo.

a) Las Escrituras Afirman la Unidad de Dios.

Deut. 6:4: "Oye, Israel: Jehová nuestro Dios, Jehová uno es." Isa. 44:6-8: "Yo el primero, y yo el postrero, y fuera de mí no hay Dios." Isa. 45:5: "No hay Dios fuera de mí." 1 Tim. 2:5: "Hay un Dios." 1 Cor. 8:4: "No hay más de un Dios."

La fuerza del argumento de más de 50 pasajes en la Escritura es que Dios es uno, que no hay otro, y que El no tiene igual. En la unidad de Dios se basa el deber fundamental de la vida, es decir, la entrega de nuestro ser al Señor: "El Señor . . . es uno . . . por consiguiente amarás al Señor tu Dios de *todo* tu corazón," etc.

No hay en la Escritura, particularmente en el Antiguo Testamento verdad a la que se da tanta prominencia como a la unidad de Dios. Esta verdad se echa de ver también en el universo material; es la introducción y la conclusión de todas las investigaciones científicas. Cualquier otra representación contradice tanto la creación como la revelación. Los que la niegan son objeto del ridículo de todo hombre pensador y ningún cristiano ortodoxo los puede creer. Sea pues ésta nuestra primera y necesaria conclusión: que la divinidad, ya se le considere creando, inspirando o manifestándose en otra forma, es un Dios; uno y nada más.

La multiplicación de dioses es una contradicción, pues no puede existir más que uno. No puede haber más que un ser absolutamente perfecto, supremo y todopoderoso. Tal ser no se puede multiplicar ni pluralizar. No puede haber más que un Dios que todo lo incluye y es el fin de todas las cosas.

Por consiguiente, la doctrina que se presenta en las Escrituras es el monoteísmo y no el tri-teísmo. "Si el pensamiento que desea ser ortodoxo tuviera menos tendencia a ser tri-teísta, el pensamiento que desea ser libre sería menos unitario" (*Moberly*).

b) Naturaleza de la Unidad Divina.

La doctrina de la unidad de Dios no excluye la idea de una pluralidad de personas en la divinidad. No quiere decir esto que en cada una de las personas de la divinidad haya tres personas, si en ambos casos se usa la palabra *persona* en el mismo sentido. Creemos, por consiguiente, que en la divinidad hay tres personas, pero un solo Dios. Los anti-trinitarios quieren representar la Iglesia Evangélica como si creyera en tres dioses, lo cual no es cierto. Cree en un Dios y en tres personas en la divinidad.

(1) *Uso bíblico de la palabra "Uno."*

Gén. 2:24: "Por tanto, dejará el hombre a su padre y a su madre, y allegarse ha a su mujer, y serán una sola carne." (Gén. 11:6: "He aquí el pueblo es uno." 1 Cor. 3:6-8: "Y el que planta y el que riega son una misma cosa." 12:13: "Porque por un Espíritu somos todos bautizados en un cuerpo, ora Judíos o Griegos, ora siervos o libres; y todos hemos bebido de un mismo Espíritu." Juan 17:22, 23: "Y yo, la gloria que me diste les he dado; para que sean una cosa, como también nosotros somos una cosa. Yo en ellos, y tú en mí, para que sean consumadamente una cosa."

La palabra "uno" en estos pasajes se usa en un sentido colectivo. La unidad de que aquí se habla es un compuesto como cuando hablamos de "un racimo de uvas," o "todo el pueblo se levantó como un hombre." La unidad de la divinidad no es simple sino compuesta. La palabra hebrea por "uno" (yacheed), en su sentido absoluto tal como se usa en la expresión "el único," no se usa *nunca* para significar la unidad de la divinidad. Por el contrario, para describir la unidad divina se usa siempre la palabra hebrea "echad," que significa "uno" en el sentido de una unidad compuesta, como en los pasajes antes citados.

(2) *El nombre divino "Dios" es una palabra plural; al referirse a Dios se usan pronombres plurales.*

La palabra hebrea que significa Dios (Elohim) se usa con más frecuencia en la forma plural. Dios usa con frecuencia pronombres plurales al referirse a sí mismo. Por ejemplo: Gén. 1:26: "Y dijo Dios: Hagamos al hombre . . . ."; Isa. 6:8: "Después oí la voz del Señor, que decía: ¿A quién enviaré, y quién *nos* irá"; Gén. 3:22: "Y dijo Jehová Dios: He aquí el hombre es como uno de *Nos* sabiendo el bien y el mal. . . ."

Tal vez alguno pueda decir que el "hagamos" de Gén. 1:26, se refería a una consulta de Dios con los ángeles con los que Dios se reune en consejo antes de hacer algo de importancia. Pero Isa. 40:14: "¿A quién demandó consejo?" demuestra que no fué así. Gén. 1:27 contradice esta idea, pues repite la afirmación "a la imagen de Dios," no a la imagen de los ángeles; y también que "crió DIOS al hombre A SU imagen, a imagen de Dios (no de los ángeles) lo crió." El "hagamos" de Gén. 1:26 se entiende, por consiguiente, con toda propiedad de la majestad plural como indicando la dignidad y majestad del que habla. La traducción correcta de este versículo no debería ser "hagamos" sino "haremos," indicando que se trataba de una resolución y no de una consulta.

4. DOCTRINA DE LA TRINIDAD: (Vs. Unitarismo).

En último análisis, la doctrina de la Trinidad es un misterio profundo que la mente finita no puede sondear. No se puede, sin embargo, dudar razonablemente de que está enseñada en la Escritura. Es una doctrina que ha de creerse, aunque no pueda entenderse por completo.

a) La Doctrina de la Trinidad en el Antiguo Testamento.

En el Antiguo Testamento esta doctrina se insinúa más bien que se declara. El tema de los pasajes del Antiguo Testamento parece que es más bien la unidad de Dios. Sin embargo, la doctrina de la Trinidad se insinúa claramente de cuatro maneras:

Primero: En los nombres plurales de la divinidad, como Elohim.

Segundo: En los pronombres personales que se aplican a la divinidad. Gén. 1:26; 11:7; Isa. 6:8.

Tercero: Las teofanías, especialmente "El Angel del Señor." Gén. 16 y 18.

Cuarto: La obra del Espíritu Santo. Gén. 1:2; Jueces 6:34.

b) La Doctrina de la Trinidad en el Nuevo Testamento.

En el Nuevo Testamento se enseña claramente la doctrina de la Trinidad. No se insinúa solamente, como se hace en el Antiguo Testamento, sino que se declara explícitamente. Esto es evidente por los siguientes pasajes:

Primero: El bautismo de Cristo: Mat. 3:16, 17. Aquí el Padre habla desde el cielo; el Hijo es bautizado en el Jordán; y el Espíritu Santo desciende en forma de paloma.

Segundo: En la fórmula bautismal: Mateo 28:19: "Bautizándolos en el nombre (singular) del Padre, y del Hijo, y del Espíritu Santo."

Tercero: La bendición apostólica: 2 Cor. 13:13: "La gracia del Señor Jesucristo, y el amor de Dios, y la participación del Espíritu Santo."

Cuarto: El mismo Cristo lo enseña en Juan 14:16: "Yo rogaré al Padre, y os dará otro Consolador."

Quinto: El Nuevo Testamento nos presenta:

Un Padre que es Dios, Rom. 1:7.

Un Hijo que es Dios, Heb. 1:8.

Un Espíritu Santo que es Dios, Hech. 5:3, 4.

El Sr. Boardman resume este asunto en las siguientes palabras: "El Padre es toda la plenitud de la divinidad invisible, Juan 1:18; el Hijo es toda la plenitud de la divinidad manifestada, Juan 1:14-18; el Espíritu Santo es toda la plenitud de la divinidad obrando directamente sobre la criatura, 1 Cor. 2:9, 10."

III. ATRIBUTOS DE DIOS.

Es difícil distinguir claramente entre los atributos y la naturaleza de Dios. Algunos sostienen que no debería hacerse tal división, y que las cualidades de Dios que nosotros llamamos atributos son verdaderamente parte de su misma esencia y naturaleza. Sea esto correcto o no, el propósito que nosotros tenemos al hablar de los atributos de Dios es el aprovecharnos de su conveniencia en el estudio de la doctrina de Dios.

Comúnmente se dividen los atributos de Dios en dos clases:

naturales y morales. Los atributos naturales son: omnisciencia, omnipotencia, omnipresencia y eternidad; los atributos morales son: santidad, justicia, fidelidad, misericordia y bondad y amor.

1. ATRIBUTOS NATURALES:

a) Omnisciencia de Dios.

Dios es Espíritu y, como tal, tiene conocimiento. Es Espíritu perfecto y, como tal, tiene conocimiento perfecto. La omnisciencia significa que Dios conoce todas las cosas y las conoce de una manera absolutamente perfecta.

(1) *Pasajes bíblicos que nos presentan el hecho de la omnisciencia de Dios.*

En forma genérica: Job 11:7, 8: "¿Alcanzarás tú el rastro de Dios? ¿Llegarás tú a la perfección del Todopoderoso?" Los amigos de Job creyeron que habían descubierto la razón de sus sufrimientos, porque en realidad ¿no habían descubierto los secretos de la sabiduría de Dios en su perfección? No, porque esto está más allá de la inteligencia humana y finita. Isa. 40:28: "Su entendimiento no hay quien lo alcance." La situación aflictiva de Job le pudiera haber llevado a perder su confianza y fe en Dios. Pero Job no ha conocido todos los planes de Dios, como ningún hombre los puede conocer. Job 37:16: "¿Has tú conocido . . . las maravillas del Perfecto en sabiduría?" ¿Podría Job explicarse las maravillas de los fenómenos naturales que ocurrían a su alrededor? Mucho menos los propósitos y juicios de Dios. Salmo 147:5: "Su entendimiento es infinito." No hay número ni modo de computar su entendimiento. No pierde de vista a Israel. El que puede contar, poner nombre y llamar a las estrellas, puede también llamar a cada uno de ellos por su nombre para sacarlos de su cautividad. Su conocimiento no se mide con el nuestro. I Juan 3:20: "Dios conoce todas las cosas." Nuestros corazones pueden pasar por alto algunas cosas y dejar de ver ciertas cosas que se deberían declarar. Pero Dios ve todas las cosas. Rom. 11:33: "¡Cuán incomprensibles son sus juicios, e inescrutables sus caminos!" Los decretos y propósitos misteriosos de Dios acerca del hombre y su salvación están por encima de la comprensión humana.

En detalle y por vía de ilustración:

aa) *El conocimiento de Dios abarca absolutamente todas las cosas:*

Prov. 15:3: "Los ojos de Jehová están en todo lugar, mirando a los malos y a los buenos." ¿Cómo podría Dios recompensar o castigar, si no fuera así? No acontece nada que escape su conocimiento. Prov. 5:21: "Los caminos del hombre están ante los ojos de Jehová, y él considera todas sus veredas." Nosotros podemos tener hábitos ocultos a los ojos de los demás, pero no a los ojos de Dios.

bb) *Dios tiene un conocimiento perfecto de todo lo que hay en la naturaleza:*

Salmo 147:4: "El cuenta el número de las estrellas; a todas ellas llama por sus nombres." El hombre no puede hacerlo (Gén. 15:5). ¿Cómo podría pues decir Israel: "Mi camino es escondido de Jehová?" Consúltese Isa. 40:26, 27; Mat. 10:29: "Ni un pajarillo cae a tierra sin vuestro Padre." Cuánto menos podrá pasar sin su conocimiento uno de sus hijos que tal vez sufre martirio por su nombre.

cc) *Dios tiene un conocimiento perfecto de todo lo que contiene la experiencia humana:*

Prov. 5:21: "Los caminos del hombre están ante los ojos de Jehová, y él considera todas sus veredas." Dios pesa los hechos del hombre. ¡Cuánto debería afectar esto su conducta! Salmo 139:2, 3: "Tú has conocido mi sentarme y mi levantarme, has entendido desde lejos mis pensamientos. Mi senda y mi acostarme has rodeado, y estás impuesto en todos mis caminos." Dios conoce y aprecia todo lo que hacemos día tras día, antes que nuestros pensamientos estén completamente formados o que nuestras palabras sean pronunciadas, así como los sentimientos de nuestro corazón, nuestro trabajo y nuestro descanso. v. 4: "Aun no está la palabra en mi lengua, y he aquí, oh Jehová, tú la sabes toda." No simplemente los pensamientos y las intenciones, sino también las palabras habladas, ociosas, buenas o malas. Exod. 3:7: "He visto la aflicción de mi pueblo que está en Egipto, y he oído su clamor . . . pues tengo conocidas sus angustias." Dios vió y conoció las lágrimas y el dolor que ellos no se atrevían a manifestar a sus amos. ¿Conoció Dios sus dificultades en Egipto? A ellos les pareció que no, pero en realidad sí. Mateo 10:29, 30: "Aun vuestros cabellos están todos contados." ¡Qué conocimiento más minucioso es éste! Exod. 3:19: "Yo sé que el rey de Egipto no os dejará ir sino por mano fuerte." Esto indica un conocimiento íntimo de lo que un individuo piensa hacer. Isa. 48:18: "¡Ojalá miraras tú a mis mandamientos! fuera entonces tu paz como un río," etc. Dios sabe lo que hubieran sido nuestras vidas si nosotros hubiéramos obrado de otra manera.

dd) *Dios tiene un conocimiento perfecto de todo lo que encierra la historia humana.*

¡Con cuánta precisión se nos predicen y narran los cambios y destinos nacionales en Daniel 2 y 8! En Hechos 15:18 se dice: "Conocidas son a Dios desde el siglo todas sus obras." En el contexto de este versículo se nos ponen delante los cambios religiosos que habrían de caracterizar las generaciones venideras, cambios que se han cumplido hasta ahora literalmente, aunque no completamente.

ee) *Dios conoce desde toda la eternidad todo lo que ha de acontecer.*

La omnisciencia de Dios se aduce como prueba de que Él solo es Dios, especialmente en contraste con los dioses (ídolos) de los paganos. Isa. 48:5-8: "Díjetelo ya días ha; antes que viniese te lo enseñé . . . te he hecho oir nuevas y ocultas cosas que tú no sabías." 46:9, 10: "Yo soy Dios . . . que anuncio lo por venir desde el principio, y desde antiguo lo que aun no era hecho; que digo: Mi consejo permanecerá, y haré todo lo que quisiere." Aquí Dios anuncia a sus profetas cosas que han de ocurrir en el futuro y que la inteligencia humana no puede alcanzar ni comprender. Para Dios no hay ni pasado, ni presente, ni futuro. Para él todo es una gran actualidad viviente. Nosotros somos como un hombre que está parado en un lugar bajo a la orilla de un río, y que, por consiguiente, no puede ver más que la parte del río que pasa a su lado. Pero el que está arriba en el aire puede ver todo el curso del río, cómo nace y cómo corre. Así es con Dios.

(2) *Algunos problemas relacionados con la doctrina de la omnisciencia de Dios.*

Siempre estará por encima de toda comprensión humana, cómo la inteligencia divina puede comprender un número tan vasto, múltiple e inagotable de cosas. "¡Oh profundidad de las riquezas de la sabiduría y de la ciencia de Dios! ¡Cuán incomprensibles son sus juicios, e inescrutables sus caminos!" (Rom. 11:33). "No es posible sondear su inteligencia; está sobre toda capacidad humana." Debemos esperar, por consiguiente, pasmarnos en presencia de una sabiduría tan grande y encontrarnos en relación con ella con problemas que tienen que quedar sin solución, por lo menos por ahora.

Además, no debemos confundir la presciencia de Dios con la preordinación de Dios. Ambas cosas son distintas en cierta forma. El hecho de que Dios conoce una cosa hace que ésta sea cierta, pero no necesaria. Su pre-ordinación se basa en su presciencia. Faraón fué responsable por el endurecimiento de su corazón, aunque el proceso de este endurecimiento era conocido y fué predicho por Dios. Los actos humanos se deben considerar como ciertos, pero no como necesarios a causa de la presciencia divina.

b) **Omnipotencia de Dios.**

La omnipotencia de Dios es el atributo por el cual El puede hacer que acontezca lo que El quiera. El poder de Dios no tiene límites. La declaración del propósito de Dios es garantía de que lo que El dice se realizará. "Lo dijo, y ¿no lo hará?"

(1) *Declaraciones generales de la Escritura acerca del hecho:*

Job 42:2 (V.M.R.): "Yo sé que tú lo puedes todo, y que no puede estorbarse ningún propósito tuyo." La gran revista de las obras de Dios que se presentaron a Job le arrancó esta confesión: "No hay quien resista tu poder; no hay plan que tú no puedas realizar." Gén. 18:14: "¿Hay para Dios alguna cosa difícil?" Lo que es imposible por medios naturales, se realiza por los medios sobrenaturales.

(2) *Declaración detallada de la Escritura acerca del hecho:*
aa) *En el mundo de la naturaleza:*

Gén. 1:1-3: "Dios creó los cielos y la tierra. . . . Y dijo Dios: Sea la luz: y fué la luz." De esta manera "él habló y fué hecho. Mandó y se cumplió." El no necesita ni siquiera poner su mano a la obra; su palabra es suficiente. Salmo 107:25-29: "Hizo saltar el viento de la tempestad. . . . Hace parar la tempestad en sosiego." "Aun los vientos y la mar le obedecen." Aun la mera palabra de Dios, una vez que ha sido pronunciada, constituye una ley firme a la que toda la naturaleza debe sujetarse en todo. Nahum 1:5, 6: "Los montes tiemblan de él, y los collados se deslíen; y la tierra se abrasa a su presencia, . . . y por él se hienden las peñas." ¿Cómo podría Asiria resistir a tal poder de Dios? Este es el mensaje consolador de Dios a Israel. Todo está sujeto a su dominio en el cielo, en la mar y en la tierra.

b) *En la experiencia de la humanidad:*

Cuan admirablemente se nos ilustra esto en la experiencia del rey Nabucodonosor, Daniel 4; y en la conversión de Saulo, Hechos 9; así como en el caso de Faraón, Exod. 4:11. Sant. 4:12-15: ". . . En lugar de lo cual deberíais decir: Si el Señor quisiere, y si viviéremos, haremos esto o aquello." Todas las acciones humanas, ya presentes o futuras, dependen de la voluntad y el poder de Dios. Estas cosas se hallan bajo el poder de Dios, no del hombre. Estúdiese la parábola del rico necio, Luc. 12:16-21.

cc) *Los habitantes celestiales están sujetos a su voluntad y palabra:*

Daniel 4:35: "Y en el ejército del cielo, hace según su voluntad." Heb. 1:14: "¿No son todos (los ángeles) espíritus administradores, enviados para servicio a favor de los que serán herederos de salud?" Se ha dicho que los ángeles son seres creados por el poder de Dios para un acto especial de servicio, y que después de realizado este servicio dejan de existir.

dd) *Aun el mismo Satanás está bajo el dominio de Dios:*

Satanás no tiene poder alguno sobre los hijos de Dios sino a medida que Dios se lo permite. Esto queda claramente establecido en el caso de Job (1:12 y 2:6), y de Pedro (Luc. 22:31, 32), en los que se nos dice que Satanás pidió permiso a Dios para tentar al justo patriarca y al impulsivo apóstol. Satanás tiene que estar para siempre amarrado con una gran cadena al fin de los tiempos (Apoc. 20:2). Dios puede poner límite al espíritu maligno de Satanás como se lo puede poner a las olas del mar.

c) Omnipresencia de Dios.

La omnipresencia de Dios significa que El está presente en todas partes. Este atributo está íntimamente relacionado con su ominisciencia y omnipotencia, porque si El se encuentra presente en todas partes, obra en todas partes y tiene un conocimiento completo de lo que acontece en cada lugar.

Esto no quiere decir que Dios está presente en todas partes en forma corporal, ni aun en el mismo sentido; porque él está en el cielo, que es el lugar de su habitación, en una forma en que no puede estar en ninguna otra parte. Debemos estar alerta contra la idea panteísta que dice que Dios *es* todas las cosas, mientras que afirmamos la doctrina bíblica de que El está presente en todas partes y en todas las cosas. El panteísmo pone énfasis en la actividad omnipresente de Dios, pero niega su personalidad. Los que sostienen la doctrina del panteísmo proclaman en voz alta su habilidad filosófica y alta capacidad intelectual; pero fué precisamente en relación con esta fase de la doctrina de Dios que el Apóstol Pablo dice que "se hicieron fatuos" (Rom. 1). Dios está en todas partes y en todos los lugares; su centro está en todas partes, su circunferencia en ninguna parte. Esta presencia es espiritual, no material; pero sí es muy real.

(1) *Declaración bíblica del hecho.*

Jer. 23:23, 24: "¿Soy yo Dios de poco acá, dice Jehová, y no Dios de mucho ha? ¿Ocultaráse alguno, dice Jehová, en escondrijos que yo no lo vea? ¿No hincho yo, dice Jehová, el cielo y la tierra?" ¿Pensaban los falsos profetas que podían ocultar de Dios sus crímenes secretos? ¿O que Dios no los podía perseguir hasta países extraños? ¿O que El sabía lo que ocurría solamente en el cielo, pero no en la tierra y en los rincones más distantes de ella? Se equivocaron al pensar así, pues sus pecados tenían que ser descubiertos y castigados (Salmo 10:1-14).

Salmo 139:7-12: "¿Adónde me iré de tu espíritu? ¿Y adónde huiré de tu presencia?" Cuan admirablemente se juntan en este Salmo los atributos de Dios. En los versículos 1 a 6 el salmista habla de la omnisciencia de Dios; Dios le conoce completamente. En los versículos 13 a 19 es la omnipotencia de Dios que hace maravillar al salmista. En los versículos 7 a 12 se trata de la omnipresencia de Dios. El salmista se da cuenta que nunca está fuera de la presencia de Dios, como no puede tampoco estar fuera de su conocimiento y de su poder. Dios está en el cielo, "el infierno está manifiesto delante de él"; las almas en el estado intermedio le son perfectamente conocidas (cf. Job 26:2; Jonás 2:2); las tinieblas son como la luz para Él. Job 22:12-14: "¿No está Dios en la altura de los cielos? . . . ¿Cómo juzgará por medio de la oscuridad? Las nubes son su escondedero, y no ve," etc. Todos convenían en que Dios manifestaba su presencia en el cielo, pero Job dedujo de esto que Dios no conocía ni tomaba cuenta de las acciones de los hombres que estaban ocultas detrás de las nubes. No quiere decir esto que Job fuera ateo, no, pero probablemente negó a Dios los atributos de omnipresencia y omnisciencia. Hech. 17:24-28: "En él vivimos, y nos movemos y somos." Si su mano no nos sostuviera, todos pereceríamos; Dios es lo que nos rodea más de cerca. En éstos y otros pasajes bíblicos se nos enseña claramente que Dios está presente y activo en todas partes, y no hay lugar alguno en que El no esté.

Pero esto no quiere decir que Dios se encuentra en todas partes en el mismo sentido, porque se nos dice que El está en el cielo que es el lugar de su habitación (1 Reyes 8:30); que Cristo está a su diestra en el cielo (Efes. 1:20); que el trono de Dios está en el cielo (Apoc. 21:2; Isa. 66:1).

La doctrina de la Trinidad se podría resumir de la siguiente manera: Dios el Padre se manifiesta especialmente en el cielo;

Dios el Hijo se ha manifestado especialmente en la tierra; Dios el Espíritu se manifiesta en todas partes.

Así como el alma está presente en cada parte del cuerpo, así también Dios está presente en todas partes de este mundo.

(2) *Deducciones prácticas de esta doctrina.*

Primera: *Consuelo.* Dios está muy cerca del creyente. "Háblale, pues, porque te escucha, y el espíritu con espíritu da; más próximo está que el aliento, más cerca que manos o pies." "Dios nunca está tan lejos como para decir que está cerca; dentro de nosotros está. Nuestro espíritu es el hogar que El más ama. Pensar que está simplemente a nuestro lado es tan falto de verdad como pretender colocar su trono más allá de los cielos estrellados" (*Faber*). La omnipresencia no es simplemente una verdad que descubre sino que también protege. Después de hacer hincapié en este grande y tremendo atributo en el Salmo 139, el salmista exclama en los versículos 17 y 18: "¡Cuán preciosos me son, oh Dios, tus pensamientos . . . ! Despierto, y aun estoy contigo." Esto quiere decir que Dios está a nuestro lado para ayudarnos, porque nos ama y nos comprende (Mat. 28:20).

Segundo: *Aviso.* "Así como en el Imperio Romano todo el mundo era una gran prisión para el malhechor, y el emperador podía seguir sus huellas aun en las tierras más distantes, así bajo el gobierno de Dios el pecador no puede escapar de la vista del Juez." De esta manera la omnipresencia de Dios descubre, pero también protege. El hecho de que Dios nos ve debe ponernos en guardia para no pecar.

d) Eternidad e Inmutabilidad de Dios.

La palabra *eterno* se usa en la Biblia en dos sentidos: en un sentido figurado, que denota la existencia que puede tener un principio, pero que no tendrá fin; por ejemplo, los ángeles y el alma humana; y en un sentido literal, que denota una existencia que no tiene ni principio ni fin, como la existencia de Dios. El tiempo tiene pasado, presente, futuro; la eternidad no los tiene. La eternidad es una duración infinita sin principio, término o límite; es algo que siempre está presente. Nosotros no la podemos concebir más que como una duración que se extiende indefinidamente en dos direcciones a contar del momento presente, es decir, en la dirección del pasado y en la dirección del futuro. "Uno de los alumnos de una institución de sordomudos en París, deseando expresar la idea que tenía de la eternidad de Dios, dijo: 'Es una duración sin principio ni fin; una existencia sin límites o dimensiones; un presente sin pasado ni futuro. Su eternidad es la juventud sin infancia ni edad adulta; la vida sin nacimiento ni muerte; el hoy sin ayer ni mañana.'"

La inmutabilidad de Dios significa que la naturaleza de Dios no sufre cambio alguno. Es imposible que Dios tenga un atributo en una ocasión y que deje de poseerlo después. Tampoco puede haber cambio en la divinidad ni para mejor ni para peor. Dios permanece siempre el mismo. El no tiene principio ni fin. Es el "Yo soy" que existe por sí mismo. Permanece para siempre el mismo y sin mutación.

(1) *Declaración bíblica sobre el hecho de la eternidad de Dios.*

Habacuc 1:12 dice: "¿No eres tú desde el principio, oh Jehová, Dios mío, Santo mío?" Caldea había amenazado con aniquilar a Israel. El profeta no creía que esto pudiera ser posible, porque ¿no tiene Dios propósitos eternos para Israel? ¿No es santo Dios? ¿Cómo podrá triunfar el mal? Salmo 90:2: "Antes que naciesen los montes y formases la tierra y el mundo, y desde el siglo y hasta el siglo, tú eres Dios." La vida del hombre es corta y pasajera; pero no es así con Dios. En este pasaje se compara la naturaleza perecedera del hombre con la imperecedera de Dios. Salmo 102:24-27: "Dije: Dios mío, no me cortes en el medio de mis días: por generación de generaciones son tus años. Tú fundaste la tierra antiguamente, y los cielos son obra de tus manos. Ellos perecerán, y tú permanecerás; y todos ellos como un vestido se envejecerán; como una ropa de vestir los mudarás, y serán mudados: Mas tú eres el mismo, y tus años no se acabarán." Aquí el salmista contrasta la naturaleza perecedera de toda la creación material con la naturaleza imperecedera de Dios. "Y respondió Dios a Moisés: YO SOY EL QUE SOY (Exod. 3:14). En estas palabras equivalentes al nombre de Jehová están encerrados el pasado, el presente y el porvenir. "Yo soy el Alpha y la Omega, principio y fin, dice el Señor, que es y que era y que ha de venir, el Todopoderoso" (Apoc. 1:8).

(2) *Declaración bíblica sobre la inmutabilidad de Dios.*

"Yo Jehová, no me mudo" (Mal. 3:6). La esperanza del hombre se encuentra precisamente en este hecho, como lo deja ver el contexto. El hombre había cambiado en su vida y en su propósito para con Dios, y si Dios hubiera cambiado, como el hombre, éste hubiera sido destruido. "Padre de las luces, en el cual no hay mudanza, ni sombra de variación" (Sant. 1:17). No hay en El cambio, en el sentido de que haya en El mayor o menor grado de intensidad de luz, como es la que se manifiesta en los cuerpos celestes. En éstos la luz varía y cambia constantemente; en Dios, no. En Dios no mora cambia inherente a su ser o posible. "También el Vencedor de Israel no mentirá ni se arrepentirá: porque no es hombre para que se arrepienta" (1 Sam. 15:29). Apoyados en estos pasajes bíblicos afirmamos que Dios absolutamente no tiene cambio alguno en su naturaleza y en su carácter.

¿SE ARREPIENTE DIOS?

¿Qué podemos decir sobre los pasajes de la Biblia tales como Jonás 3:10 y Gén. 6:6: "Y arrepintióse del mal que había dicho les había de hacer"; "Arrepintióse Jehová de haber hecho hombre en la tierra, y pesóle en su corazón"? En respuesta podemos decir que Dios no cambia pero que amenaza para que cambien los hombres. "La actitud de arrepentimiento en Dios no encierra ningún cambio real en su carácter o en sus propósitos. El siempre odia el pecado y tiene compasión y ama al pecador, lo que es cierto antes y después del arrepentimiento del pecador. El arrepentimiento divino encierra, por consiguiente, el mismo principio obrando en forma diferente según cambien las circunstancias. Si la amenaza de castigo logra el mismo propósito como el que propone el castigo mismo no hay inconsistencia en el perdón, porque el castigo no es un fin en sí mismo, sino un medio para conseguir el bien y para hacer que reine la ley de la justicia."

Nosotros decimos que Dios se arrepiente, según nuestro modo de hablar, cuando parece estar descontento con algo, o hace que alguna cosa se realice en forma diferente a lo que esperábamos. La actitud de Dios para con los Ninivitas no cambió, sino que cambiaron ellos; y como ellos habían cambiado de su pecado a la justicia, debió cambiar necesariamente su actitud para con ellos y el modo en que los iba a tratar como pecadores. El carácter de Dios no había cambiado en relación a esta gente, aunque cambió la forma en que los trató. Podemos decir, por consiguiente, que el *carácter* de Dios no cambia, pero su *modo de tratar* al hombre cambia en la medida que éste cambia su actitud de pecado a santidad y de desobediencia a obediencia. "La inmutabilidad de Dios no es la de una roca que no tiene sentimientos internos, sino más bien la de una columna de mercurio que sube o baja según los cambios de la temperatura de la atmósfera que la rodea. Cuando un hombre que anda en bicicleta contra el viento se da vuelta para andar con el viento, parece que el viento ha cambiado, aunque sigue soplando lo mismo que antes" (Strong).

2. ATRIBUTOS MORALES.

a) Santidad de Dios.

Si fuera posible que hubiera diferencia en la importancia de los atributos de Dios, diríamos que su santidad ocupa el primer lugar. Hemos de pensar, por decir lo menos, que éste es el atributo que Dios quiere que su pueblo tenga más presente que otro alguno. Lo que más prominentemente sobresale en las visiones que Dios dió a algunos hombres en las Escrituras fué su santidad divina. Esto se puede echar de ver claramente en las visiones de Moisés, Job é Isaías. El profeta Isaías menciona a Jehová como el "Santo" unas treinta veces, indicando así cuál fué la característica que más profunda impresión le produjo en las visiones que tuvo.

La santidad de Dios es el mensaje de todo el Antiguo Testamento. Para los profetas de Dios El fué el absolutamente Santo; el que tenía ojos demasiado limpios para mirar la maldad; el que estaba siempre pronto a castigar la iniquidad. Cuando nos hacemos tomar una fotografía no deseamos tanto que salgan las manos o los pies, como el rostro. Lo mismo ocurre con nuestra visión de Dios. El no desea que veamos su mano o su dedo, para que nos fijemos en su poder y sabiduría, ni tampoco su trono, que indica su majestad. El quiere que le recordemos por su santidad, pues éste es el atributo que más gloria le da. No perdamos de mente este hecho al estudiar este atributo de la naturaleza divina. Es precisamente esta visión de Dios lo que necesitamos hoy día, ya que existe la tendencia a negar la realidad o terribilidad del pecado. Nuestro concepto de la necesidad de la expiación depende en gran manera del concepto que tengamos de la santidad de Dios. Si apreciamos ligeramente a Dios y su santidad, apreciaremos también muy livianamente el pecado y la expiación.

(1) *Declaraciones bíblicas que presentan el hecho de la santidad de Dios.*

Isa. 57:15: "Porque así dijo el Alto y Sublime, el que habita la eternidad, y cuyo nombre es el Santo: Yo habito en la altura y la santidad." Salmo 99:9: "Ensalzad a Jehová nuestro Dios, y encorvaos al monte de su santidad; porque Jehová nuestro Dios es santo." Hab. 1:13: "Muy limpio eres de ojos para ver el mal, ni puedes ver el agravio." 1 Pedro 1:15, 16: "Sino como aquel que os ha llamado es santo, sed también vosotros santos en toda conversación: porque escrito está: Sed santos, porque yo soy santo." El nombre personal de Dios es Santo. Juan 17:11: "Padre santo, a los que me has dado, guárdalos por tu nombre." En este texto Cristo contempla a su Padre como el Santo, como el principio y agente de lo que El desea para sus discípulos, a saber, la santidad de corazón y de vida, y el ser guardados del mal de este mundo.

Es muy significativo que este atributo de la santidad se asigna a cada una de las tres personas de la Trinidad: Dios el Padre es el Santo de Israel (Isa. 41:14); Dios el Hijo as el Santo (Hech. 3:14); Dios el Espíritu es llamado el Espíritu Santo (Efe. 4:30).

(2) *Significado bíblico de la santidad aplicada a Dios.*

Job 34:10: "Lejos esté de Dios la impiedad, y del Omnipotente la iniquidad." Un Dios malo, que pudiera obrar la maldad, sería una contradicción en los términos, una idea imposible e inconcebible. Al parecer Job dudaba de que las leyes por las que se rige este universo fueran absolutamente equitativas. El debía saber que Dios no podía obrar el mal. A pesar de que nos esté oculto el significado de sus obras, El siempre es justo. Dios nunca obró ni obrará mal con ninguna de sus criaturas. El nunca se equivocará al castigar. Los hombres podrán equivocarse, pero Dios nunca. Lev. 11:43-45: "No ensuciéis vuestras personas con ningún reptil que anda arrastrando, ni os contaminéis con ellos, ni seáis inmundos por ellos. Pues que yo soy Jehová vuestro Dios, vosotros por tanto os santificaréis, y seréis santos, porque yo soy santo: así que no ensuciéis vuestras personas con ningún reptil que anduviere arrastrando sobre la tierra. . . . Seréis pues santos, porque yo soy santo." Esto significa que Dios es absolutamente puro, limpio y libre de toda mancha.

La construcción del Tabernáculo, con su lugar santo y santísimo al que únicamente entraba el sumo sacerdote una vez al año; los Diez Mandamientos con sus categorías morales; las leyes acerca de los animales y cosas limpias o inmundas; todo esto nos dice de manera inequívoca lo que quiere decir la santidad aplicada a Dios.

De estos textos bíblicos se pueden deducir dos cosas a manera de definición: primero, en forma negativa, que Dios está completamente alejado de las cosas malas y de todo lo que significa mancha en relación con El mismo o con todas sus criaturas; segundo, en forma positiva, la santidad de Dios significa la suma cantidad y la absoluta perfección y pureza de su naturaleza. En Dios no hay absolutamente nada que no sea santo. Por eso el apóstol Juan dice: "Dios es luz y en él no hay ningunas tinieblas."

(3) *Manifestación de la santidad de Dios.*

Prov. 15:9, 26: "Abominación es a Jehová el camino del impío. Abominación son a Jehová los pensamientos del malo." Dios odia el pecado y es su enemigo irreconciliable. El pecado es una cosa vil y detestable en la presencia de Dios. Isa. 59:1, 2: "He aquí que no se ha acortado la mano de Jehová para salvar, ni hase agravado su oído para oír: mas vuestras iniquidades han hecho división entre vosotros y vuestro Dios, y vuestros pecados han hecho ocultar su rostro de vosotros, para no oír." El pecado de Israel había levantado una pared divisoria. La distancia infinita entre el pecador y Dios tiene su origen en el pecado. El pecador y Dios están a extremos opuestos en el mundo moral. Esto lo dice el profeta en respuesta a la acusación de Israel de que Dios era incapaz. De estas dos citas bíblicas se deduce que la santidad de Dios se manifiesta en el odio al pecado y en la separación que Dios hace del pecador.

Aquí estriba la necesidad de la expiación que viene a anular esta terrible separación. Esta es la lección que nos enseña la construcción del Tabernáculo con su división en lugar santo y santísimo.

Prov. 15:9: "El ama al que sigue justicia." Juan 3:16: "Porque de tal manera amó Dios al mundo, que ha dado a su Hijo unigénito," etc. Aquí encontramos la santidad de Dios en el amor que El tiene a la justicia en la vida de sus hijos, al extremo de que dió a su Hijo unigénito para conseguirla. La cruz indica lo mucho que Dios ama la santidad. La cruz representa la santidad de Dios antes que su amor, porque Cristo no sólo murió por nuestros pecados, sino para alcanzarnos la justicia de vida que Dios ama. "El murió para que pudiéramos ser perdonados; murió para harcernos buenos." ¿Amamos nosotros la santidad al extremo de sacrificarnos por ella?

Otras manifestaciones de la santidad de Dios se encontrarán cuando tratemos de la justicia de Dios.

(4) *Deducciones prácticas de la doctrina de la santidad de Dios.*

Primero: Debemos acercarnos a Dios con "temor y reverencia" (Heb. 12:28). A nosotros nos hace apreciar nuestra indignidad el relato de Moisés acercándose a la zarza que ardía, el término establecido delante del Monte Sinaí, y el castigo de los hombres de Beth-semes. No nos acercamos a Dios con el respeto que El merece. Ecclesiastés 5:1-3 inculca el gran cuidado con que nos debemos acercar a Dios.

Segundo: Tendremos una idea exacta del pecado, cuando tengamos una idea exacta de la santidad de Dios. Isaías, el hombre más santo de todo Israel, cayó postrado al ver su propio pecado después que se le concedió la visión de la santidad de Dios. Lo mismo ocurrió con Job (40:3, 4; 42:4-5). Nosotros confesamos nuestro pecado de una manera tan fácil y familiar que parece que ha perdido su terror para nosotros.

Tercero: Nuestro acercamiento a un Dios santo debe hacerse por los méritos de Cristo y a base de una justicia que es la justicia de Cristo, la que naturalmente nosotros no poseemos. De ahí la necesidad de la expiación.

b) Equidad y Justicia de Dios.

En cierta forma estos atributos no son más que la manifestación de la santidad de Dios. Es la santidad que se manifiesta en su trato con los hijos de los hombres. La santidad se refiere más particularmente al carácter de Dios en sí, mientras que en la equidad y justicia este carácter se expresa en el trato de Dios con el hombre. Tres cosas se pueden decir al considerar la equidad y justicia de Dios: primero, la promulgación de las leyes y exigencias de la justicia, que se puede llamar santidad legislativa y conocerse como justicia de Dios; segundo, la ejecución de los castigos que estas leyes llevan consigo, que pueden llamarse santidad judicial; tercero, el sentido en que pueden considerarse los atributos de la justicia y equidad de Dios como la actualización de la naturaleza santa de Dios en el gobierno del mundo. De esta manera en la equidad de Dios encontramos su amor a la santidad y en la justicia su odio al pecado.

Además, la justicia en el sentido en que aquí se usa, hace referencia a la naturaleza misma de Dios como El es en sí mismo, es decir, el atributo que lleva a Dios a obrar siempre el bien. La justicia, en el sentido de ser atributo de Dios, es ajena a toda pasión o capricho; es vengadora pero no vengativa. De esta manera la equidad y justicia del Dios de Israel se hizo resaltar en contraste con el capricho de los dioses de los paganos.

(1) *Declaración bíblica del hecho.*

Salmo 116:5: "Clemente es Jehová y justo, sí, misericordioso es nuestro Dios." Del contexto se deduce que Dios escucha a los hombres a causa de este hecho, y que está obligado a cumplir sus promesas porque El ha prometido oír. Esdras 9:15: "Jehová, Dios de Israel, tú eres justo." Aquí se reconoce la equidad y justicia de Jehová al castigar los pecados de Israel. "Tú eres justo y tú nos has traído al estado en que nos encontramos hoy." Salmo 145:17: "Justo es Jehová en todos sus caminos, y misericordioso en todas sus obras." Esto se echa de ver claramente en la recompensa que da a los justos, en que eleva a los humildes, y en que bendice abundantemente a los buenos, puros y honrados. Jer. 12:1: "Justo eres tú, oh Jehová, aunque yo contigo dispute." Es decir, "Si yo adujera algún cargo contra ti no podría convencerte de injusticia, aunque con pena me preocuparan los misterios de tu providencia."

Estos datos bíblicos no solamente demuestran claramente que Dios es equitativo y justo, sino que además definen estos atributos. Aquí se nos dice que Dios, en el gobierno del mundo, hace siempre lo que es conveniente, justo y recto.

(2) *Cómo se revelan la equidad y justicia de Dios.*

De dos maneras: primera, en el castigo de los malvados: justicia retributiva; segunda, en la recompensa de los justos: justicia remunerativa.

aa) *En el castigo de los malvados.*

Salmo 11:4-7: "Jehová en el templo de su santidad: la silla de Jehová está en el cielo: sus ojos ven, sus párpados examinan a los hijos de los hombres. Jehová prueba al justo; empero al malo y al que ama la violencia, su alma aborrece. Sobre los malos lloverá lazos; fuego y azufre, con vientos de torbellinos, será la porción del cáliz de ellos. Porque el justo Jehová ama la justicia: al recto mirará su rostro." Tal es la respuesta de David a sus temerosos consejeros. Saúl puede reinar en la tierra y obrar el mal, pero Dios reina en el cielo y obrará el bien. El ve quien obra el bien y quien obra el mal. En la naturaleza de Dios hay algo que lo hace apartarse de la maldad que ve, y le obligará en último término a castigarla. Existe la ira de Dios. Aquí se nos describe. No permita Dios que conozcamos nosotros jamás lo que significa para el malvado la terrible descripción que aquí se hace. En Exodo 9:23-27 se nos describe la plaga del granizo y a continuación se ponen las siguientes palabras: "Entonces Faraón envió a llamar a Moisés y a Aarón, y les dijo: He pecado esta vez: Jehová es justo, y yo y mi pueblo impíos." Aquí reconoce Faraón la justicia perfecta de Dios al castigarlo por su pecado y rebelión. El sabía muy bien que había merecido el castigo, aunque algunos críticos hoy día dicen que Dios fué injusto al tratar así a Faraón. El mismo Faraón no pensó así. El mismo pensamiento se nos da en Daniel 9:12-14 y Apoc. 16:5, 6. ¡Cuán cuidadosos deben andar los pecadores de no caer en las manos del Juez justo! Ningún pecador podrá decir al fín: "Yo no merecí tal castigo."

bb) *En el perdón de los pecados de los arrepentidos.*

1 Juan 1:9: "Si nosotros confesamos nuestros pecados, él es fiel y justo para que nos perdone nuestros pecados, y nos limpie de toda maldad." Comúnmente se asocia el perdón de los pecados con la misericordia, el amor y la compasión de Dios, pero no con su equidad y justicia. En este versículo se nos asegura que si nosotros confesamos nuestros pecados, la equidad y justicia de Dios son nuestra garantía del perdón: Dios no puede menos que perdonarnos y limpiarnos de todo pecado.

cc) *En el cumplimiento de su palabra y promesas para con sus hijos.*

Neh. 9:7, 8: "Tú eres, oh Jehová, el Dios que escogiste a Abram, . . . e hiciste con él alianza para darle la tierra del Cananeo, . . . para darla a su simiente: y cumpliste tu palabra, porque eres justo." Recordemos los tremendos obstáculos que hubo para el cumplimiento de esta promesa, pero al mismo tiempo debemos recordar el capítulo 11 de Hebreos. Cuando Dios da su palabra y hace una promesa, nada podrá invalidarla ni en el cielo, ni en la tierra, ni en el infierno. Su justicia es la garantía de su cumplimiento.

dd) *En la manifestación de sí mismo como el que venga a su pueblo de todos sus enemigos.*

Salmo 129:1-4: "Mucho me han angustiado desde mi juventud; mas no prevalecieron contra mí. . . . Jehová es justo; cortó las coyundas de los impíos." Más tarde o más temprano el pueblo de Dios triunfará gloriosamente como David triunfó sobre Saúl. Aun en esta misma vida Dios nos dará el descanso de nuestros enemigos; y llegará, con toda seguridad, el día en que los impíos cesarán de molestar, y los cansados descansarán.

ee) *En la recompensa de los justos.*

Heb. 6:10: "Porque Dios no es injusto para olvidar vuestra obra y el trabajo de amor que habéis mostrado a su nombre, habiendo asistido y asistiendo aún a los santos." No se permitirá que los que han manifestado su fe por sus obras, pierdan ahora su fe. La idea misma de la justicia divina implica que el uso de la gracia así manifestada será recompensada, no sólo en la continuación de la gracia, sino también en la perseverancia y recompensa final. 2 Tim. 4:8: "Por lo demás, me está guardada la corona de justicia, la cual me dará el Señor, juez justo, en aquel día; y no sólo a mí, sino también a todos los que aman su venida." El Juez justo no podrá permitir que el creyente fiel quede sin recompensa. El no es como los jueces injustos de Roma o de los juegos atenienses. Aquí no siempre recibimos la recompensa, pero alguna vez recibiremos plena recompensa por todo el bien que hayamos hecho. La garantía de todo esto es la justicia de Dios.

c) **Misericordia y Bondad de Dios.**

En general estos atributos significan la benevolencia, ternura y compasión de Dios; el amor de Dios en su relación con los hijos de los hombres, tanto obedientes como desobedientes; la gota del rocío tanto en la espina como en la rosa.

Más específicamente: la misericordia se ejerce de ordinario con relación al culpable; es el atributo de Dios que le lleva a buscar el bienestar de los pecadores tanto temporal como espiritual, aunque para ello tenga que hacer un gran sacrificio. "Empero Dios, que es rico en misericordia, por su mucho amor con que nos amó. . . . Dios encarece su caridad para con nosotros, porque siendo aún pecadores, Cristo murió por nosotros" (Efes. 2:4; Rom. 5:8).

La bondad es el atributo de Dios que le lleva a derramar sobre sus hijos obedientes su bendición constante y cariñosa. "El que aun a su propio Hijo no perdonó, antes le entregó por todos nosotros, ¿cómo no nos dará también con él todas las cosas?" (Rom. 8:32).

(1) *Declaración bíblica del hecho.*

Salmo 103:8: "Misericordioso y clemente es Jehová, lento para la ira y grande en misericordia." En vez de traer dolor, pobreza y muerte, que son la paga del pecado, Dios ha conservado nuestras vidas, nos ha dado salud, ha aumentado nuestras bendiciones y comodidades, y nos ha dado la vida eterna. Deut. 4:31: "Porque Dios misericordioso es Jehová tu Dios; no te dejará, ni te destruirá, ni se olvidará del pacto de tus padres que les juró." Dios está listo a aceptar el arrepentimiento de Israel, aun hoy día, con tal de que sea sincero. Israel se tornará a Dios y le encontrará solamente porque es misericordioso y no le deja apartarse. Es su misericordia la que le impide abandonar a su pueblo de una manera definitiva. Salmo 86:15: "Mas tú, Señor, Dios misericordioso y clemente, lento para la ira, y grande en misericordia y verdad." David encontró fundamento para creer que Dios no lo abandonaría en el tiempo de su desgracia y necesidad, porque el mismo Dios había declarado que esto se hallaba en su misma naturaleza. La descripción más saliente de la misericordia y bondad de Dios se hace resaltar en la parábola del hijo pródigo (Luc. 15:11-32). Aquí no solamente encontramos la bienvenida que esperaba al hijo errante, sino también el anhelo que sentía el padre ansioso y cariñoso de que regresase.

(2) *Cómo se manifiestan la misericordia y la bondad de Dios.*

Hablando en general, no debemos olvidar que Dios es dueño absoluto para dar a quien quiera sus bendiciones: "De manera que del que quiere tiene misericordia" (Rom. 9:18). Debemos también recordar que Dios quiere tener misericordia de todas sus criaturas: "Porque tú, Señor, eres bueno y perdonador, y grande en misericordia para con todos los que te invocan" (Salmo 86:5).

aa) *La misericordia, en especial para con los pecadores.*

Lucas 6:36: "Sed pues misericordiosos, como también vuestro Padre es misericordioso." Mateo 5:45: "Para que seáis hijos de vuestro Padre que está en los cielos: que hace que su sol salga sobre malos y buenos, y llueve sobre justos e injustos." En estos casos aun los duros de corazón y no arrepentidos reciben la misericordia de Dios. Todos los pecadores, aun los impenitentes, quedan incluídos en el campo de su misericordia.

Isaías 55:7: "Deje el impío su camino, y el hombre inicuo sus pensamientos; y vuélvase a Jehová, el cual tendrá de él misericordia, y al Dios nuestro, el cual será amplio en perdonar." La misericordia de Dios es misericordia santa; no protegerá de ninguna manera al pecado, sino que espera con ansia perdonarle. La misericordia de Dios es una ciudad de refugio para el arrepentido, pero de ninguna manera un santuario al presuntuoso. Véanse Prov. 28:13 y Salmo 51:1. Aquí vemos la misericordia de Dios perdonando el pecado de los que se arrepienten de verdad. Hablamos de "confiar en la misericordia de Dios." Abandonemos el pecado, confiemos en la misericordia del Señor y hallaremos el perdón.

2 Pedro 3:9: "El Señor . . . es paciente para con nosotros, no queriendo que ninguno perezca, sino que todos procedan al arrepentimiento." Nehemías 9:31: "Empero por tus muchas misericordias no los consumiste, ni los dejaste; porque eres Dios clemente y misericordioso." Aquí se muestra la misericordia en

la paciencia con los pecadores. Si Dios hubiera procedido con ellos en justicia, hubieran sido destruídos mucho antes. Pensar en la maldad, la impureza, el pecado que Dios ve. Cómo le debe disgustar. Luego recordar que El pudiera aplastarlo todo en un momento. Pero no lo hace. Intercede y se sacrifica para mostrar el amor que tiene a los pecadores. Es únicamente a causa de la misericordia de Dios que no somos deshechos, y porque su compasión nunca falla. Cuidado, sin embargo, de no abusar de su bondad, porque nuestro Dios es también un fuego consumidor. "Mira, pues, la bondad y la severidad de Dios." La misericordia de Dios se muestra aquí en su amorosa paciencia para con los pecadores.

bb) *Bondad especialmente para con los santos.*

Salmo 32:10: "Mas el que espera en Jehová, lo cercará misericordia." El mismo hecho de confianza de parte del creyente mueve el corazón de Dios a protegerlo como acontece a un padre con su hijo. En el momento en que yo me entrego a Dios, quedo envuelto en su misericordia. Su misericordia es la cubierta que me cerca como una pared de fuego que no deja brecha alguna para que pase el mal. Si nos resistimos, nos vemos cercados de "dolor"; pero la confianza nos cerca de "misericordia." En el centro de este círculo de misericordia se asienta y descansa el alma confiada.

Fil. 2:27: "Pues en verdad estuvo enfermo a la muerte: mas Dios tuvo misericordia de él; y no solamente de él, sino aun de mí, para que yo no tuviese tristeza sobre tristeza." La bondad de Dios se manifiesta aquí curando a sus hijos enfermos. Sin embargo, recuerda que "Del que quiere tiene misericordia." No todo hijo de Dios que está enfermo es curado. Salmo 6:2-4: "Ten misericordia de mí, oh Jehová, porque yo estoy debilitado: sáname, oh Jehová . . . sálvame por tu misericordia." El salmista ora a Dios que haga ver su misericordia, restaurándole su salud espiritual. De estos pasajes bíblicos se echa de ver que la misericordia de Dios se manifiesta curando a sus hijos de sus enfermedades físicas y espirituales.

Salmo 21:7: "Por cuanto el rey confía en Jehová, y en la

misericordia del Altísmo, no será conmovido." David siente que su trono está perfectamente seguro, pase lo que pase, porque confía en la misericordia del Señor. ¿No sucede lo mismo con la seguridad eterna del creyente? La seguridad eterna del creyente se ha de atribuir más a la misericordia de Dios que a la perseverancia de los justos. "El me sostendrá."

d) Amor de Dios.

El cristianismo es la única religión que presenta al Ser Supremo como Amor. Los dioses de los paganos son iracundos seres que odian, y que necesitan continuamente ser aplacados.

(1) *Declaraciones bíblicas del hecho.*

1 Juan 4:8-16: "Dios es amor." "Dios es luz"; "Dios es espíritu"; "Dios es amor." Espíritu y luz son expresiones de la misma esencia de Dios. El amor es la expresión de su personalidad en relación con su naturaleza. El amar es de la naturaleza de Dios. El mora siempre en una atmósfera de amor. Pero es difícil, si no imposible, definir o describir el amor de Dios. De ciertos pasajes bíblicos (1 Juan 3:16; Juan 3:16) se deduce que el amor de Dios es de tal naturaleza que muestra un interés constante en el bienestar físico y espiritual de sus criaturas en tal forma que, para manifestar este amor, le hace sacrificarse más de lo que la inteligencia humana puede comprender.

(2) *Los objetos del amor de Dios.*

aa) *Jesucristo, el Unigénito de Dios, es el objeto especial de su amor.*

Mateo 3:17: "Este es mi Hijo amado, en el cual tengo contentamiento." Véase también Mat. 17:5, Luc. 20:13. Jesucristo participa del amor del Padre de una manera singular, así como El es el Hijo también en forma única. El es especialmente "Mi escogido." El es "en quien mi alma toma contentamiento," "Mi Hijo amado," que literalmente significa: mi Hijo el amado. Nos es fácil, por consiguiente, comprender como El, que hizo la voluntad de Dios en forma tan perfecta, fuera el objeto especial del amor del Padre. Por supuesto, si el amor de Dios es eterno como lo es su naturaleza, se deduce que ese amor debe haber tenido un objeto eterno que amar. Por eso Cristo, al dirigirse al Padre, dice: "Me has amado desde antes de la constitución del mundo."

bb) *Los creyentes en su Hijo Jesucristo son objetos especiales del amor de Dios.*

Juan 16:27: "Pues el mismo Padre os ama, porque vosotros me amasteis, y habéis creído que yo salí de Dios." 14:21-23: "El que me ama, será amado de mi Padre. . . . El que me ama . . . mi Padre le amará." 17:23: "Los has amado, como también a mí me has amado." ¿Creemos en realidad estas palabras? No nos hallamos al borde del amor de Dios sino en el centro. En el mismo centro del círculo del amor de Dios se encuentra Jesucristo. Después nos atrae hacia ese punto, y desaparece, por decirlo así, dejándonos cercados de la misma bondad del Padre en que se hallaba El.

cc) *Dios ama el mundo de los pecadores y malvados.*

Juan 3:16: "Porque de tal manera amó Dios al mundo" fué una verdad pasmosa para Nicodemo, que vivía en un círculo estrecho y exclusivista. Dios no amaba únicamente al judío, sino también al gentil; no únicamente una parte del mundo de los hombres, sino a cada hombre que se encuentra en él, independientemente de su carácter moral. "Mas Dios encarece su caridad para con nosotros, porque siendo aún pecadores, Cristo murió por nosotros" (Rom. 5:8). Esto es algo admirable si nos damos cuenta de lo que significa un mundo en pecado. El amor de Dios es más grande que lo que puede medir la mente humana. Dios quiere la salvación de todos los hombres (1 Tim. 2:4).

(3) *Cómo se manifiesta el amor de Dios.*

aa) *En un sacrificio infinito por la salvación de los hombres.*

1 Juan 4:9, 10: "En esto se mostró el amor de Dios para con nosotros, en que Dios envió a su Hijo unigénito al mundo, para que vivamos por él. En esto consiste el amor: no que nosotros hayamos amado a Dios, sino que él nos amó a nosotros, y ha enviado a su Hijo en propiciación por nuestros pecados." El amor es más que la compasión. No se oculta como tal vez pudiera hacerlo la compasión, sino que se manifiesta activamente en pro

de su objeto. La expresión más alta del amor de Dios para con el pecador es la cruz del Calvario. El no dió solamente un Hijo, sino su propio Hijo, su Hijo amado.

bb) *En el perdón pleno y completo de los arrepentidos.*

Isa. 38:17: "He aquí amargura grande me sobrevino en la paz: mas a ti plugo librar mi vida del hoyo de corrupción. Porque echaste tras tus espaldas todos tus pecados." Dios había quitado todo el amargor de su vida y le había dado el perdón cariñoso de sus pecados, apartándolos de El. Efes. 2:4, 5: "Empero Dios, que es rico en misericordia, por su mucho amor con que nos amó, aun estando nosotros muertos en pecados, nos dió vida juntamente con Cristo; por gracia sois salvos." Los versículos 1 al 3 de este capítulo presentan la raza humana precipitándose a una ruina inevitable. El "empero" cambia el cuadro; cuando falla toda ayuda humana, Dios interviene, y en su misericordia, que brota de su "gran amor," redime al hombre caído y le da no solamente el perdón, sino un puesto en su reino celestial al lado de Jesucristo. Todo esto lo indica el "por," o tal vez mejor dicho, "a fin de satisfacer su gran amor." El amor fué lo que le indujo a hacerlo.

cc) *En acordarse de sus hijos en las cambiantes circunstancias de la vida.*

Isa. 63:9: "En toda angustia de ellos él fué angustiado, y el ángel de su faz los salvó: en su amor y en su clemencia los redimió, y los trajo, y los levantó todos los días del siglo." El profeta da aquí una mirada retrospectiva. Trae a su mente las opresiones que ha sufrido Israel y hace ver como los intereses de Dios se han entrelazado con los suyos. Dios no era su adversario sino su amigo cariñoso y compasivo. El sufrió con ellos. Isa. 49:15, 16: "¿Olvidaráse la mujer de lo que parió, para dejar de compadecerse del hijo de su vientre? Aunque se olviden ellas, yo no me olvidaré de ti. He aquí que en las palmas te tengo esculpida: delante de mí están siempre tus muros." En aquellos tiempos era costumbre trazar en las palmas de las manos el rastro de cualquier objeto al que se tenía afecto. De ahí que un hombre hacía grabar allí el nombre de su dios.

Por eso Dios no podía obrar sin acordarse de Israel. Dios siempre se acuerda de los suyos. Pablo de Tarso aprendió esta verdad en el camino a Damasco.

2

DOCTRINA ACERCA DE JESUCRISTO

A. LA PERSONA DE CRISTO

Una de las características distintivas de la religión cristiana es el estrecho parentesco que hay entre Cristo y el cristianismo. Si se quita del budismo el nombre de Buda y desaparece completamente el elemento personal del fundador del sistema, si se quita del mahometismo la personalidad de Mahoma, o del parsismo la personalidad de Zoroastro, todo el sistema doctrinal de estas religiones queda intacto. Su valor práctico, como tal, no peligraría ni disminuiría. Pero quítese del cristianismo el nombre y la persona de Jesucristo y ¿qué queda de él? ¡Nada! Toda la sustancia y poder de la fe cristiana tiene como centro a Jesucristo. Sin El no queda absolutamente nada (*Sinclair Patterson*).

De principio a fin, la fe y vida cristianas en todas sus fases, aspectos y elementos quedan determinadas por la persona y la obra de Jesucristo. A El le debe su vida y carácter en todas sus partes. Sus convicciones son convicciones acerca de El. Sus esperanzas son esperanzas que ha inspirado El y que sólo El puede colmar. Sus ideales proceden de la experiencia y vida de El. Su poder es el poder de su espíritu. (*James Denney*).

I. HUMANIDAD DE JESUCRISTO.

1. LAS ESCRITURAS ENSEÑAN CLARAMENTE QUE TUVO NACIMIENTO HUMANO: QUE NACIO DE UNA MUJER, LA VIRGEN MARIA.

Mateo 1:18: "María . . . se halló haber concebido del Espíritu

Santo." 2:11: "Vieron al niño con su madre María." 12:47: "He aquí tu madre y tus hermanos." 13:55: "¿No se llama su madre María?" Juan 1:14: "Aquel Verbo fué hecho carne, y habitó entre nosotros." 2:1: "Estaba allí la madre de Jesús." Hechos 13:23: "De la simiente de éste, Dios . . . levantó a Jesús." Rom. 1:3: "Que fué hecho de la simiente de David según la carne." Gal. 4:4: "Hecho de mujer."

Al nacer así de una mujer, Jesucristo se sujetó a todas las condiciones de una vida humana y de un cuerpo humano; fué hijo de la humanidad por su nacimiento humano. Jesucristo es, sin lugar a duda, humano, siendo de la "simiente de mujer," de la "simiente de Abraham," y del linaje de David.

No debemos perder de vista que en el nacimiento de Cristo hubo circunstancias sobrenaturales. Mateo 1:18: "Fué así," y Lucas 1:35: "El Espíritu Santo vendrá sobre ti y la virtud del Altísimo te hará sombra; por lo cual también lo Santo que nacerá, será llamado Hijo de Dios." "Fué así" indica que este nacimiento fué diferente a todos aquellos a que antes se ha referido. Luc. 1:35 es bien explícito acerca de este asunto. Atacar el nacimiento virginal es atacar la vida de la Virgen. Cristo fué de "la semilla de la mujer," no de la del hombre. (Véase Luc. 1:34: "¿Cómo será esto? porque no conozco varón.") Las leyes de la herencia no son suficientes para explicar su generación. Dios rompió la cadena de la generación humana y trajo al mundo un ser sobrenatural por un acto creador suyo.

A nadie debe extrañar el relato del nacimiento virginal. La abundante evidencia histórica que existe a su favor debe abrir el camino a su aceptación. Todos los manuscritos de las versiones antiguas contienen este relato. Todas las tradiciones de la iglesia primitiva lo admiten. En el credo más antiguo, que es el Credo Apostólico, se hace mención de él. Si se rechaza la doctrina del nacimiento virginal, se hace apoyándose únicamente en motivos sujetivos. Le es fácil, por supuesto, negar esta doctrina al que niega la posibilidad de lo sobrenatural en la experiencia de la vida humana. Al que cree que Jesús fué mero humano le es relativamente fácil negar el nacimiento sobrenatural por

causas meramente sujetivas. Estos puntos de vista se deben en
gran parte a los prejuicios de los pensadores. Una vida tan
admirable como la que Cristo vivió, que tuvo un fin tan admirable en su resurrección y ascensión, parece que pudo, más
bien debió, tener una entrada extraordinaria y admirable también. El hecho de que el nacimiento virginal se encuentra con-
firmado por las Escrituras, por la tradición, por los credos, y que
se halla en perfecta armonía con los otros datos de aquella
admirable vida, debería ser confirmación suficiente de su verdad.

Algunos lo han creído cosa extraña que, si el nacimiento virginal es tan esencial a la recta inteligencia de la religión cristiana,
según se afirma, Marcos, Juan y Pablo no digan nada de él.
Pero ¿es cierto que existe tal silencio? Juan dice: "Aquel Verbo
fué hecho carne"; y Pablo habla de "Dios manifestado en carne."
L. F. Anderson dice: "Este argumento del silencio se encuentra
suficientemente contestado por el hecho de que Marcos pasa
por alto y en silencio 30 años de la vida de nuestro Señor; que
Juan presupone los relatos de Mateo y Lucas; que Pablo no se
ocupa de la historia de la vida de Jesús. Estos hechos fueron
conocidos en un principio solamente de María y José. Su misma
naturaleza requería reticencia, hasta que Jesús hizo ver que era
el Hijo de Dios con poder por resucitar de entre los muertos.
Entre tanto el desarrollo natural de Jesús y su oposición a
establecer un reino terrestre hicieron que los hechos milagrosos
de 30 años antes parecieran como un sueño admirable a María.
De modo que la historia maravillosa de la madre del Señor
entró en forma gradual en la tradición evangélica, en los credos
de la iglesia, así como en lo íntimo de los corazones de los
cristianos en todos los pueblos del mundo."

2. **CRECIO EN SABIDURIA Y EN ESTATURA COMO
   CRECEN LOS DEMAS SERES HUMANOS. EN
   CUERPO Y ALMA ESTUVO SUJETO A LAS
   LEYES ORDINARIAS DEL DESARROLLO
   HUMANO.**

Lucas 2:40, 52, 46: "Y el niño crecía, fortalecíase, y se

henchía de sabiduría; y la gracia de Dios era sobre él. Y Jesús crecía en sabiduría, y en edad, y en gracia para con Dios y los hombres. Y . . . le hallaron en el templo, sentado en medio de los doctores, oyéndoles y preguntándoles."

Nosotros no podemos decir hasta qué punto su naturaleza sin pecado influenció su crecimiento. Parece claro, sin embargo, ateniéndonos a las Escrituras, que podemos atribuir el crecimiento y desarrollo de Jesús a la educación que recibió en su hogar santo; a la instrucción que le dieron en la sinagoga y en el templo; a su estudio personal de las Escrituras; y a su comunión con su Padre. En su educación y desarrollo, que fueron tan reales en la experiencia de Jesús como en la de cualquier ser humano, entraron el elemento humano y el divino. Se nos dice que "Jesús crecía en sabiduría y en edad." "Crecía," es decir, seguía avanzando; "crecía," y la forma del verbo parece indicar que su crecimiento se debía a sus propios esfuerzos. De todo esto parece claro que Jesús recibió una educación conforme al desarrollo humano ordinario: instrucción, estudio y pensamiento.

Tampoco debe creerse que el hecho de que Cristo poseía atributos divinos, tales como la omnisciencia y omnipotencia, se oponga a su perfecto desarrollo humano. ¿No pudiera haber El poseído estos atributos sin hacer uso de ellos? El anonadarse no significa extinguirse. No se ha de juzgar increíble que, aunque poseía estos atributos divinos, los tuviera en sujeción, a fin de que el Espíritu Santo ejerciera su parte en aquella vida verdaderamente humana y, sin embargo, divina.

3. TUVO LA APARIENCIA DE UN HOMBRE.

Juan 4:9: "¿Como tú, siendo judío . . .?" Lucas 24:13: Los dos discípulos que iban a Emmaús creyeron que era un hombre como otro cualquiera. Juan 20:15: "Ella, pensando que era el hortelano." 21:4, 5: "Jesús se puso a la ribera: mas los discípulos no entendieron que era Jesús."

La mujer de Samaria evidentemente reconoció que Jesús era judío por sus facciones y modo de hablar. Para ella Él no era más que un judío ordinario, por lo menos en un principio. No tenemos fundamento bíblico alguno para poner alrededor de la cabeza de Cristo una aureola, como hacen los artistas. Seguramente que su vida pura le daba una apariencia distinguida, lo mismo que a cualquier hombre bueno hoy día se le reconoce por su buen carácter. Naturalmente, no sabemos nada en definitivo sobre la apariencia de Jesús, porque no poseemos retrato ni pintura alguna de El. Los apóstoles únicamente llamaron la atención a la entonación de su voz (Marcos 7:34; 15:34). Parece que Jesús conservó la forma de un hombre aun después de su resurrección y ascensión (Hech. 7:56; 1 Tim. 2:5).

4. POSEYO UNA NATURALEZA FISICA HUMANA: CUERPO, ALMA Y ESPIRITU.

Juan 1:14: "Y aquel Verbo fué hecho carne." Heb. 2:14: "Por cuanto los hijos participaron de carne y sangre, él también participó de lo mismo." Mat. 26:12: "Echando este ungüento sobre mi cuerpo." v. 38: "Mi alma está muy triste." Luc. 23:46: "Padre, en tus manos encomiendo mi espíritu." 24:39: "Mirad mis manos y mis pies, que yo mismo soy: palpad, y ved; que el espíritu no tiene carne ni huesos, como veis que yo tengo."

Cristo vino a poseer una naturaleza realmente humana al tiempo de su encarnación. No simplemente vino El a los suyos, sino que vino a ellos a la semejanza de su propia carne. Debemos distinguir, sin embargo, entre una naturaleza humana y una naturaleza carnal. Una naturaleza carnal no es realmente parte integral del hombre, como Dios le hizo en el principio. La naturaleza humana de Cristo era verdaderamente humana, pero "sin pecado" (Heb. 4:15).

5. ESTUVO SUJETO A TODAS LAS FLAQUEZAS DE LA NATURALEZA HUMANA, SIN PECADO.

Mateo. 4:2: "Después tuvo hambre." Juan 19:28: "Jesús . . . dijo: Sed tengo." 4:6: "Jesús, cansado del camino." Mat. 8:24: "Mas él dormía." Juan 19:30: "Y habiendo inclinado la cabeza, dió el espíritu." Lloró sobre Jerusalem (Mat. 23:37); lloró por su amigo difunto Lázaro (Juan 11:35); en el huerto buscó la simpatía humana (Mat. 26:36, 40); fué tentado en todo como nosotros (Heb. 4:15). En el gran órgano de nuestra humanidad no hay nota que, al ser tocada, no encuentre vibración de simpatía en alguna parte del ser de nuestro Señor, excepto, naturalmente, la nota discordante del pecado. Pero el pecado no fué parte integral de la naturaleza humana antes de la caída. A veces hablamos de la depravación natural, pero, en realidad, el pecado no es natural. Dios hizo a Adán perfecto y sin pecado. Sin embargo, después de la caída de Adán los hombres nacen "en pecado" (Salmo 51:5).

6. A EL SE LE DAN NOMBRES HUMANOS, TANTO POR SI MISMO COMO POR OTROS.

Lucas 19:10: "Hijo del hombre." Mat. 1:21: "Llamarás su nombre Jesús." Hech. 2:22: "Jesús Nazareno." 1 Tim. 2:5: "Jesucristo hombre."

En los Evangelios Jesús se llama a sí mismo el Hijo del hombre cuando menos 80 veces. Aun cuando aceptaba el título Hijo de Dios, a veces lo reemplazaba inmediatamente con el título, Hijo del hombre (Juan 1:49-51; Mat. 26:63, 64).

Aun reconociendo el hecho de que en el título, Hijo del hombre, hay algo oficial, algo que tiene que ver con su relación con el reino de Dios, es cierto, sin embargo, que al usarlo se identifica a sí mismo con los hijos de los hombres. Aunque se le llama con razón *EL* Hijo del hombre, porque fué único entre los hijos de los hombres por razón de su naturaleza y vida sin pecado, es, sin embargo, *UN* Hijo del hombre en cuanto es hueso de nuestros huesos y carne de nuestra carne.

II. DIVINIDAD DE JESUCRISTO.

1. SE LE DAN NOMBRES DIVINOS.

a) Se le Llama Dios.

Juan 1:1: "El Verbo era Dios." Heb. 1:8: "Mas al Hijo: Tu trono, oh Dios, por el siglo del siglo." Juan 1:18: "El unigénito

Hijo (o mejor, 'el unigénito Dios.')." A Cristo se le atribuye aquí divinidad absoluta. 20:28: "¡Señor mío, y Dios mío!" No es ésta una expresión de asombro, sino una confesión de fe, confesión que fué aceptada por Cristo, lo que equivale a aceptar la divinidad, y a una afirmación de ella por su parte. Rom. 9:5: "Dios sobre todas las cosas, bendito por los siglos." Tito 2:13: "El gran Dios y Salvador nuestro Jesucristo." 1 Juan 5:20: "Su Hijo Jesucristo. Este es el verdadero Dios." En todos estos pasajes bíblicos a Cristo se le llama Dios.

Tal vez se pueda argüir que si a Cristo se le llama Dios aquí, esto no prueba su divinidad, porque en Juan 10:35 a los jueces humanos también se les llama "dioses": "Si dijo, dioses, a aquellos a los cuales fué hecha palabra de Dios." Esto es cierto, pero aquí se usa la palabra en un sentido secundario y relativo, pero no en el sentido absoluto en que se usa refiriéndose al Hijo.

b) Se le Llama Hijo de Dios.

Las citas que contienen este título son numerosas. Entre otras pueden verse Mat. 16:16, 17; 8:29; 14:33; Mar. 1:1; 14:61; Luc. 1:35; 4:41. Aunque tal vez sea cierto que en los Evangelios sinópticos no se nos diga que Jesús reclamó este título para sí mismo, es indudable que El lo aceptó cuando otros lo usaron dirigiéndose a El. Además, parece evidente por los cargos que se le hicieron de que Él reclamó tal honor para sí mismo. Mat. 27:40, 43: "Porque ha dicho: Soy Hijo de Dios." Mar. 14:61, 62: "¿Eres tú el Cristo, el Hijo del bendito?" (Luc. 22:70: "¿Luego tú eres Hijo de Dios? Y Jesús le dijo: Yo soy." En el Evangelio de Juan, sin embargo, Jesús se llama a sí mismo con toda claridad "el Hijo de Dios" (5:25; 10:36; 11:4). En realidad el Evangelio de Juan comienza con Cristo como Dios: "El Verbo era Dios," y termina con el mismo pensamiento: "¡Señor mío, y Dios mío!" (20:28). (El capítulo 21 es un epílogo.)

El Dr. James Orr, hablando del título Hijo de Dios, según se aplica a Cristo, dice: "No puede existir comparación o analogía alguna con este título. La unidad con Dios que el título designa no es una influencia refleja del pensamiento y carácter divinos como la que pueden obtener los ángeles o los hombres, sino una identidad de esencia que le hace no sólo semejante a Dios, sino Dios. Otros pueden ser hijos de Dios en un sentido moral; pero únicamente El lo puede ser por naturaleza esencial. El es, por consiguiente, el Hijo *único,* tan estrechamente unido a la íntima naturaleza divina que El expresa, que está en el mismo seno del Padre. Este modo de hablar indica dos naturalezas homogéneas, que son enteramente una, y ambas tan esenciales a la divinidad que ninguna de ellas puede omitirse cuando afirmamos algo de ella."

Si al llamarse a sí mismo "Hijo de Dios" no significara más que el ser *un* Hijo de Dios, ¿por qué le acusó de blasfemia el sumo sacerdote cuando se aplicó este título? (Mat. 26:61-63). ¿No indican también una filiación especial las palabras de Marcos 12:6: "Teniendo pues aún un hijo suyo amado, envióle también a ellos el postrero, diciendo: Tendrán en reverencia a mi hijo?" Es cierto que la filiación de Cristo es humana e histórica; pero es más: es trascendente, única, sola. De Juan 5:18 parece evidente que en este título hay algo único: "Entonces más procuraban los judíos matarle, porque . . . a su Padre llamaba Dios, haciéndose igual a Dios."

El uso de la palabra "unigénito" indica también la unicidad de su filiación. Consúltese Lucas 7:12 acerca del uso de esta palabra: "Unigénito de su madre." 9:38: "Es el único hijo que tengo." La misma palabra usa Juan refiriéndose a Cristo en 1:14, 18: 3:16, 18; 1 Juan 4:9, y distingue entre Cristo como el único Hijo, y los muchos "hijos de Dios" (Juan 1:12, 13). En un sentido Cristo no tiene hermanos; se encuentra El absolutamente solo. Este contraste lo enfatiza Juan en 1:14, 18: "El unigénito," y 1:12: "Todos . . . hijos de Dios." El es el Hijo desde la eternidad; éstos "se hacen" hijos en el tiempo. El es uno; éstos son muchos. El es Hijo por naturaleza; ellos lo son por adopción y por gracia. El es Hijo con la misma esencia del Padre; ellos son de sustancia diferente de la del Padre.

c) Se le llama el Señor.

Hech. 4:33; 16:31; Luc. 2:11; Hech. 9:17; Mat. 22:43-45. Es cierto que esta palabra se aplica también a los hombres, como en Hech. 16:30: "Señores, ¿qué es menester que yo haga para ser salvo?" Juan 12:21: "Señor, querríamos ver a Jesús." Aquí no se usa la palabra en este sentido único, como lo demuestra claramente el contexto. En tiempo de nuestro Señor, el título "Señor," en el sentido en que se usa de Cristo, se aplicaba únicamente a la Divinidad, a Dios. "Los tolomeos y los emperadores romanos no permitían que se les aplicase a ellos este nombre sino cuando permitieron que se les deificara. Los descubrimientos arqueológicos de Oxyrhynco no dejan duda alguna acerca de este hecho. De modo que cuando los escritores del Nuevo Testamento hablan de Jesús como Señor, no nos puede quedar duda de qué es lo que quieren decir." (*Wood*)

d) Se la Dan también Otros Nombres Divinos.

"El primero y el último" (Apoc. 1:17). Este título lo aplica Isaías a Jehová: 41:4; 44:6; 48:12. "Alpha y Omega" (Apoc. 22:13); cf. 1:8 donde se aplica a Dios.

2. A JESUCRISTO SE LE ASIGNA CULTO DIVINO.

Las Escrituras reconocen que el culto se debe a Dios, sólo a la Divinidad: Mat. 4:10: "Al Señor tu Dios adorarás y a él solo servirás." Apoc. 22:8, 9: "Me postré para adorar delante de los pies del ángel. . . . Y él me dijo: Mira que no lo hagas. . . . Adora a Dios." Ni siquiera se le permitió a Juan postrarse a los pies del ángel para adorar a Dios. Hech. 14:14, 15; 10:25, 26: Cornelio se postró a los pies de Pedro y le adoró. "Mas Pedro le levantó, diciendo: Levántate; yo mismo también soy hombre." Obsérvese la terrible suerte que corrió Herodes, porque se atrevió a aceptar el culto que correspondía sólo a Dios (Hech. 12:20-25). Sin embargo, Jesús aceptó tal culto sin titubear; en realidad, El mismo lo pidió (Juan 4:10). Véanse Juan 20:28; Mat. 14:33; Luc. 24:52; 5:8.

El homenaje que se rinde a Cristo en estas escrituras sería poco menos que una idolatría sacrílega, si Cristo no fuera Dios.

Parece que en Cristo no hubo la menor resistencia para aceptar tal culto. De consiguiente, o Cristo fué Dios o fué un impostor. Pero su vida entera rechaza la idea de la impostura. Fué El quien dijo: "A solo Dios adorarás"; y si El no fuera Dios, no tenía derecho de tomar el lugar de Dios.

Dios mismo manda que todos los hombres adoren al Hijo, como le adoran a El. Juan 5:23, 24: "Que todos honren al Hijo como honran al Padre." Hasta a los mismos ángeles se les manda adorar al Hijo. Heb. 1:6: "Adórenle todos los ángeles de Dios." Fil. 2:10: "Para que en el nombre de Jesús se doble toda rodilla."

Era costumbre de los apóstoles y de la iglesia primitiva rendir adoración a Cristo. 2 Cor. 12:8-10: "He rogado al Señor." Hech. 7:59: "Y apedrearon a Esteban, invocando él y diciendo: Señor Jesús recibe mi espíritu. 1 Cor. 1:2: "A todos los que invocan el nombre de nuestro Señor Jesucristo."

Los cristianos en todos los tiempos no se han contentado únicamente con admirar a Cristo, sino que le han adorado y dado culto. Se han acercado siempre a su persona en una actitud de sacrificio y de adoración, como en la presencia de Dios.

Roberto Browning, en una carta dirigida a una señora en su última enfermedad, citó las palabras de Charles Lamb, cuando hallándose en una fiesta con algunos de sus amigos, éstos le preguntaron cómo se sentirían él y los demás, si repentinamente se aparecieran en carne y hueso una vez más los más grandes de todos los muertos. Cuando se preguntó, "¿Y si Cristo entrara?" cambió inmediatamente de tono y comenzó a tartamudear, diciendo, lleno de emoción: "Vea, si entrara Shakespeare, todos nos levantaríamos; si apareciera Cristo, nos arrodillaríamos todos."

3. CRISTO POSEE LAS CUALIDADES Y PROPIEDADES DE LA DIVINIDAD.

a) Pre-Existencia.

Juan 1:1: "En el principio"; compárese con Gén. 1:1. Juan 8:58: "Antes que Abraham fuese, yo soy." Como si hubiera dicho: "La existencia de Abraham presupone la mía, pero la mía no presupone la de él. El dependía de mí para existir; yo no dependo de él. Abraham vino a la existencia en un punto determinado del tiempo, pero *yo soy*." Aquí nos encontramos con el Ser que no tiene principio ni fin. Véanse también Juan 17:5; Fil. 2:6; Col. 1:16, 17.

b) Existencia por Sí Mismo y Poder para Dar Vida.

Juan 5:21, 26: "Porque como el Padre levanta los muertos, y les da vida, así también el Hijo a los que quiere da vida. . . . Porque como el Padre tiene vida en sí mismo, así dió también al Hijo que tuviese vida en sí mismo." 1:4: "En él estaba la vida." Véase también 14:6; Heb. 7:16; Juan 17:3-5; 10:17, 18. Estos pasajes bíblicos enseñan que en Cristo tiene su origen toda la vida: física, moral, espiritual, eterna.

c) Inmutabilidad.

Heb. 13:8: "Jesucristo es el mismo ayer, y hoy, y por los siglos." Véase también 1:12. Toda la naturaleza, que El se pone como un vestido, está sujeta al cambio y decaimiento; Jesucristo es siempre el mismo, nunca cambia. Los maestros humanos, como los de que se habla en el contexto, pueden cambiar; pero El, el Cristo, jamás.

d) En El Habitaba toda la Plenitud de la Divinidad.

Col. 2:9. No únicamente las perfecciones y atributos divinos de la Deidad, sino la misma esencia y naturaleza de la Divinidad. No fué únicamente semejante a Dios, sino que fué Dios.

4. SE LE ATRIBUYEN OFICIOS DIVINOS.

a) Es el Creador.

Juan 1:3: "Todas las cosas por él fueron hechas." El fué el poder activo y el instrumento personal en la creación. La creación es la manifestación de su mente y de su poder. En Heb. 1:10 se nos muestra la dignidad del Creador en contraste con la creación. Col. 1:16 contradice la teoría gnóstica de las emanaciones, y declara que Cristo fué el Creador de todas las cosas y seres creados. Apoc. 3:14: "El principio de la creación de Dios," significa "el principio" en el sentido activo, es decir, *el origen*, o sea aquello por lo que una cosa comienza a ser. En Col. 1:15 se nos dice que fué "el primogénito," no el creado; compárese con Col. 1:17, donde la palabra "por" del versículo 16 demuestra que Cristo no fué incluído en las "cosas creadas," sino que fué el origen de todas ellas y superior a ellas. El es el Creador del universo (v. 16), de la misma manera que El es la Cabeza de la Iglesia (v. 18).

b) El es el Sustentador de todas las Cosas.

Col. 1:17; Heb. 1:3. El universo ni se sostiene a sí mismo ni está abandonado de Dios (Deísmo). Es el poder de Cristo el que hace que todas las cosas subsistan. Las pulsaciones de la vida en el universo son reguladas y controladas por los latidos del poderoso corazón de Cristo.

c) El tiene el Derecho de Perdonar los Pecados.

Mar. 2:5-10; Luc. 7:48: "Y a ella dijo: Los pecados te son perdonados." Es evidente que los fariseos reconocieron en esta ocasión que Cristo reclamaba para sí una prerrogativa divina. Ningún ser humano tenía derecho de perdonar pecados. Sólo Dios lo podía hacer. Por eso los fariseos le acusaron de blasfemia. Esta no es una mera declaración del perdón, basada en el conocimiento del arrepentimiento del hombre. Cristo no simplemente *declara* que los pecados son perdonados, sino que *de hecho* los perdona. Además, Jesús, en la parábola de los dos deudores (Luc. 7), declara que los pecados fueron cometidos contra El mismo. (cf. Salmo 51:4: "A ti, a ti sólo he pecado".)

d) A El se le Atribuye la Resurrección de los Cuerpos de Hombres.

Juan 6:39, 40, 54; 11:25. En este pasaje declara Jesús cinco veces que tiene la prerrogativa de resucitar los muertos. Es cierto que otros resucitaron muertos, pero en condiciones muy diferentes. Aquéllos obraron con poder delegado (Hech. 9:34); pero Cristo lo hizo con su propio poder (Juan 10:17, 18). Nótese la agonía de Eliseo y de otros, en comparación con la tranquilidad de Cristo. Ninguno de los otros reclamó para sí la resurrección de los muertos por su propio poder, ni que tendrían tal poder en la resurrección general de todos los hombres. Cristo sí lo reclamó.

e) El ha de ser Juez de todos los Hombres.

Juan 5:22: "Porque el Padre a nadie juzga, mas todo el juicio dió al Hijo." 2 Tim. 4:1; Hech. 17:31; Mat. 25:31-46. El Hombre de la cruz será el Hombre del trono. En su mano están todas las decisiones del juicio.

5. EL POSEE ATRIBUTOS DIVINOS.

a) Omnipotencia.

Mat. 28:18: "Toda potestad me es dada en el cielo y en la tierra." Apoc. 1:8; Juan 17:2; Ef. 1:20-22. Aquí se le atribuye el poder sobre tres reinos: Primero, todo poder en la tierra: sobre las enfermedades (Luc. 4:38-41); la muerte (Juan 11); la naturaleza, el agua tornada en vino (Juan 2); la tempestad (Mat. 8). Segundo, todo poder en el infierno: sobre los demonios (Luc. 4:35, 36, 41); los ángeles malos (Ef. 6). Tercero, todo poder en los cielos: (Ef. 1:20-22). Finalmente, poder sobre todas las cosas: (Heb. 2:8; 1:3; Mat. 28:18).

b) Omnisciencia.

Juan 16:30: "Ahora entendemos que sabes todas las cosas." 2:24, 25; Mat. 24; 25; Col. 2:3. Ilustraciones: Juan 4:16-19; Marc. 2:8; Juan 1:48. "Nuestro Señor da siempre la impresión de que El sabía todas las cosas al detalle, tanto del pasado como del futuro, y que este conocimiento procede de su percepción original de los acontecimientos. El no las aprende sino que las conoce sencillamente por la percepción directa. Declaraciones tales como las de Mateo 24 y Lucas 21 encierran en sí una diferencia sutil de las declaraciones de los profetas. Estos últimos hablaron como hombres que se encontraban muy distantes por razón del tiempo de su declaración de los acontecimientos que predecían. Jesús habló como quien está presente en medio de los hechos que él describe. Nunca se refiere a los hechos del pasado, como si estuviera citando el relato histórico del Antiguo Testamento. El único pasaje que parece arrojar un poco de duda sobre este hecho se encuentra en Mar. 13:32. Pero el pasaje paralelo en Mateo omite, en muchas versiones antiguas, las palabras: "Ni el Hijo." Las palabras de Marcos se pueden interpretar sin contradecir este modo de ver su omnisciencia. Sin embargo, es ésta una omnisciencia que tiene alguna limitación humana en su manifestación a los hombres." (*Wood*)

Esta limitación del conocimiento no implica argumento alguno contra la infalibilidad de todo lo que Cristo enseñó: por ejemplo, la autoridad mosaica del Pentateuco. Liddon dice que este argumento encierra una confusión entre la limitación del conocimiento y la posibilidad de caer en error. Es claro que la limitación del conocimiento es una cosa y la falibilidad es otra. San Pablo dice: "Conocemos en parte," y "Vemos por espejo en obscuridad." Sin embargo, Pablo está tan seguro de la verdad de lo que enseña que exclama: "Mas aun si nosotros o un ángel del cielo os anunciare otro evangelio del que os hemos anunciado, sea anatema." Pablo creyó indudablemente en su propia infalibilidad como maestro de la verdad religiosa, y la iglesia de Cristo ha considerado siempre sus epístolas como parte de la literatura infalible. Pero también es claro que Pablo creyó que su conocimiento de la verdad era limitado. La infalibilidad no incluye la omnisciencia, como el conocimiento limitado no lleva consigo el error. Si un maestro humano rehusara hablar sobre cierto asunto, diciendo que no tenía suficiente conocimiento de él, esto no sería razón para no darle crédito si procediera a hablar con seguridad sobre otro tema completamente diferente, dando a entender que no tenía conocimiento suficiente a autorizarle a hablar. Por el contrario, su silencio en el primer caso sería suficiente razón para que se diera crédito a sus declaraciones en el otro caso. El argumento que estamos considerando en este texto sería válido, si nuestro Señor hubiera determinado la fecha del día del juicio y los hechos hubieran demostrado que se había equivocado.

¿Por qué hemos de encontrar tropiezo en la limitación de este atributo y no en la de los otros? ¿No sufrió hambre y sed, por ejemplo? Como Dios, El es omnipresente; pero como hombre, está presente en un solo lugar. Como Dios, es omnipotente; pero por lo menos en una ocasión El no pudo obrar portentos a causa de la incredulidad de los hombres.

c) Omnipresencia.

Mat. 18:20: "Porque donde están dos o tres congregados en mí nombre, allí estoy en medio de ellos." El está con todos los misioneros (Mat. 28:20). Todos los cristianos oran a El en todo lugar (1 Cor. 1:2). La oración sería una irrisión si no estuviéramos seguros de que Cristo está en todo lugar, listo para oírnos. El llena todas las cosas en todo lugar (Ef. 1:23). Pero esta presencia que lo llena todo es característica solamente de la Divinidad.

6. SU NOMBRE SE PONE AL LADO DEL DE DIOS PADRE.

La manera en que el nombre de Jesucristo se une al de Dios el Padre indica claramente la igualdad del Hijo con el Padre. Compárense los siguientes pasajes:

a) La Bendición Apostólica.

2 Cor. 13:14. Aquí el Hijo da la gracia lo mismo que el Padre.

b) La Fórmula Bautismal.

Mat. 28:19; Hech. 2:38. "En el nombre," no los nombres en plural. ¿Qué impresión produciría decir: "En el nombre del Padre *y de Moisés?* ¿No parecería esto un sacrilegio? Podemos imaginarnos el efecto que tales palabras hubieran producido en los apóstoles.

c) **Otros Pasajes.**

Juan 14:23: "Vendremos"; el Padre y yo. 17:3: "Esta empero es la vida eterna: que te conozcan el solo Dios verdadero, y a Jesucristo." El contenido de la fe salvadora incluye la creencia en Jesucristo lo mismo que en el Padre. 10:30: "Yo y el Padre una cosa somos." Quiere decir que Jesús y el Padre tienen un solo poder con el cual se opera la salvación del hombre. 2 Tes. 2:16, 17: "El mismo Señor nuestro Jesucristo, y Dios y Padre nuestro . . . consuele vuestros corazones." Estos dos nombres, con el verbo en singular, indican la unidad del Padre con el Hijo.

LA CONCIENCIA QUE JESUS TENIA DE SU PROPIA PERSONA Y OBRA

Sería cosa interesante investigar los relatos evangélicos para darnos cuenta de qué pensaba Jesús acerca de sí mismo, y, en particular, de su relación con el Padre. ¿Qué peso tiene el testimonio de Jesus sobre el asunto de su propia deidad? ¿Confirman los relatos evangélicos el pensar cristiano sobre este tema? ¿Es Jesucristo un hombre que posee una fe mucho más grande que la nuestra, pero, sin embargo, uno que cree en Dios como nosotros? ¿O es El el objeto de nuestra fe lo mismo que el Padre? ¿Creemos nosotros *con* El, o *en* El? ¿Hay en las palabras que se ponen en labios de Jesús en los Evangelios alguna indicación de la conciencia que El tenía sobre su relación única con Dios el Padre? ¿Es acaso el mismo Jesús responsable del pensar cristiano sobre su divinidad, o es que la Iglesia lee en los relatos evangélicos algo que en realidad no existe allí? Veámoslo.

a) **Como se nos Presenta en el Relato de su Visita al Templo.**

Lucas 2:41-52. Esta es únicamente una flor del jardín admirablemente cercado de los primeros 30 años de la vida de Cristo. Para nuestro propósito, el énfasis está en "tu padre" y "mi Padre." Estas son las primeras palabras que se conservan de Jesús. ¿No se encuentra en ellas una indicación de la conciencia

que Jesús tenía de su relación única con su Padre Celestial?
Muy en contra de la costumbre judía, es María y no José la que
hace la pregunta. Ella dijo: "tu padre." La respuesta de Jesús
signifiicaba: "¿Quieres decir que *mi* Padre me ha estado
buscando?" Es muy de notar que Cristo nunca usa la palabra
"padre" al referirse a sus padres, cf. Mat. 12:48; Mr. 3:33, 34.
"¡*Mi* Padre!" Ningún labio humano habia pronunciado jamás
estas palabras. Los hombres decían, y Jesús les enseñó a decir,
"*Nuestro* Padre." No creemos estar fuera de la realidad al decir
que en este incidente Cristo ve, surgiendo ante El, la gran verdad
de que Dios y no José es su Padre, y que ahora se encontraba
en la casa de su verdadero Padre.

b) Como se nos Revela en su Bautismo.

Mat. 3:13-17; Mar. 1:9-11; Luc. 3:21. Aquí están algunas
cosas que debemos tener presentes en relación con el bautismo
de Cristo. Primero, Jesús tenía perfecto conocimiento de la
relación de Juan y su ministerio con las profecías del Antiguo
Testamento, así como del anuncio que había hecho el mismo
Juan de que era el precursor del Mesías, y de que él no era digno
de desatar la correa del zapato de Cristo. Segundo, el acercarse
ahora a Juan, y someterse a su bautismo, indicaba que Jesús
tomó como verdadero todo lo que Juan había dicho. El elogio
que Jesús hizo de Juan, pone más énfasis sobre este asunto
(Mat. 11). Tercero, hay la bajada del Espíritu Santo, y la voz
celestial. ¿Qué significaron estas cosas para Jesús? Si el sermón
de Cristo en la sinagoga de Nazaret nos puede servir de ayuda,
tenemos que creer que al tiempo de su bautismo, aun más que
cuando tenía doce años, El tenía perfecta conciencia de que, al
ser así ungido, se asociaba a sí mismo en una forma muy especial
con la profecía de Isaías, capítulos 42 y 61: "He aquí mi siervo
. . . he puesto sobre él mi espíritu." A la conciencia de Jesús
de seguro vendría todo lo que quedaba encerrado en el Antiguo
Testamento en las palabras "siervo del Señor," cuando el
Espíritu descendió sobre El. Véanse también Luc. 4:16-17;
Hech. I0:38; Mat. 12:28.

¿Qué significó para Cristo la voz celestial? "Este es mi Hijo amado" nos lleva al segundo Salmo en el que el salmista se dirige a esta persona como al Rey ideal de Israel. La cláusula siguiente, "En el cual tengo contentamiento," se refiere al capítulo 42 de Isaías, y describe al siervo que es ungido y dotado de poder por el Espíritu de Dios. Tenemos que admitir que Jesús conocía perfectamente las profecías del Antiguo Testamento, y sabía muy bien a quién se referían estos pasajes. Cualquier judío lo sabía. ¿Será mucho decir que el día de su bautismo Jesús se dió perfecta cuenta de que estas predicciones del Antiguo Testamento se cumplieron en El? Creemos que no.

c) Como se Presenta en el Relato de la Tentación.

Mat. 4:1-11; Mar. 1:12, 13; Luc. 4:1-13. De estos relatos parece deducirse claramente que Jesús entró en la tentación en el desierto con la conciencia de la revelación que había recibido y de que estaba consciente en el bautismo. Es cierto que Satanás basó sus tentaciones en la conciencia que Cristo tenía de su relación única con Dios como su Hijo. En todo el período de la tentación Satanás considera a Cristo como Hijo de Dios en un sentido único, y el Rey ideal que había de establecer el reino de Dios en la tierra. En realidad la realeza de Jesús se reconoce tan claramente en el relato de la tentación que la cuestión que aquí se ventila es sobre cómo se establecerá este reinado en el mundo. Tenemos que admitir que si leemos con cuidado el relato bíblico nos vemos precisados a llegar a la conclusión de que, durante toda la tentación, Cristo tuvo plena conciencia de su posición con relación al establecimiento del reino de Dios en el mundo.

d) Como se Presenta en el Llamamiento de los Doce y de los Setenta.

El relato de este hecho se encuentra en Mat. 10; Mar. 3:13-19; 6:7-13; Luc. 9:1-6; 10:1-14. Este importante hecho en la vida de nuestro Señor ejerció gran influencia en la conciencia que El tenía de su persona y de su obra. Notemos algunos detalles:

Primero, el número de ellos, doce. ¿No se encuentra en este hecho cierta relación con la nueva Jerusalem en la que el Mesías se sentará en el trono rodeado por los doce apóstoles sentados también en sus propios tronos? ¿No tenía conciencia Cristo en este caso de que El era el centro de la escena que se nos describe en el Apocalipsis?

Segundo, les dió poder. ¿No repite Jesús aquí lo que le había sucedido a El en el bautismo, impartiendo un poder sobrenatural? ¿Quién puede dar tal poder y hacer que hasta los demonios obedezcan? Ninguno, sino Dios.

Tercero, nótese que el mensaje que El da a los doce se refiere a asuntos de vida y muerte. El no recibir el mensaje equivalía a rechazar al Padre.

Cuarto, todo esto se ha de hacer en *su* nombre, y por amor a *su* nombre. El destino final de los hombres depende de la fidelidad a Jesús. Todo surge o cae con relación a El. ¿Fué posible que se pronunciaran tales palabras, sin que el que las dijo tuviera conciencia de su relación única con el Padre y con las cosas de la eternidad? ¿Se ha conocido alguna vez algo más atrevido que esto?

Quinto, El pide que los hombres sacrifiquen por El aún sus más tiernos afectos, y que le antepongan a El al padre y a la madre (Mat. 10:34-39).

e) Como se Revela en el Sermón del Monte.

Mat. 5-7; Luc. 6:20-49. No citaremos más que dos casos sobre el particular. ¿Quién es éste que se atreve a presentarse a sí mismo como superior a Moisés y la ley de Moisés, diciendo: "Mas yo os digo"? Además, oigamos a Cristo proclamándose a sí mismo Juez de todos los hombres en el último día (Mat. 7:21). ¿Pudo Cristo decir todo esto sin tener conciencia de su relación única con todas estas cosas? Seguramente que no.

B. OBRA DE JESUCRISTO
Muerte de Jesucristo

I. SU IMPORTANCIA.

1. OCUPA UN LUGAR SUPREMO EN LA RELIGION CRISTIANA.

El cristianismo es a todas luces una religion de expiación. La eliminación de la doctrina de la muerte de Cristo de la religión que lleva su nombre, sería renunciar a su unicidad, y al reclamo que hace de ser la única religión verdadera y la revelación suprema y final de Dios a los hijos de los hombres. Es precisamente esta doctrina de la redención la que distingue al cristianismo de todas las demás religiones. Si se quita esta distintiva doctrina cristiana de su credo, esta religión suprema se coloca al nivel de otros muchos sistemas religiosos que prevalecen hoy día. El cristianismo no es meramente un sistema de ética; es la historia de la redención por Jesucristo, el Redentor personal.

2. SU VITAL RELACION CON JESUCRISTO.

La expiación está tan íntimamente ligada con Jesucristo, tan unida a su obra, según se nos presenta en las Escrituras, que es absolutamente inseparable de ella. Cristo no fué principalmente un maestro religioso, un filántropo, un modelo de costumbres. Fué todas estas cosas, sí, pero mucho más. Primera y principalmente El fué el Salvador y Redentor del mundo. La importancia de otros grandes hombres estuvo principalmente en sus vidas; en Cristo, estuvo principalmente en su muerte, en la que se reconcilió Dios con el hombre. La cruz es el centro magnético que envía la corriente eléctrica por el telégrafo entre la tierra y el cielo, y hace que ambos Testamentos rebosen con verdad viva, armoniosa y salvadora, a través de todas las edades pasadas y futuras. Otros hombres han dicho: "Si yo pudiera solamente vivir, podría establecer y perpetuar un imperio." El Cristo de Galilea dijo: "Mi muerte lo hará." Entendamos que el poder del cristianismo no estriba en formas imprecisas y sombrías, ni siquiera solamente en verdades y doctrinas bien definidas, sino en *la* verdad, y en *la* doctrina de Cristo crucificado y resucitado de entre los muertos. Si el cristianismo no es más que un sistema ético, no es ni podrá ser en realidad ni siquiera ético. Es redentor, dinámico por medio de esa redención, y al mismo tiempo ético.

3. SU RELACION CON LA ENCARNACION.

No es demasiado atrevido decir que el propósito de la encarnación fué la expiación. Por lo menos esto parece ser el testimonio de las Escrituras. Jesucristo tomó carne y sangre para poder morir (Heb. 2:14). "El apareció para quitar nuestros pecados" (1 Juan 3:5). Cristo vino a este mundo a dar su vida en rescate por muchos (Mat. 20:28). El mismo propósito de la venida de Cristo a este mundo, con todas sus varias facetas, fué para que, al tomar una naturaleza como la nuestra, pudiera ofrecer su vida en sacrificio por los pecados de los hombres. La fe en la expiación supone la fe en la encarnación. La relación entre estas doctrinas fundamentales es tan estrecha que constituye uno de los grandes puntos que han dividido las opiniones de los hombres sobre la materia: cuál sería la primaria y cuál la secundaria; cuál es la que se debería considerar como la más necesaria para la salvación del hombre, como el hecho primario y supremo en la historia del trato de Dios con el hombre. La expiación surge naturalmente de la encarnación, de modo que el Hijo de Dios no hubiera podido aparecer con nuestra naturaleza sin realizar la obra que implica la palabra expiación. La encarnación es la anticipación y la garantía de la obra de la expiación. La encarnación es ciertamente la declaración de un propósito de Dios para salvar al mundo. Pero ¿cómo se hubiera podido salvar el mundo sino por la expiación?

4. SU PROMINENCIA EN LAS ESCRITURAS.

En la conversación que tuvo con los dos discípulos en el camino a Emmaús, Jesucristo declaró que Moisés y todos los profetas, en realidad todas las Escrituras, se ocuparon de su muerte (Luc. 24:27, 44). De 1 Pedro 1:11, 12, se deduce que el gran asunto que preocupó a los profetas del Antiguo Testamento fué la muerte de Cristo. La expiación es el hilo rojo que corre a través de todas las páginas de la Biblia. Córtese la Biblia en cualquier parte, y la sangre brota; está roja con la sangre de la redención. Se dice que de cada cuarenticuatro versículos del Nuevo Testamento uno trata de este asunto, y que la muerte de Cristo se menciona en total ciento setenticinco veces. Si a este número se agrega la enseñanza típica y simbólica del Antiguo Testamento, se tendrá una idea del lugar importantísimo que esta doctrina ocupa en las Sagradas Escrituras.

5. TEMA FUNDAMENTAL DEL EVANGELIO.

Pablo dice: "Primeramente os he enseñado (es decir lo primero por razón de orden; la primera tabla de la plataforma del evangelio; la verdad más importante) . . . que Cristo fué muerto por nuestros pecados" (1 Cor. 15:1-3). La historia, mensaje y predicación del evangelio no podrían subsistir sin la historia de la muerte de Cristo como Redentor de los hombres.

6. EL UNICO GRAN TEMA EN EL CIELO.

Moisés y Elías, los visitantes celestiales a la tierra, hablaron de él (Luc. 9:30, 31), aunque Pedro se avergonzó de esta verdad (Mat. 16:21-25). El tema del cántico de los redimidos en el cielo es la muerte de Cristo (Apoc. 5:8-12).

II. DEFINICION BIBLICA DE LA MUERTE DE CRISTO

Las Escrituras nos presentan la muerte de Cristo bajo cuatro aspectos:

1. COMO UN RESCATE. Mat. 20:28; 1 Pedro 1:18; 1 Tim. 2:6; Gal. 3:13.

El significado de un rescate se encuentra explicado en Lev. 25:47-49: libertar una persona o una cosa pagando un precio; comprar nuevamente una persona o una cosa pagando el precio en virtud del cual es tenida en cautividad. De modo que el pecado es como un mercado de esclavos en el que los pecadores son "vendidos a sujeción del pecado" (Rom. 7:14); las almas están bajo sentencia de muerte (Ezeq. 18:4). Cristo, con su muerte, compra a los pecadores en el mercado, dándoles así completa libertad de la servidumbre del pecado. Sueltas sus cadenas, deja libre a los prisioneros, pagando un precio, el precio de su preciosa sangre.

Puede disputarse sobre a quién se paga este rescate: o a Satanás por sus cautivos, o a la santidad eterna y necesaria, a la ley divina, a las exigencias de Dios que por su propia naturaleza es el Legislador santo. Lo más probable es que sea lo último, es decir, Dios y su santidad.

Cristo nos redimió de la maldición de una ley quebrantada haciéndose a sí mismo maldición por nosotros. Su muerte fué el precio del rescate pagado por nuestra libertad.

2. UNA PROPICIACION. Rom. 3:25; 1 Juan 2:2; Heb. 2:17.

Cristo es la propiciación por nuestros pecados. Dios nos le presenta como propiciación por medio de su sangre.

Propiciación significa *cubierta*. La cubierta del arca del pacto era llamada propiciatorio (Exod. 25:22; Heb. 9:5). Es el medio de Dios para cubrir y perdonar al pecador penitente y ahora creyente, a causa de la muerte de Cristo. La propiciación es la base sobre la que Dios podría demostrar su justicia y sin embargo perdonar a los pecadores (Rom. 3:25, 26; Heb. 9:15). Cristo mismo es el sacrificio propiciatorio (1 Juan 2:2). La muerte de Jesucristo se ofrece como el fundamento sobre el que un Dios justo puede perdonar a una raza pecadora y culpable sin comprometer en forma alguna su propia justicia.

3. COMO UNA RECONCILIACION. Rom. 5:10; 2 Cor. 5:18, 19; Efes. 2:16; Col. 1:20.

El mensaje de estos pasajes bíblicos es que nosotros somos reconciliados con Dios por la muerte de su Hijo, por su cruz y por la sangre de su cruz.

La reconciliación tiene dos aspectos: activo y pasivo. En su aspecto *activo* podemos considerar la muerte de Cristo como el medio que quita la enemistad existente entre Dios y el hombre, que hasta ahora ha sido un obstáculo para su mutua comunión (véanse los textos citados arriba). Este estado de enemistad se nos presenta en pasajes bíblicos como Rom. 8:7: "Por cuanto la intención de la carne es enemistad contra Dios." También Efes. 2:15; Sant. 4:4. En su aspecto *pasivo* la palabra puede significar el cambio de actitud del hombre para con Dios, cambio que se verifica en el corazón del hombre por la visión que recibe de la cruz de Cristo, de la que procede el cambio de enemistad a amistad, cf. 2 Cor. 5:20. Probablemente es mejor establecer el hecho de esta manera: Dios es propiciado, y el pecador es reconciliado (2 Cor. 5:18-20).

4. COMO UNA SUBSTITUCION. Isa. 53:6; 1 Pedro 2:24, 3:18; 2 Cor. 5:21.

La historia del cordero pascual (Exod. 12 y 1 Cor. 5:7) ilustra el significado de la palabra substitución en el sentido que aquí se usa: una vida dada en lugar de otra. "Jehová cargó en él el pecado de todos nosotros." Dios hizo que Cristo, que no tuvo pecado, fuera pecado por nosotros. El mismo Cristo llevó nuestros pecados en su cuerpo sobre el madero. Esto es la substitución. Cristo murió en nuestro lugar, llevó nuestros pecados, pagó la pena debida por ellos; y todo esto, no por fuerza, sino de voluntad (Juan 10:17, 18). La idea de la substitución se halla bien ilustrada en la preposición que se usa en relación con esta fase de la muerte de Cristo. En Mateo 20:28 se dice que Cristo dió su vida en rescate *por* (griego, *antí*) muchos (véase 1 Tim. 2:6). El significado de esta preposición es evidente que es *en lugar de* por el uso que de ella hace Mateo 2:22: "Archelao reinaba en lugar de (*antí*) Herodes su padre." También en Lucas 11:11: ¿En lugar de (*antí*) pescado, le dará una serpiente?" (Véase Heb. 12:2, 16). Por consiguiente, substitución, en el sentido que aquí se usa, quiere decir que algo sucedió a Cristo, y porque le sucedió a El, no es necesario que nos suceda a nosotros. Cristo murió por nuestros pecados, y no es necesario que nosotros muramos por ellos si aceptamos su sacrificio. Para mayor ilustración, véase Gén. 22:13: Dios proveyendo un cordero en lugar de Isaac; también Barrabás siendo libertado y Cristo llevando su cruz y tomando su lugar.

III. OPINIONES NO BIBLICAS DE LA MUERTE DE CRISTO

Circulan ciertas opiniones "modernas" de la expiación que conviene que examinemos brevemente, aunque no sea más que para demostrar que no tienen fundamento bíblico. No cabe la menor duda de que la mente moderna no llega a percibir en la doctrina de la expiación lo que la fe ortodoxa ha sostenido por siglos como la verdad de Dios acerca de esta doctrina cristiana fundamental. Para muchos la muerte de Cristo no fué más que la muerte de un mártir, y la colocan en la misma categoría que la muerte de Juan Huss o Savonarola. O tal vez la muerte de Cristo fué una manifestación del admirable amor de Dios para con un mundo pecador. O puede ser que Cristo, al sufrir la muerte, permanece para siempre como sublime modelo de adhesión a los principios de justicia y verdad, hasta la misma muerte. O tal vez el Calvario fué un episodio en el gobierno divino del mundo. Siendo Dios santo, juzgó necesario hacer ver al mundo el odio que tenía al pecado, y su ira descargó sobre Cristo. La mente moderna no considera la muerte de Cristo como vicaria o substitutoria en ningún sentido. En realidad, no alcanza a ver la justicia ni la necesidad o posibilidad de que un hombre tan inocente sufriera por los pecados de toda la raza, pasados, presentes y futuros. Se dice que cada cual debe sufrir el castigo de su propio pecado; de esto nadie se puede escapar, a no ser que Dios, cuyo admirable amor sobrepasa todo concepto humano, pase por alto, como indudablemente lo hará, las consecuencias eternas del pecado del hombre, a causa del grande amor que tiene a la raza humana. Esto es lo que ellos esperan confiadamente. El amor de Dios es para ellos la esperanza de la redención de la raza.

¿Qué tiene que decir la iglesia cristiana acerca de esto, y qué respuesta puede dar? La iglesia debe recurrir a buscar las armas de esta guerra en la Palabra de Dios. Si la así llamada mente moderna y sus opiniones doctrinales convienen con la Escritura, la iglesia cristiana puede dejarse influenciar por el espíritu de nuestros tiempos. Pero si la mente moderna no conviene con las Escrituras, la iglesia de Cristo debe abandonar a la mente moderna. Veamos algunas de las teorías modernas sobre la expiación:

1. LA TEORIA DEL ACCIDENTE.

En resumen esta teoría dice lo siguiente. La cruz fué algo imprevisto en la vida de Cristo. El Calvario no figuraba en el plan de Dios para su Hijo. La muerte de Cristo fué un mero accidente, tan imprevisto e inesperado como la muerte de cualquier otro mártir.

A esto contestamos. Jesús tuvo plena conciencia siempre de la muerte que le esperaba. La predijo una y otra vez. Tenía conocimiento de todas las maquinaciones que se tramaban para matarle. Esta verdad se halla confirmada en los siguientes pasajes bíblicos: Mat. 16:21; Mar. 9:30-32; Mat. 20:17-19; Luc. 18:31-34; Mat. 20:28, 26:2, 6, 24, 39-42; Luc. 22:19, 20. Además, en Juan 10:17, 18 encontramos palabras que contradicen esta falsa teoría: "Por eso me ama el Padre, porque yo pongo mi vida, para volverla a tomar. Nadie me la quita, mas yo la pongo de mí mismo. Tengo poder para ponerla, y tengo poder para volverla a tomar. Este mandamiento recibí de mi Padre."

Podemos también mencionar otros muchos pasajes y profecías del Antiguo Testamento acerca de la muerte de Cristo. Tenemos también el testimonio del mismo Cristo de que el hecho de su muerte había sido profetizado y predicho por los profetas (Luc. 24:26, 27, 44). Véanse también Isa. 53; Salmos 22 y 69.

2. LA TEORIA DEL MARTIR.

Es como sigue. La muerte de Cristo fué semejante a la de Juan Huss o Policarpo, o cualquiera de los grandes hombres que ha dado su vida en sacrificio por un principio o una verdad.

A esto contestamos. En este caso Cristo debiera haberlo declarado así. Pablo lo debiera haber dicho. La palabra mártir se empleó aplicándola a la muerte de otros cristianos, ¿por qué no a la muerte de Cristo? Si esto fuera así no hubiera habido misterio alguno en la expiación, y lo extraño es que Pablo hablara acerca de este misterio. Además, si Cristo murió como un mártir, lo menos que Dios hubiera podido hacer por El hubiera sido consolarle con su presencia, como lo hizo con otros mártires en la hora de su muerte. ¿Por qué le abandonó en aquella hora crucial? ¿Es justo que Dios hiciera padecer al hombre más santo de todos los tiempos los sufrimientos más terribles, si ese hombre no fuera más que un mártir? Si se tiene presente el estremecimiento que sufrió en el Getsemaní, ¿podríamos decir (y hablamos con toda reverencia) que Jesús fué tan valiente al hacer frente a la muerte como cualquier otro mártir? ¿Por qué se llenó de angustia el alma de Cristo (Luc. 22:39-46), mientras que Pablo el apóstol estuvo lleno de gozo (Fil. 1:23)? Esteban sufrió la muerte de un mártir, pero Pablo nunca predicó el perdón por la muerte de Esteban. Tal modo de considerar la muerte de Cristo puede hacer mártires, pero nunca salvará al pecador.

3. LA TEORIA DEL EJEMPLO MORAL.

La muerte de Cristo ejerce una influencia sobre la humanidad para su mejoramiento moral. El ejemplo de sus sufrimientos debe ablandar los corazones humanos, y ayudar al hombre a reformarse, a arrepentirse, y a mejorar su propia condición. Así que Dios da el perdón simplemente con el arrepentimiento y la reforma. Si esto fuera así, un beodo podría llamar salvador suyo a un hombre cuya influencia le ha inducido a tornarse sobrio y laborioso. Pero la vista de los sufrimientos de Cristo no movió a los judíos al arrepentimiento. Ni mueve a los hombres hoy día tampoco. Tal opinión de la muerte de Cristo no hace frente al problema con el que está relacionada, a saber, el problema del pecado.

4. LA TEORIA DEL GOBIERNO.

Esta dice que la benevolencia de Dios exige que haga de los sufrimientos de Cristo un ejemplo para hacer ver al hombre cuánto le desagrada el pecado. El gobierno de Dios sobre este mundo requiere que El haga ver su odio al pecado.

Esto es cierto, pero nosotros tenemos que contestar: ¿Qué necesidad hay de una encarnación para la manifestación de tal propósito? ¿Por qué no hacer el ejemplar del disgusto que a Dios produce el pecado de un hombre culpable, y no de un hombre absolutamente inocente y sin culpa? ¿Por qué crear un nuevo ser para tal propósito, cuando existían tantos hombres?

5. LA TEORIA DEL AMOR DE DIOS.

Cristo murió para hacer ver a los hombres cuánto les amaba Dios. Desde que El murió, los hombres saben lo que el corazón de Dios siente por ellos.

Es cierto que la muerte de Cristo hizo ver el grande amor de Dios para con el hombre caído. Pero los hombres no necesitaban tal sacrificio para saber que Dios les amaba. Lo sabían ya antes que Cristo viniera. El Antiguo Testamento está lleno del amor de Dios. Léase el Salmo 103. Las Escrituras que nos dicen que el amor de Dios se manifestó al darnos a su Hijo, nos dan también otra razón de por qué El dió a su Hijo: "Para que todo aquel que en él cree, no se pierda, mas tenga vida eterna" (Juan 3:16); "En esto consiste el amor: no que nosotros hayamos amado a Dios, sino que él nos amó a nosotros, y ha enviado a su Hijo en propiciación por nuestros pecados" (1 Juan 4:10).

Nosotros creemos que la muerte de Cristo revela el amor de Dios, y que en todos los tiempos los hombres se han arrodillado arrepentidos, cuando han recibido la visión del que pendía en la cruz por ellos. Pero si hubiéramos de preguntar a los que han creído en Dios a causa de la cruz, hallaríamos que lo que los movió al arrepentimiento no fué solamente que la cruz les reveló el amor de Dios en una forma suprema, sino el hecho de que Dios en la cruz había hecho frente a la tremenda y terrible realidad del pecado, y que la cruz lo había quitado.

"Examino todos estos puntos de vista, algunos de los cuales son hermosos y apelan a la soberbia del hombre, pero que dejan de lado todo pensamiento de una expiación vicaria, y exclamo: '¿Pero qué será de mi pecado? ¿Quién lo borrará? ¿Dónde se halla el sacrificio? Si no hay remisión de pecados sin derramamiento de sangre, ¿dónde está la sangre derramada?' Estas teorías son lindas, a veces patéticas, y con frecuencia hermosas, pero no encierran en sí la agonía de la ocasión y situación. Son teorías basadas en apariencias, conceptos parciales. No toman en consideración toda la estructura del templo desde el fundamento hasta la cubierta. Nadie debe expresar su propia opinión frente a la de otra persona de una manera dogmática; pero sí puede, y a veces debe, permitir que su corazón hable a través de su inteligencia. Y teniendo presente esta libertad, yo me aventuro a decir que todas estas teorías de la expiación son para mí como nada, y ciertamente vacías e incompletas. . . . En este mismo momento en que estoy hablando, siento que Cristo en la cruz está haciendo algo por mí, que su muerte es mi vida, su expiación mi perdón, su crucifixión la satisfacción por mi pecado, que del Calvario, el lugar de la calavera, brotan las flores de mi paz y gozo, y que yo me glorío en la cruz de Cristo." (*Joseph Parker*)

IV. NECESIDAD DE LA MUERTE DE CRISTO

La necesidad de la expiación descansa en dos cosas: la santidad de Dios y la pecaminosidad del hombre. La doctrina de la expiación no es un asunto aislado, y no se puede entender correctamente si no se la considera en sus relaciones. Se halla relacionada con ciertas condiciones que existen entre Dios y el hombre y que han sido afectadas por el pecado. Por consiguiente, debemos conocer esta relación, y en qué forma ha sido afectada por el pecado. Esta relación entre Dios y el hombre es una relación personal. No podemos legítimamente dar otro significado a los pasajes que nos presentan esta relación. "*Tú me* has examinado y conocido." "*Yo* siempre estuve *contigo*." Es, además, una relación ética, y lo que es ético es al mismo tiempo personal y universal. Es decir, que la forma en que Dios trata a la humanidad se manifiesta en un modo de ser que tiene valor universal y eterno. Estas relaciones fueron deshechas por el pecado. No nos importa saber cómo apareció el pecado, pero nosotros somos moralmente conscientes, por el testimonio que nos da una conciencia mala, de que somos culpables y de que nuestro pecado no es meramente un asunto de culpabilidad personal, sino una violación de una ley moral universal.

1. LA SANTIDAD DE DIOS.

Debemos tomar buena nota del énfasis que el Antiguo Testamento pone en la doctrina de la santidad de Dios. (Véase Atributos de Dios, en la página 39.) La ley levítica, las leyes de las cosas limpias e inmundas, el Tabernáculo y el Templo con su patio exterior y su lugar santo y santísimo, la orden sacerdotal y el sumo sacerdote, los límites que se pusieron alrededor del monte Sinaí, las personas y las cosas que no podían ser tocadas sin contaminación, los tiempos y estaciones sagrados, todas estas cosas y otras muchas nos hablan en términos inequívocos de la santidad de Dios. Así es como se nos dice que si un hombre pecador ha de acercarse a Dios, tiene que hacerlo con la sangre de la expiación. La santidad de Dios exige que se provean algunos medios de propiciación antes de que el pecador pueda acercarse a El y tener comunión con El. Este medio de acercamiento a Dios se nos ofrece en la sangre derramada.

2. EL PECADO DEL HOMBRE.

Las opiniones livianas y erróneas acerca de la expiación proceden del modo liviano y erróneo de considerar el pecado. Si el pecado se considera meramente como una ofensa contra el hombre, una debilidad de la naturaleza humana o simplemente una enfermedad, más bien que una rebelión, transgresión y enemistad contra Dios, y por consiguiente algo que debe ser castigado y condenado, no sentiremos naturalmente la necesidad de la expiación. El pecado se debe mirar en la forma que lo representa la Biblia, como algo que acarrea la ira, condenación y ruina eterna. Hay que considerarle como una culpa que necesita expiación. Debemos verle como le ve Dios antes que podamos condenarle en la forma que Dios le condena. Hoy día confesamos el pecado en una forma tan ligera que casi ha perdido todo su terror.

Considerando la santidad de Dios y la pecaminosidad del hombre, surge naturalmente la pregunta: ¿Cómo debería manifestarse la misericordia de Dios sin comprometer su santidad, cuando El asume una actitud misericordiosa para con el hombre pecador, dándole el perdón y la justificación? La respuesta es: La única manera en que esto puede hacerse es por medio de la expiación.

3. EL CUMPLIMIENTO DE LAS ESCRITURAS.

A lo dicho hasta ahora podemos agregar este tercer pensamiento. En cierto sentido la expiación fué necesaria para que se cumplieran las predicciones del Antiguo Testamento, predicciones inseparables de la persona y obra del Mesías. Si Jesucristo fué el verdadero Mesías, las predicciones que se referían a sus sufrimientos y muerte debieron cumplirse en El (Luc. 24:25-27, 44; Isa. 53; Salmo 22; 69).

V. ALCANCE DE LA MUERTE DE CRISTO.

¿Fué la muerte de Cristo para toda la humanidad, para toda persona del mundo, o solamente para el hombre que ha sido de hecho y finalmente regenerado: la iglesia escogida? ¿Fué para toda la humanidad, sin consideración a su relación con Jesucristo, o deben limitarse los beneficios de la expiación a aquellos que están espiritualmente unidos a Cristo por la fe? De los siguientes pasajes bíblicos parece evidente que la muerte de Cristo tuvo por fin beneficiar a toda la humanidad: Isa. 53:6; 1 Tim. 2:6; 1 Juan 2:2, cf. 2 Cor. 5:19; Rom. 14:15; 1 Cor. 8:11. Los pasajes bíblicos que, según algunos, limitan los efectos de la expiación, son: Juan 10:15, cf. vv. 26, 29; Ef. 5:25-27.

Es evidente que la doctrina de la expiación se nos presenta en las Escrituras como suficiente para procurar y asegurar la salvación de todos. En realidad, no solamente es suficiente sino eficaz para conseguir este propósito. Al parecer hay una contradicción en los pasajes antes citados. La expiación, de hecho, debiera dar actualidad al propósito eterno de Dios, que se nos presenta como un deseo de que todos los hombres sean salvos y vengan a un conocimiento salvador de la verdad según es en Jesucristo. Esto se ve en la invitación general y universal de las Escrituras a participar de los beneficios de la muerte de Cristo. De modo que el ofrecimiento del evangelio a todos no es meramente una pretensión, sino una realidad de parte de Dios. La voluntad divina de que todos los hombres participen de los beneficios de la expiación incluye a todos, y significa en verdad lo que el ofrecimiento abarca. Por otra parte, no podemos pasar por alto el hecho de que, desde otro punto de vista, los efectos de la expiación (tal vez sería mejor decir el *propósito* de la expiación) quedan limitados dentro de la verdadera iglesia, de modo que solamente los que están en realidad unidos a Cristo por la fe participan de hecho de los méritos de la expiación. Digámoslo de otra manera: La expiación es *suficiente* para todos; es *eficaz* para los que creen en Cristo. La misma expiación, en cuanto ofrece la base para el trato redentor de Dios con los hombres, es *ilimitada;* la *aplicación* de la expiación se limita a los que de hecho creen en Cristo. *Potencialmente* El es el Salvador de todos (1 Tim. 1:15); *de hecho* es Salvador solamente de los creyentes (1 Tim. 4:10). La expiación queda limitada únicamente por la incredulidad humana.

1. PARA TODO EL MUNDO.

Las Escrituras nos presentan este hecho en los siguientes pasajes: "Y él es la propiciación por nuestros pecados: y no solamente por los nuestros, sino también por los de todo el mundo" (1 Juan 2:2). La muerte de Cristo es el fundamento en el que Dios, que es absolutamente santo, se apoya en su trato con la raza humana para usar con ella de misericordia y perdonar sus pecados.

Juan 1:29: "He aquí el Cordero de Dios, que quita el pecado

del mundo." No el pecado de unos cuantos individuos, o de un pueblo escogido como Israel, sino el pecado de todo el mundo. Esta fué una verdad sorprendente para los judíos.

1 Tim. 2:6: "El cual se dió a sí mismo en precio del rescate por todos, para testimonio en sus tiempos." Por esta razón podemos orar por todos los hombres, según se deduce del contexto de este pasaje. ¿Cómo podríamos orar por todos los hombres, si no pudieran ser todos salvos?

2. POR CADA INDIVIDUO.

Esto no es más que una declaración detallada del hecho de que El murió por todo el mundo. Ningún individuo, sea hombre, mujer o niño, queda excluído de los beneficios que ofrece la expiación.

Heb. 2:9: "Empero vemos coronado de gloria y de honra, por el padecimiento de muerte, a aquel Jesús que es hecho un poco menor que los ángeles, para que por gracia de Dios gustase la muerte por todos." León el Grande (461) afirmó que "El derramamiento de la sangre de Cristo por los injustos es de un alcance tan amplio, que si todos los cautivos del mundo creyeran en el Redentor, las cadenas del diablo no podrían retenerlos." El general Booth dijo en cierta ocasión: "Amigos, Jesucristo derramó su preciosa sangre para pagar el precio de la salvación, y compró de Dios salvación suficiente para ofrecer a todos."

3. POR LOS PECADORES, LOS INJUSTOS Y LOS IMPIOS.

Toda clase, grado y condición de pecadores puede participar de la obra redentora de Cristo. Grecia invitó solamente a los hombres cultos. Roma no buscaba más que los fuertes. Judea procuraba solamente a los religiosos. Jesucristo llama a todos los cargados y cansados para que vengan a El. (Mat. 11:28).

Rom. 5:6-10: "Cristo murió por los impíos. . . . Siendo aún pecadores, Cristo murió por nosotros. . . . Siendo enemigos, fuimos reconciliados con Dios por la muerte de su Hijo." 1 Pedro 3:18: "También Cristo padeció una vez por los pecados, el justo

por los injustos." Cristo murió por los *pecadores,* es decir, los
que están en abierta oposición con Dios; por los *injustos,* es decir,
los que abiertamente violan las leyes de Dios; por los *impíos,*
es decir, los que de una manera violenta y descarada se niegan
a pagar a Dios el tributo de su oración, culto y servicio; por los
enemigos, es decir, los que están en constante pugna con Dios
y su causa. Por todos éstos murió Cristo.

1 Tim. 1:15: "Cristo Jesús vino al mundo para salvar a los
pecadores, de los cuales yo soy el primero." Pablo fué un
blasfemo, un *perseguidor, injuriador* (v. 13), un *homicid.*
(Hech. 22 y 26). Sin embargo Dios le salvó. Él también estuvo
incluído en la expiación. Nótese que con relación a este mismo
punto el apóstol declara que la razón por la que Dios le salvó
fué para que su salvación sirviera de ejemplo o aliento a otros
grandes pecadores, a los que Dios podría salvar y salvaría, si
ellos lo deseaban.

4. POR LA IGLESIA.

En un sentido especial se puede decir que la muerte de
Cristo fué por la Iglesia, su cuerpo, es decir, la congregación de
los que creen en El. En un sentido también es perfectamente
cierto que la muerte de Cristo no vale más que para los que
creen en El. De modo que, en este sentido, se puede decir que
El murió en particular por la Iglesia. El es "Salvador de todos
los hombres, mayormente de los que creen" (1 Tim. 4:10). Aquí
queda encerrada la verdad de los que sostienen la teoría de la
expiación limitada.

Efes. 5:25-27: "Cristo amó a la iglesia, y se entregó a sí mismo
por ella." No por una denominación particular; ni por una
organización encerrada entre cuatro paredes; sino por todos
aquellos a los que El llama a sí y le siguen.

Gal. 2:20: "El Hijo de Dios, el cual me amó, y se entregó
a sí mismo por mí." Aquí se menciona al individuo que es
miembro de la Iglesia, el cuerpo de Cristo, como específicamente
incluído en la eficacia de la expiación. Cuando Lutero se dió
cuenta de esta fase particular de la expiación, le vieron sollo-

zando debajo de un crucifijo, diciendo con gemidos: "Mein Gott, Mein Gott, ¡Für Mich! ¡Für Mich!" ("Dios, mío, Dios mío, ¡por mí! ¡por mí!").

1 Cor. 8:11: "Y por tu ciencia se perderá el hermano flaco por el cual Cristo murió." También Rom. 14:15. Nótese en qué conexión se expone esta verdad. Si Cristo estaba dispuesto a morir por el hermano flaco, de quien nosotros tal vez nos burlamos a causa de sus escrúpulos de conciencia, deberíamos nosotros estar dispuestos a negarnos a nosotros mismos en alguna cosa por su amor.

Los efectos de la muerte de Cristo incluyen a todos, abarcan a todos, y son de un alcance ilimitado. No serán pocos sino muchos los que se salvan. El dió su vida en rescate por *muchos*. El propósito de la expiación de Dios no quedará frustrado. Cristo verá del trabajo de su alma y será saciado. Muchos vendrán del norte, del sur, del este y del oeste y se sentarán en su reino. Lo veremos en aquel gran día (Apoc. 7:9-15).

VI. RESULTADOS DE LA MUERTE DE CRISTO.

1. EN RELACION CON EL UNIVERSO FISICO O MATERIAL.

Así como este universo material fué en una forma misteriosa afectado por la caída del hombre (Rom. 8:19-23), así también es afectado por la muerte de Jesucristo, cuyo propósito fué neutralizar el efecto del pecado en la creación. En la expiación hay un efecto cósmico. El Cristo de Pablo es de un alcance más amplio que el segundo Adán, Cabeza de una nueva humanidad. El es también el centro del universo que gira a su alrededor, y que es en una forma misteriosa reconciliado por su muerte. Nosotros no podremos explicar en definitiva cómo esto se realiza.

Col. 1:20: "Y por él reconciliar todas las cosas a sí, pacificando por la sangre de su cruz, así lo que está en la tierra como lo que está en los cielos." Algún día habrá un nuevo cielo y una nueva tierra, en los que reine la justicia (2 Pedro 3:13). Véanse también Heb. 9:23, 24; Isa. 11 y 35.

2. EN RELACION CON EL MUNDO DE LOS HOMBRES.

a) Quita la Enemistad que Existe entre Dios y el Hombre.

Rom. 5:10; Col. 1:20-22. Para mejor explicación, véase la definición bíblica de la expiación (II. 3, pág 76). La muerte de Cristo hace desaparecer toda base para la enemistad entre Dios y el hombre, ya se tome ésta en el sentido activo o pasivo de la *reconciliación*. El mundo es reconciliado con Dios por medio de la expiación.

b) Provee una Propiciación por el Pecado del Mundo.

1 Juan 2:2; 4:10. Véase también Propiciación (II. 2, pág 76). La propiciación llega hasta donde llega el pecado.

c) Neutraliza el Poder de Satanás sobre la Raza Humana.

Juan 12:31, 32: "Ahora es el juicio de este mundo: ahora el príncipe de este mundo será echado fuera. Y yo, si fuere levantado de la tierra, a todos traeré a mí mismo." Véanse también Juan 16:9, 10; Col. 2:10. El levantamiento de Cristo en la cruz significó la caída de Satanás. Satanás ya no tiene dominio indisputable sobre los hijos de los hombres. El poder de las tinieblas ha sido deshecho. El hombre ya no necesita ser esclavo del pecado y de Satanás.

d) Resuelve el Problema del Pecado del Mundo.

El pecado no debe servir más de barrera entre Dios y el hombre. Hablando en rigor, ya no es una cuestión del *pecado* sino del *Hijo;* no ¿qué se hará con mi pecado? sino, ¿qué haré de Jesús que se dice el Cristo? Los pecados de los santos del Antiguo Testamento que por siglos habían sido tenidos, por decirlo así, en suspenso, fueron borrados en la cruz (Rom. 3:25, 26). En la cruz se resolvió también el problema de los pecados presentes y futuros. Cristo borró el pecado para siempre con su propio sacrificio (Heb. 9:26).

e) **Satisface las Exigencias de la Ley Quebrantada y Quita la Maldición que Había sobre el Hombre por Haber Quebrantado la Ley.**

Col. 2:14: "Rayendo la cédula de los ritos que nos era contraria, que era contra nosotros, quitándola de en medio y enclavándola en la cruz." De esta manera quedó satisfecha toda exigencia de la santa ley de Dios que había violado el hombre pecador.

Gál. 3:13: "Cristo nos redimió de la maldición de la ley, hecho por nosotros maldición; (porque está escrito: Maldito cualquiera que es colgado en madero)." (Véase el v. 10 en el que se describe la maldición.) La paga del pecado, y la maldición del pecado, es la muerte. Cristo, al morir en la cruz, pagó esa deuda, y quitó esa maldición.

f) **En los Efectos de la Muerte de Cristo en Favor del Creyente Quedan Incluídas la Justificación, la Adopción, la Santificación, el Acceso a Dios, una Herencia, y la Desaparición de todo Temor de la Muerte.**

Rom. 5:9; Gál. 4:3-5; Heb. 10:10; 10:19, 20; 9:15; 2:14, 15. ¡Qué consoladores e inspiradores son estos admirables aspectos del resultado de la muerte de nuestro Señor y Salvador Jesucristo!

3. EFECTO DE LA MUERTE DE CRISTO SOBRE SATANAS.

Véase el inciso c) anterior. El demonio debe someterse a la victoria de Cristo. Termina ya el dominio de Satanás, en lo que se refiere al creyente en Cristo. Pronto terminará también su dominio sobre los hijos desobedientes de los hombres. La muerte de Cristo significó el pronunciamiento de la sentencia de condenación de Satanás y la pérdida de su poder sobre los hombres. Aunque el poder del diablo no ha sido aún completamente destruído, ha sido neutralizado (Heb. 2:14). Los principados y poderes malos, y el mismo Satanás, hicieron lo peor que pudieron en la cruz, pero allí mismo recibieron el golpe mortal (Col. 2:14, 15).

LA RESURRECCION DE JESUCRISTO

I. SU IMPORTANCIA EN LA RELIGION CRISTIANA.

1. OCUPA UN LUGAR UNICO EN EL CRISTIANISMO.

El Cristianismo es la única religión que reclama ser aceptada, apoyándose en la resurrección de su fundador. Si otra religión reclamara para sí tal cosa invitaría el fracaso. Hágase la prueba de ello con otras religiones.

2. ES FUNDAMENTAL EN EL CRISTIANISMO.

En su admirable capítulo sobre la resurrección (1 Cor. 15) Pablo dice que la existencia del cristianismo depende de la verdad literal de la resurreción de Jesucristo. Para la existencia de la religión de Cristo es un hecho fundamental que el cuerpo del fundador de la religión cristiana no permaneció en el sepulcro después del tercer día: "Y si Cristo no resucitó, vana es entonces nuestra predicación, vana es también vuestra fe" (v. 14). "Si Cristo no resucitó . . . aun estáis en vuestros pecados" (v. 17). "Entonces también los que durmieron en Cristo son perdidos" (v. 18). Si se quita la resurrección del evangelio de Pablo, su mensaje desaparece. La resurrección de Jesucristo no es un apéndice al evangelio de Pablo, sino que es una parte esencial.

La importancia de esta doctrina se echa de ver del papel prominente que jugó en la predicación de los apóstoles: Pedro, Hech. 2:24, 32; 3:15; 4:10; 5:30; 10:40; 1 Pedro 1:21, 23. Pablo, Hech. 13:30, 34; 17:31; 1 Cor. 15; Fil. 3:21. La creencia en esta predicación fué la que llevó al establecimiento de la iglesia cristiana. La creencia en la resurrección de nuestro Señor Jesucristo fué la fe de la primitiva iglesia (Hech. 4:33). El testimonio de este gran hecho de la fe cristiana se dió insistentemente en medio de la fiera oposición. No se la hizo objeto de controversia, aunque el sepulcro era bien conocido y hubieran podido indicárselo. El cristianismo encontró una base firme para su desarrollo histórico en este hecho de la resurrección. No hubo simplemente "un mensaje de resurrección," sino también "una fe de la resurrección."

En el hecho de la resurrección se puso en juego, en cierto sentido, el honor de nuestro Señor. Fué para El de tanta importancia que permaneció en la tierra cuarenta días después de haber resucitado, dando muchas pruebas infalibles de este gran hecho. El recurrió a este hecho una y otra vez como evidencia de la verdad de su predicación: Mat. 12:39, 40; Juan 2:20-22.

Tanto los amigos como los enemigos del cristianismo admiten que la resurrección de Jesucristo es de importancia vital para la religión que lleva su nombre. El cristiano recurre a ella con toda confianza como a un hecho incontestable. El escéptico la niega por completo como realidad histórica. Un enemigo de la resurreccion dice: "Si la resurrección tuvo realmente lugar, tenemos que admitir que el cristianismo es lo que reclama ser, es decir, una revelación directa del mismo Dios." El apóstol Pablo dice: "Si Cristo no resucitó, vana es entonces nuestra predicación, vana es también vuestra fe." El primero trata por todos los medios de echar por tierra las pruebas de este hecho aceptado; el otro dice llanamente que, si no podemos creer en la resurrección, el cristianismo no es más que una falsificación. Si fuera posible negar realmente la resurrección de Cristo, si se pudiera probar que es absolutamente falsa, todo el edificio del evangelio se desmorona, y toda la estructura de la religión cristiana es sacudida desde su fundamento, y el mismo arco del cristianismo se vuelve polvo. Si esto fuera así, no ha obrado más que cambios imaginarios, ha engañado a sus más fieles adherentes, ha defraudado las esperanzas de sus discípulos más devotos, y las más grandes conquistas morales que adornan las páginas de la historia de la iglesia cristiana se han apoyado en una falsedad.

No podemos ignorar el lugar prominente que la resurrección ocupa en las Escrituras. Sólo en el Nuevo Testamento se habla de ella más de 100 veces.

II. NATURALEZA DE LA RESURRECCION DE JESUCRISTO.

1. JESUCRISTO MURIO REALMENTE.

Algunos que no creen en la resurrección de Jesucristo, afirman que Jesús solamente sufrió un síncope, y que unas manos compasivas le bajaron de la cruz, creyendo que había muerto. El aire fresco del sepulcro en el que le colocaron, le hizo revivir, de modo que El salió del sepulcro como si en realidad hubiera resucitado de los muertos. Los discípulos creyeron que El había muerto y resucitado en realidad.

Esta teoría es falsa por las siguientes razones:

Jesucristo se apareció a sus discípulos después del tercer día, no como un hombre débil, doliente y medio muerto, sino como un conquistador victorioso y triunfante sobre la muerte y el sepulcro. Si El hubiera presentado el aspecto de un hombre enfermo y medio muerto, no hubiera podido producir en sus discípulos la impresión que produjo.

En Juan 19:33-37 leemos que los soldados atravesaron el costado de Cristo, y que de él brotaron sangre y agua. Los físicos y fisiólogos convienen en que una condición tal de los órganos vitales, incluyendo el mismo corazón, hace imposible la idea de un mero síncope, y prueba de manera concluyente que había muerto.

José de Arimatea pidió permiso para enterrar el cuerpo de Jesús, porque sabía que habían declarado que estaba muerto (Mat. 27:57, 58).

Cuando dieron a Pilato la noticia de que Cristo había muerto, se nos dice que "Pilato se maravilló que ya fuese muerto; y haciendo venir al centurión, preguntóle si era ya muerto. Y enterado del centurión, dió el cuerpo a José" (Mar. 15:44, 45).

Las mujeres trajeron drogas aromáticas para ungir un cuerpo muerto, no un Cristo medio muerto (Mar. 16:1).

Los soldados dijeron que estaba muerto: "Mas cuando vinieron a Jesús, como le vieron ya muerto, no le quebraron las piernas" (Juan 19:33).

El mismo Jesucristo, El que es la verdad, testifica del hecho de que El había muerto realmente: "Yo soy el que vivo, y he sido muerto" (Apoc. 1:18).

2. EL HECHO DE QUE EL CUERPO DE CRISTO HABIA RESUCITADO REALMENTE DE LOS MUERTOS.

La resurrección de Cristo no es una resurrección espiritual, ni sus apariciones a sus discípulos fueron manifestaciones espirituales. El se apareció a sus discípulos en forma corporal. El cuerpo que había sido colocado en el sepulcro de José salió de él en el primer Domingo de Pascua, hace 20 siglos.

Algunos sostienen que no es necesario para la fe en la resurrección de Cristo que insistamos en una resurrección literal del cuerpo de Jesús. Todo lo que necesitamos es insistir en que Cristo fué reconocido después como el vencedor de la muerte, y que tenía el poder de una vida sin fin. De esta manera sucede que tenemos lo que se llama "El mensaje de resurrección," en contraste con "La fe de la resurrección," que cree en la resurrección literal de Jesucristo de entre los muertos. "La fe no tiene nada que ver con el conocimiento de la forma en que Jesús vive, sino solamente con la convicción de que El es el Señor viviente," *Harnack* en *¿Qué es el Cristianismo?* Según esta teoría la creencia en la resurrección de Jesucristo no significa más que la creencia en la supervivencia del alma de Jesús, es decir, que Jesús está vivo en una forma u otra, y que vive con Dios, mientras que su cuerpo experimentó la corrupción en el sepulcro.

A esto contestamos: Esto no puede ser así, porque todos los hechos de los relatos evangélicos contradicen tal teoria. Examinemos estos relatos.

a) Nos Encontramos con el Hecho de un Sepulcro Vacío.

Mat. 28:6; Mar. 16:6; Luc. 24:3, 12; Juan 20:1, 2. Testigos fidedignos, tanto amigos como enemigos, testifican que el sepulcro estaba vacío: las mujeres, los discípulos, los ángeles y los guardias romanos. ¿Cómo se puede explicar la ausencia del cuerpo de Jesús del sepulcro? El testimonio de los soldados, que habían sido sobornados para decir esa historia, hace evidente el hecho de que no había sido robado por personas extrañas (Mat. 28:11-15). Los guardias no hubieran permitido nunca que tal cosa sucediese, porque esto hubiera puesto en peligro sus vidas. Y si estaban dormidos (v. 13), ¿cómo sabían ellos lo que había ocurrido? En tales circunstancias su testimonio era inútil.

El estado en que encontraron los lienzos los que entraron en el sepulcro quita toda posibilidad de que el cuerpo fuera robado. Si hubiera sido así, los lienzos hubieran sido robados con el cuerpo y no dejados allí en perfecto orden, demostrando que el cuerpo había salido de ellos. Los ladrones no dejan las cosas en orden, porque no hay orden donde hay prisa.

El testimonio de los ángeles también prueba el hecho de que Jesús había resucitado como había predicho (Mat. 28:6; Mar. 16:6). Seguramente que tenemos que dar crédito al testimonio de los ángeles (Heb. 2:2).

b) En los Relatos Evangélicos se Mencionan otras Resurrecciones que Fueron sin Duda Resurrecciones Corporales.

Mat. 9:18-26; Luc. 7:11-18; Juan 11:1-44. Todos estos incidentes arrojan luz sobre la resurrección de Jesús. ¿Por qué dijeron los oficiales que tenían miedo de "que sus discípulos vinieran de noche y lo robaran," si no se referían al *cuerpo* de Jesús? Ellos no podían robar el alma.

c) Los que le Vieron después de su Resurrección Reconocieron que Tenía el Mismo Cuerpo que Había Tenido antes, hasta las Marcas de sus Heridas.

Juan 20:27; Luc. 24:37-39. Es cierto que en algunas ocasiones sus discípulos no le reconocieron, pero tales casos fueron el resultado de que los ojos de los discípulos fueron impedidos de que le conocieran. En tales ocasiones hubo intervención divina.

¿Permanecen aún las marcas de los clavos en Cristo? ¿Es El aún el Cordero como inmolado? (Apoc. 5 y 6).

d) No Cabe la menor Duda de que el Apostol Pablo Creyó en la Resurrección Corporal de Cristo.

Los corintios, a los que el apóstol escribió su admirable tratado sobre la resurrección (1 Cor. 15), no estaban gastando su tiempo negando una resurrección *espiritual;* ni el apóstol pasó tampoco su tiempo buscando argumentos para convencerles de una resurrección *espiritual.* (Véase Rom. 8:11.)

e) Es también Evidente por el Testimonio del mismo Cristo antes y después de su Resurrección.

Mat. 17:23; Luc. 24:39; Apoc. 1:18. No podemos legítimamente sacar otra conclusión de estas palabras sino que Cristo se refiere aquí a su resurrección corporal.

f) El Testimonio Apostólico Corrobora este Hecho.

Hech. 2:24-32; 1 Pedro 1:3, 21; 3:21. Pedro fué al sepulcro, y fué él el que entró y vió los lienzos. No debe haber duda sobre la veracidad del testimonio de Pedro.

g) El Relato de las Apariciones de Cristo es Prueba de una Resurrección Literal y Física.

Mat. 28:9, 10; Juan 20:14-18, cf. Mar. 16:9; Luc. 24:13-32; Juan 21, etc. Todas estas apariciones dan testimonio de que no era un espíritu incorpóreo o un fantasma lo que vieron, sino un Cristo real y corporal. Ellos le podían ver y tocar; le pudieron reconocer; El comió y bebió en su presencia.

h) Finalmente, muchos Pasajes de las Escrituras Serían Ininteligibles si no se Apoyaran en una Resurrección Corporal de Jesucristo del Sepulcro.

Rom. 8:11, 23; Efes. 1:19, 20; Fil. 3:20, 21; 1 Tes. 4:13-17.

3. NATURALEZA DEL CUERPO RESUCITADO DE CRISTO.

a) Fué un Cuerpo Real; no un Espíritu, ni un Fantasma.

De Luc. 24:36-43 se deduce que el cuerpo resucitado de Jesús no fué un fantasma, sino un cuerpo compuesto de "carne y hueso." Podía ser "tocado" (Juan 20:20), y llevó las cicatrices de su pasión (Juan 20:24-29). No perdió completamente la apariencia de su cuerpo terrestre. (Nota: ¿Arroja esto alguna luz sobre el asunto de cómo nos reconoceremos en el cielo? ¿Tendrá Jesucristo este cuerpo todavía en la gloria? ¿Le reconoceremos nosotros allí por sus llagas?)

b) A pesar de ello, el Cuerpo de Jesús Fué más que un mero Cuerpo Natural.

Tenía señales y poseía atributos que indicaban una relación con la esfera celestial o sobreterrenal. Por ejemplo, podía atravesar las puertas cerradas (Juan 20:19), superando así las limitaciones físicas. A veces no se le pudo reconocer (Luc. 24: 13-16; Juan 20:14, 15; 21:4, 12; Mar. 16:12). Este hecho se puede explicar de dos maneras: primera, sobrenaturalmente, es decir, se impidió que sus ojos le reconocieran; segunda, diciendo que en la vida resucitada la parte espiritual controla la material, no como sucede ahora que la material controla la espiritual; así que el espíritu pudo cambiar la forma externa del cuerpo a su voluntad y en cualquier ocasión. (Sin embargo, es de notar cómo Jesús tuvo poder para hacerse reconocer por actos insignificantes, como el rompimiento del pan, y la entonación de su voz. ¿Llevamos nosotros también estas pequeñas características a la otra vida? ¿Podremos reconocer a nuestros seres queridos por estas cosas?) Además, Jesús pudo desaparecer de la vista de sus amigos (Luc. 24:31; Juan 20:19, 26; Luc. 24:51; Hech. 1:9). Así que pudo estar en diferentes lugares en muy corto espacio de tiempo.

¿Podemos nosotros explicar estos hechos? No, no del todo. Sin embargo, no debemos ser tan materialistas que no les demos crédito. "En realidad los hombres se están viendo precisados a reconocer diariamente que el mundo encierra más misterios de lo que hasta ahora se ha imaginado. Probablemente los físicos no están hoy día tan seguros de la impenetrabilidad de la materia, o de la conservación de la energía, como lo estaban antes; y nuevas especulaciones sobre la base etérea de la materia, y sobre la relación del mundo visible con el invisible con fuerzas y leyes hasta ahora desconocidas, abren grandes horizontes de posibilidades que tal vez encierran la llave para la explicación de fenómenos tan extraordinarios como los que aquí nos ocupan." (*James Orr*)

c) El Cuerpo Resucitado de Cristo Fué Inmortal.

No sólo es cierto que el cuerpo de Cristo no vió la muerte desde su resurrección, sino que no puede morir más. Rom. 6:9, 10; Apoc. 1:18, cf. Luc. 20:36. (La lección que de aquí se saca para nosotros es: Cristo es las primicias, 1 Cor. 15:20.)

III. CREDIBILIDAD DE LA RESURRECCION DE CRISTO.

La credibilidad se refiere a la aceptación de un hecho en forma que reclama nuestra creencia. Es la creencia basada en la autoridad, en hechos acreditados, y en testigos competentes. La credulidad es la creencia en una cosa sin relación a la firmeza o debilidad, confianza o desconfianza de su autoridad, hechos o testigos. Es creer con demasiada facilidad, y sin razón alguna para la fe o la esperanza. La resurrección de Cristo es un hecho probado con evidencia suficiente, y que merece ser creída y aceptada inteligentemente. Es una doctrina confirmada por "muchas pruebas infalibles."

Las pruebas de la credibilidad de la resurrección de Jesucristo que pueden ser seguidas en conformidad con nuestro propósito, son las siguientes:

1. ARGUMENTO DE CAUSA Y EFECTO.

Existen entre nosotros hoy día algunas cosas, condiciones e

instituciones, que son efectos de causas, o de una causa. ¿Cuál es esta causa? Entre otras podemos mencionar:

a) El Sepulcro Vacío.

Aquí nos encontramos con el efecto; ¿cuál fué su causa? ¿Cómo quedó vacío el sepulcro? (Véase párrafo II, a, pág. 94.) Hay que buscar una razón que explique por qué el sepulcro estaba vacío. ¿Cuál es? Renán, el escéptico francés, con mucho ingenio y con verdad, dijo: "Vosotros los cristianos vivís rodeados de la fragancia de un sepulcro vacío."

b) El Día del Señor.

El Día del Señor no es el sábado original. ¿Quién se atrevió a cambiarle? ¿Por qué razón, y con qué fundamento se cambió? Nótese la tenacidad con que los judíos se atenían al sábado que fué dado en el Edén y apoyado entre los truenos del Sinaí. Recuérdese cómo los judíos preferían morir que pelear en día sábado (cf. la invasión de Tito a Jerusalem en el sábado). Los judíos nunca celebraban los días del nacimiento de los grandes hombres, sino que celebraban los acontecimientos, como la Pascua. Sin embargo, en el tiempo del Nuevo Testamento encontramos a algunos judíos que cambian el venerado día séptimo con el primer día de la semana, y, contra todo precedente, a este día le ponen el nombre de un hombre: el Día del Señor. Aquí encontramos un efecto, en realidad, un efecto tremendo; ¿cuál fué su causa? No puede haber efecto sin causa. La causa de este gran cambio en el día del culto fué la resurrección de nuestro Señor.

c) La Iglesia Cristiana.

Sabemos qué institución más grande y noble es la Iglesia Cristiana. ¿Qué sería de este mundo sin ella? Todos conocemos sus himnos, su culto, su filantropía y sus obras de misericordia. ¿De dónde procedió esta institución? Es un efecto, y un efecto glorioso. ¿Cuál fué su causa? Cuando el Cristo resucitado se apareció a sus desalentados discípulos y avivó en ellos la fe y la esperanza, ellos salieron y con una fe vencedora en un Señor resucitado y ascendido, predicaron la historia de su vida, muerte, resurrección, ascensión y segunda venida. Los hombres creyeron estas enseñanzas, y se juntaron para estudiar las Escrituras, para orar, para dar culto a Cristo, y para extender su reino entre los hombres. De esta manera vino la Iglesia a su existencia. Su causa fué la resurrección de Cristo.

d) El Nuevo Testamento.

Si Jesucristo hubiera permanecido enterrado en el sepulcro, hubiera quedado enterrada con El la historia de su vida y de su muerte. En realidad el Nuevo Testamento es un efecto de la resurrección de Cristo. Fué la resurrección la que comunicó ánimo a los discípulos para salir y predicar su historia. Algunos escépticos quieren hacernos creer que la resurrección de Cristo fué una invención de sus discípulos para dar un desenlace encantador a la vida de Cristo, un incidente decorativo que satisface el sentimiento dramático del hombre, un cuadro hermoso al final de una vida heroica. Nosotros contestamos: No hubiera habido una hermosa historia a la que poner un clímax, si no hubiera habido la historia de la resurrección de Cristo. La resurrección no brota de la hermosa historia de su vida, sino que la hermosa historia de la vida de Cristo arranca del hecho de la resurrección. El Nuevo Testamento es el libro de la resurrección.

2. ARGUMENTO DEL TESTIMONIO.

a) Acerca del Número de Testigos.

La resurrección de Cristo como hecho histórico queda confirmada por un suficiente número de testigos, más de quinientos (1 Cor. 15:3-9). En nuestros tribunales de justicia, basta un solo testigo para confirmar un asesinato; dos bastan para la alta traición; tres para la ejecución de un testamento; siete para un testamento oral. El mayor número de testigos que se requiere en nuestra legislación es de siete. La resurrección de Cristo tiene quinientos catorce. ¿No es suficiente este número?

b) Acerca del Carácter de los Testigos.

El valor del testimonio de un testigo depende mucho de su carácter; si éste puede ser tachado, el testimonio se rechaza. Examínese con cuidado el carácter de los hombres que dieron testimonio del hecho de la resurrección de Cristo. Búsqueseles tacha, si se puede. Desde el punto de vista ético son irreprochables. "Ningún enemigo honrado del evangelio ha podido negar este hecho. Su grandeza moral despertó a un Agustín, a un Francisco de Asís y a un Lutero. Ellos han sido el modelo sin igual de una humanidad madura y moral por cerca de 2,000 años." En jurisprudencia se da mucha importancia al *motivo*. ¿Qué motivo pudieron tener los apóstoles para imponer al pueblo la historia de la resurrección de Cristo? Todos ellos (menos uno) murieron la muerte del mártir por su lealtad a la historia de la resurrección de Cristo. ¿Qué hubieran ganado ellos con este fraude? ¿Hubieran sacrificado ellos sus vidas por lo que creían que era una impostura?

Tampoco se debe despreciar el testimonio que llega hasta nosotros de otras fuentes que la de los autores inspirados del Nuevo Testamento sobre la resurrección de Cristo. Ignacio, un cristiano contemporáneo de Cristo y mártir por su fe en Cristo, dice en su *Carta a los Filadelfios:* "Cristo sufrió en verdad, como también resucitó en verdad. Yo *sé* que se encontraba en la carne después de su resurrección, y creo que todavía se encuentra así. Cuando vino a los que estaban con Pedro, les dijo: 'Tomad, tocadme, y ved que yo no soy un fantasma incorpóreo.'" Tertuliano, en su *Apologética*, dice: "Poncio Pilato, según la antigua costumbre de comunicar al emperador cualquier novedad del imperio, a fin de que él lo supiese todo, mandó a Tiberio, Emperador de Roma, un relato de la resurrección de nuestro Señor de los muertos, después que se había extendido la fama de su admirable resurrección y ascensión. . . . Tiberio remitió todo el asunto al Senado, el que, después de enterarse de los hechos, lo rechazó." Ni siquiera los críticos más escépticos ponen en tela de juicio la integridad de este pasaje.

DISCREPANCIAS QUE SE ALEGAN*

Las diferencias aparentes que hay en el testimonio de los testigos de la resurrección pueden reconciliarse en su mayoría, si no en total, si se adquiere un conocimiento correcto de la forma y orden en que tuvieron lugar las *apariciones* de Cristo después de su resurrección.

El siguiente orden de las apariciones puede ayudar a entender el testimonio sobre la resurrección:

1. Las mujeres en el sepulcro tienen la visión de los ángeles.

2. Las mujeres se separan en el sepulcro para dar a conocer las noticias. María Magdalena va a decírselo a Pedro y a Juan, los que sin duda vivían cerca de allí (porque al parecer llegaron al sepulcro de una sola corrida). Las otras mujeres van a decírselo a los otros discípulos, los que probablemente estaban en Betania.

_____

*El extracto siguiente, tomado del libro del Dr. Orr, *La Resurrección de Jesús,* arrojará alguna luz sobre las discrepancias en los testimonios, manteniendo siempre la credibilidad del hecho en sí. "En una publicación reciente de *Biblioteca Sacra* se nos da un ejemplo instructivo. Una clase de historia estaba estudiando la Revolución Francesa, y los alumnos recibieron instrucciones de estudiar el asunto e informar al día siguiente acerca de por qué número de votos fué condenado Luis XVI. Casi la mitad de la clase informó que la votación había sido unánime. Un buen número dijeron que había sido condenado por mayoría de uno. Algunos dijeron que de un total de votos de 721 la mayoría había sido de 145. Los informes al parecer eran irreconciliables. Sin embargo, los historiadores habían proporcionado suficiente autoridad para cada uno de ellos. En realidad, los tres tenían razón, y la verdad completa se hallaba en la combinación de las tres opiniones. En la primera votación, acerca de la culpabilidad del rey, no hubo voto en contra. Algunos no dijeron más que esto. La votación sobre el castigo se tomó individualmente, teniendo cada cual que dar sus razones, y una mayoría de 145 se declaró por la pena de muerte, enseguida, o después que se hubiera hecho la paz con Austria, o después que la pena hubiera sido confirmada por el pueblo. La votación en favor de una muerte inmediata fué de 361 contra 360. En la historia encontramos muchos casos similares a éste. Como ejemplo de otra clase se puede hacer referencia al libro del Rvdo. R. J. Campbell, *Sermons dirigidos a individuos,* en el que se relata en dos distintas partes la misma historia de un hombre en Brighton con detalles muy dramáticos. La historia, sin duda, es verdadera en su esencia; pero acerca de las 'discrepancias,' el lector debe hacer sus comparaciones y conclusiones y no hablar más de los Evangelios."

3. Al recibir las noticias, Pedro y Juan corren al sepulcro, dejando a María. Después vuelven a su casa.

4. María se entretiene en el sepulcro, y recibe la visión de su Maestro y la orden de ir a decírselo a los discípulos.

5. Las otras mujeres ven a Cristo en el camino.

6. Cristo se aparece a los dos que iban a Emmaús.

7. A Simón Pedro.

8. A los diez apóstoles, y otros amigos.

9. A los apóstoles en Tiberias.

10. A los apóstoles y a la multitud en el monte.

11. A los discípulos y a los amigos al tiempo de la ascensión.

12. A Santiago (1 Cor. 15:7).

13. A Pablo (1 Cor. 15:8).

IV. RESULTADOS DE LA RESURRECCION DE JESUCRISTO.

1. EN RELACION CON EL MISMO JESUCRISTO.

Rom. 1:4: "El cual fué declarado Hijo de Dios con potencia, según el espíritu de santidad, por la resurrección de los muertos." "Declarar" aquí quiere decir señalar, definir, separar (Hech. 10:42; Heb. 4:7). Nota: Cristo no fué *hecho* Hijo de Dios por la resurrección, sino que fué *declarado* ser tal. Si Cristo hubiera permanecido en el sepulcro, como los demás hombres, no hubiera habido razón alguna para exigir la fe en El. El sepulcro vacío da testimonio de la divinidad de Cristo.

Mat. 12:38-42; Juan 2:13-22. En estos pasajes Jesucristo basa su autoridad para sus enseñanzas y la veracidad de toda su doctrina sobre su resurrección de entre los muertos. (Cf. I. 2, en este capítulo, pág. 91.) Véase también Mat. 28:6: "Ha resucitado, como dijo."

2. EN RELACION CON EL CREYENTE EN JESU-CRISTO.

a) Le da Seguridad de que es Aceptable a Dios.

Rom. 4:25: "El cual fué entregado por nuestros delitos, y

resucitado para nuestra justificación." Mientras Cristo permanecía en el sepulcro no había seguridad alguno de que su obra redentora hubiera sido aceptable a Dios. El hecho de que Dios resucitó a Jesús de los muertos fué evidencia de que el Padre estaba satisfecho con el sacrificio que Cristo había hecho por los pecados de los hombres. "De justicia, por cuanto voy al Padre" (Juan 16:10). Los pecadores que creen pueden ahora estar satisfechos de que en El han sido justificados. Este pensamiento se ilustra con la escena de los judíos esperando fuera del templo la salida del sumo sacerdote (Luc. 1:21), indicando con esto que su sacrificio había sido aceptado por Dios.

b) Le da la Seguridad de que un Sumo Sacerdote Intercede por él en los Cielos.

Rom. 8:34: "¿Quién es el que condenará? Cristo es el que murió; más aún, el que también resucitó, quien además está a la diestra de Dios, el que también intercede por nosotros." También Heb. 7:25. La salvación no terminó en la cruz. Tenemos todavía necesidad del perdón diariamente, así como de presentar continuamente la sangre derramada ante el trono de la misericordia. Tenemos que contestar aún las acusaciones de Satanás (Zac. 3:1-5; Job 1 y 2; Heb. 7:25). Necesitamos aún un Moisés, no sólo para librarnos de la esclavitud, sino también para orar e interceder por nosotros a causa de nuestros pecados cometidos en las andanzas por el desierto. La seguridad del perdón de los pecados cometidos después de la conversión está en que nuestro gran Sumo Sacerdote es siempre oído (Juan 11:42), y en que El siempre está orando por nosotros para que nuestra fe no falte (Luc. 22:32). Nuestras caídas temporales no nos condenarán, porque nuestro Sacerdote siempre intercede por nosotros.

c) Le da Seguridad de todo el Poder que Necesita en la Vida y en el Servicio.

Ef. 1:19-22: "Aquella supereminente grandeza de su poder para con nosotros los que creemos, por la operación de la potencia de su fortaleza, la cual obró en Cristo, resucitándole de los muertos, y colocándole a su diestra en los cielos, sobre todo principado, y potestad, y potencia, . . . y diólo por cabeza sobre todas las cosas a la iglesia." También Fil. 3:10. Existen dos normas en la Biblia por las que se mide el poder de Dios. En el Antiguo Testamento, cuando Dios quiso que su pueblo conociera el alcance de su poder, la norma era según el poder con el que sacó a Israel de Egipto (Miq. 7:15). En el Nuevo Testamento, la unidad de medida del poder de Dios es "por la operación de la potencia de su fortaleza, la cual obró en Cristo, resucitándole de los muertos." El pasaje de Fil. 3:10 da al creyente la promesa y seguridad no sólo de poder y victoria presentes, sino también de la glorificación futura. Si nosotros deseamos conocer lo que Dios puede hacer en nosotros y por nosotros, debemos poner nuestra vista en la resurrección de Jesucristo.

d) Le da Seguridad de su Propia Resurrección e Inmortalidad.

1 Tes. 4:14: "Porque si creemos que Jesús murió y resucitó, así también traerá Dios con él a los que durmieron en Jesús." 2 Cor. 4:14: "Estando ciertos que el que levantó al Señor Jesús, a nosotros también nos levantará por Jesús, y nos pondrá con vosotros." Juan 14:19: "Porque yo vivo, y vosotros también viviréis."

3. EN RELACION CON EL MUNDO.

a) Certeza de una Resurrección.

1 Cor. 15:22: "Porque así como en Adam todos mueren, así también en Cristo todos serán vivificados." Pablo aquí está discutiendo la resurrección *corporal,* no la *espiritual* (véase II, 2 d), pág. 96). Así como en Adam todos mueren físicamente, así en Cristo todos resucitarán físicamente. La resurrección de Jesucristo es garantía de la resurrección de todos los hombres (véase Resurrección, pág. 229).

b) Certeza de un Día del Juicio.

Hech. 17:31: "Por cuanto ha establecido un día, en el cual ha de juzgar al mundo con justicia, por aquel varón al cual determinó; dando fe a todos con haberle levantado de los muertos." La resurrección de Cristo es la prueba irrefutable de Dios del hecho de que habrá un día de juicio para todo el mundo. Tan segura es la una como el otro.

ASCENSION Y EXALTACION DE JESUCRISTO

I. SIGNIFICADO DE ESTAS PALABRAS.

Cuando hablamos de la *ascensión* de Cristo nos referimos a aquel hecho en la vida de nuestro Señor resucitado por el cual se separó visiblemente de sus discípulos para ir al cielo. Este hecho está relatado en Hech. 1:9-11: "Este mismo Jesús que ha sido tomado desde vosotros arriba en el cielo," etc.

La *exaltación* de Jesucristo significa aquel hecho de Dios por el cual el Cristo resucitado y ascendido recibe el lugar de poder a la diestra de Dios. Fil. 2:9: "Por lo cual Dios también le ensalzó a lo sumo, y dióle un nombre que es sobre todo nombre." Efes. 1:20, 21: "La cual obró en Cristo, resucitándole de los muertos, y colocándole a su diestra en los cielos, sobre todo principado y potestad." Véase también Heb. 1:3.

II. INFORMACION BIBLICA SOBRE ESTA DOCTRINA.

Los profetas del Antiguo Testamento tuvieron el presentimiento de esta verdad, Salmo 110:1; 68:18. Vieron en visión profética no sólo al Señor manso y humilde, sino también ascendido y glorificado.

Nuestro Señor mismo predijo su ascensión y exaltación en muchas ocasiones. En realidad estos hechos estuvieron continuamente en su mente: Luc. 9:51; Juan 6:62; 20:17.

Los escritores del Nuevo Testamento relatan el hecho; Mar. 16:19; Luc. 24:51; Juan 3:13; Hech. 1:9-11; Efes. 4:8-10; Heb. 10:12.

Esteban en el momento de su muerte recibió una visión del Cristo exaltado. El vió "a Jesús que estaba a la diestra de Dios" (Hech. 7:55, 56).

Los apóstoles enseñaron y predicaron estas grandes verdades. Pedro, Hech. 2:33, 34; 5:31; 1 Pedro 3:22. Pablo, Efes. 4:8-10; Heb. 4:14; 1 Tim. 3:16.

III. NECESIDAD DE LA ASCENSION Y EXALTACION DE JESUCRISTO.

La naturaleza del cuerpo resucitado de nuestro Señor necesitaba su ascensión y exaltación. Tal cuerpo no podía estar sujeto a las leyes ordinarias; no podía habitar aquí de una manera permanente.

La personalidad única de Cristo requería también tal salida de este mundo. ¿No debía ser la salida de Cristo de este mundo tan única como había sido su entrada? Téngase presente también su vida sin pecado. Si Elías y Enoc, que fueron hombres pecadores, tuvieron una salida tan milagrosa, ¿por qué nos hemos de admirar de que también se le concediera ésta a Cristo? En realidad parece sumamente natural y en perfecta conformidad con toda su vida que la ascensión y exaltación dieran un fin adecuado a una vida tan admirable.

La ascensión y exaltación fueron necesarias para completar la obra redentora de Cristo. Su obra no terminó cuando resucitó de los muertos. Aun no había presentado la sangre de la expiación ante su Padre, ni había recibido aún su lugar a la derecha del Padre como el dador de todo don espiritual, y especialmente del don del Espíritu Santo.

De esta manera pudieron los apóstoles dar a un mundo incrédulo y preguntón una razón satisfactoria de la desaparición del cuerpo de Cristo, que había sido colocado en el sepulcro, y que ellos decían haber visto después de la resurrección. El mundo les podría preguntar con burla: "¿Dónde está vuestro Cristo?" Los apóstoles les podían contestar: "Le hemos visto subir al cielo y está sentado a la diestra del Padre."

Fué también necesario que esto sucediera para que Cristo

pudiera ser el objeto ideal de culto para toda la raza humana. No debemos olvidar que el ministerio terrestre de Cristo fué puramente local. El no podía estar entonces más que en un lugar al mismo tiempo. Los que le adoraron a sus pies en Jerusalem, no podían adorarle en otro lugar al mismo tiempo. Esta fué sin duda la lección que el Maestro quiso dar a María cuando ésta quiso agarrarle, y El le dijo: "No me toques." María tenía que adorar por fe, no por vista.

IV. NATURALEZA DE LA ASCENSION Y EXALTACION DE JESUCRISTO.

1. FUE UNA ASCENSION CORPORAL Y VISIBLE.

Hech. 1:9-11; Luc. 24:51. Era el mismo Cristo que ellos habían conocido durante su vida, ahora glorificado, que se había quedado con ellos por espacio de cuarenta días, que les había dado ciertas ordenanzas y que tenía sus manos extendidas para bendecir, que ahora vieron desaparecer de su vista subiendo al cielo. Era un cuerpo de carne y huesos, no de carne y sangre. Así será nuestro traslado (1 Cor. 15:51, 52).

2. PENETRO LOS CIELOS.

Heb. 4:14; Efes. 4:10; Heb. 7:26. No sabemos qué cielos o cuántos cielos han sido creados entre la tierra y el lugar donde Dios mora, pero aquí se nos dice que Jesús pasó a través de ellos, hasta el más alto, y en realidad fué hecho más alto que los cielos. Esto quiere decir que El venció a todos los malos principados y poderes que habitan esos lugares celestiales (Efes. 6), y que indudablemente hicieron todo lo que pudieron para impedir que El pasase por los cielos para presentar a su Padre la obra que había terminado. Así como el sumo sacerdote pasaba por el velo hasta el lugar santo, así Cristo pasó a través de los cielos a la presencia de Dios.

3. TOMO SU LUGAR A LA DIESTRA DEL PADRE.

Fué exaltado hasta la diestra de Dios. Efes. 1:20: "Colocándole a su diestra en los cielos, sobre todo principado, y potestad."

Col. 3:1: "Está Cristo sentado a la diestra de Dios." Cristo no tomó este lugar sin luchar con los principados y poderes del mal. Pero, "Sacólos a la verguenza en público, triunfando de ellos en sí mismo" (Col. 2:15). Véase también Hech. 5:31.

¿Qué significa la "diestra de Dios"? ¿Significa esto un lugar definido o es sencillamente una figura de lenguaje que indica un lugar de autoridad y poder? ¿Por qué no ha de significar ambas cosas? Dios tiene su lugar de habitación en el cielo, y no es increíble pensar que desde aquel trono Cristo ejerce sus prerrogativas divinas. Esteban vió a Cristo parado a la diestra de Dios en el cielo.

"La diestra de Dios" indica, con toda seguridad, el lugar del acusador a quien Cristo arroja de allí (Zac. 3:1; Apoc. 12:10); el lugar de intercesión que Cristo ocupa ahora (Rom. 8:34); el lugar de aceptación en el que se sienta ahora el Intercesor (Salmo 110:1); el lugar del poder más grande y de la bendición más rica (Gén. 48:13-19); el lugar de poder (Salmo 110:5). Todos estos poderes y prerrogativas le pertenecen a Cristo a causa de la obra de la redención que El completó.

V. EL PROPOSITO DE LA ASCENSION Y EXALTACION DE JESUCRISTO.

1. HA ENTRADO EN EL CIELO COMO UN PRE-CURSOR.

Heb. 6:20: "Donde entró por nosotros como precursor Jesús." El precursor es una persona que entra en un lugar antes de los que le siguen; una persona que se envía delante para observar; un explorador, un espía. El sumo sacerdote del Levítico no era un precursor, porque nadie le podía seguir. Pero el pueblo de Cristo le seguirá a donde El va.

2. HA IDO A PREPARAR UN LUGAR PARA SU PUEBLO.

Heb. 9:21-24; Juan 14:2. Allí se encuentra El haciendo los preparativos necesarios para la venida de su esposa, que es la Iglesia. En cierta forma parece que el santuario celestial había sido contaminado por el pecado. Por consiguiente, era necesario que Cristo le limpiase con su sangre. ¡Qué hogar ha de ser aquél que Cristo nos prepara!

3. SE ESTA PRESENTANDO DELANTE DE DIOS EN FAVOR NUESTRO.

Heb. 9:24: "Para presentarse ahora por nosotros en la presencia de Dios." El está allí como Sumo Sacerdote actuando en favor nuestro, presentando la sangre de la expiación. "Mi Seguridad está ante el trono." Sin embargo, no es tanto ante el trono como sobre el trono. El es el Sacerdote real, que pide con autoridad y sus peticiones son atendidas.

4. EL HA TOMADO SU LUGAR A LA DIESTRA DEL PADRE PARA QUE LLENE TODAS LAS COSAS, ESPERANDO EL DIA EN QUE HA DE TENER DOMINIO UNIVERSAL.

Efes. 4:10. El llena todas las cosas con su presencia, con su obra y consigo mismo. Ahora ya no es un Cristo local (cf. Jer. 23:24).

Heb. 10:12, 13; Hech. 3:20, 21: "Enviará a Jesucristo . . . al cual de cierto es menester que el cielo tenga hasta los tiempos de la restauración de todas las cosas." Después de obtener la victoria, Cristo está ahora esperando recoger todos los despojos; está esperando, pero no dudando, porque sus pies están ya sobre la cerviz del enemigo. El Apocalipsis pinta a Cristo tomando posesión de su reino.

VI. RESULTADOS DE LA ASCENSION Y EXALTACION DE JESUCRISTO.

1. NOS DA SEGURIDAD DE UNA ENTRADA LIBRE Y CONFIADA A LA PRESENCIA DE DIOS.

Heb. 4:14-16: Por tanto, teniendo un gran Pontífice, que penetró los cielos, Jesús el Hijo de Dios, retengamos nuestra profesión. . . . Lleguémonos pues confiadamente al trono de la gracia." Nuestro gran Sumo Sacerdote está delante del trono haciendo súplicas, asegurando el perdón de su pueblo, y dando bendiciones en respuesta a la fe y las plegarias. Podemos tener una confianza libre y segura al acercarnos a Dios.

2. UNA ESPERANZA SEGURA DE LA INMORTA-LIDAD.

2 Cor. 5:1-8 describe las ansias del cristiano de ser revestido con un cuerpo después que ha sido llamado a dejar este tabernáculo terrestre. El no desea una existencia incorpórea. La ascensión y exaltación de Cristo dan seguridad al creyente de que tomará su lugar en el cielo con un cuerpo semejante al cuerpo glorioso del mismo Cristo.

3. INSPIRA AL CREYENTE LA CONFIANZA EN LA PROVIDENCIA DE DIOS PARA CREER QUE TODAS LAS COSAS COOPERAN A SU BIEN.

Al ver que Cristo, la Cabeza del creyente, ha sido exaltado por encima de todas las cosas en el cielo y en la tierra, el creyente puede dominar las circunstancias y ser superior a todo lo que le rodea (Efes. 1:22; cf. Col. 1:15-18).

4. CRISTO HA SIDO HECHO CABEZA SOBRE TODAS LAS COSAS A LA IGLESIA.

Esto quiere decir que todo está sujeto a Cristo por amor a la Iglesia. Efes. 1:22: "Sometió todas las cosas debajo de sus pies, y diólo por cabeza sobre todas las cosas a la iglesia." Cristo es la plenitud del Padre para la Iglesia (Col. 1:19; 2:9, 10). Cristo da el Espíritu Santo a la Iglesia (Hech. 2:33-36; Juan 7:37-39). El recibe y da a la Iglesia los dones espirituales (Efes. 4:8-12).

3

DOCTRINA ACERCA DEL ESPIRITU SANTO

Estamos viviendo en la Epoca del Espíritu. El período del Antiguo Testamento puede llamarse la Epoca del Padre; el período cubierto por los Evangelios, Epoca del Hijo; desde Pentecostés hasta la segunda venida de Cristo, la Epoca del Espíritu.

Todo lo relacionado con la doctrina del Espíritu Santo debe ser, por consiguiente, de interés especial a los que vivimos en esta época de especiales privilegios. Sin embargo, la mayoría de los creyentes viven ignorantes de lo que concierne al Espíritu. La iglesia cristiana debe prestar atención hoy día a la exhortación de Pablo: "Y acerca de los dones espirituales (o tal vez sería mejor, "asuntos relacionados con el Espíritu"), no quiero que ignoréis." Tal vez la razón por la que el pecado contra el Espíritu Santo es tan grave, es porque es un pecado cometido a la luz de y con el conocimiento de la revelación más plena y clara de la divinidad. No debemos, por consiguiente, permanecer ignorantes de esta importantísima doctrina.

I. PERSONALIDAD DEL ESPIRITU SANTO.

Parece cosa extraña que sea necesario tener que discutir esta fase del asunto. Parece superfluo, si no insultante, teniendo presente el último discurso del Maestro (Juan 14-16). Sin embargo, en todas las épocas de la era cristiana, ha sido necesario poner énfasis en esta fase de la doctrina del Espíritu (cf. Arrianismo, Socinianismo, Unitarismo).

1. ¿POR QUE SE PONE EN DUDA LA PERSONALIDAD DEL ESPIRITU SANTO?

a) Porque el Espíritu Parece Impersonal, en Contraste con las Otras Personas de la Divinidad.

La creación visible hace posible que concibamos la personalidad de Dios el Padre. La encarnación hace casi imposible, si no del todo, no creer en la personalidad de Jesucristo. Pero las obras del Espíritu Santo son tan secretas y místicas, se dice tanto de su influencia, de su gracia, de su poder y dones, que nos sentimos inclinados a pensar de El como una mera influencia, un poder, una manifestación o influencia de la naturaleza divina, un agente más que una persona.

b) A causa de los Nombres que se Dan al Espíritu Santo.

Se le llama *aliento, viento, poder*. Los símbolos que se usan al hablar del Espíritu son: *óleo, fuego, agua*, etc. Véanse Juan 3:5-8; Hech. 2:1-4; Juan 20:22; 1 Juan 2:20. No es de extrañar que en vista de todo esto algunos estudiantes de las Escrituras se hayan sentido inclinados a creer, erróneamente por supuesto, que el Espíritu Santo es una influencia impersonal que emana de Dios el Padre.

c) Porque al Espíritu Santo no se le Asocia de Ordinario con el Padre y el Hijo en las Salutaciones del Nuevo Testamento.

Véase, por vía de ilustración, 1 Tes. 3:11: "Más el mismo Dios y Padre nuestro, y el Señor nuestro Jesucristo, encamine nuestro viaje a vosotros." Debemos recordar, sin embargo, a este respecto, que la bendición apostólica de 2 Cor. 13:13 asocia a las tres personas de la Trinidad, afirmando así la personalidad igualmente de las tres.

d) Porque la Palabra o Nombre "Espíritu" es Neutro.

Es cierto que la misma palabra griega se traduce *viento* y *espíritu*. En la versión castellana siempre se usa el masculino.

La importancia de la personalidad del Espíritu, y la necesidad de que estemos seguros de este hecho, lo presenta con mucha fuerza el Dr. R. A. Torrey: "Si el Espíritu Santo es una persona divina y nosotros no lo sabemos, estamos despojando a un ser divino del amor y adoración que se le debe. Es de suma importancia práctica saber si el Espíritu Santo es un poder que nosotros debemos apropiarnos y usar, en nuestra ignorancia y debilidad, o si el Espíritu Santo es un ser personal . . . que se posesiona y hace uso de nosotros. Esto tiene suma importancia en la vida diaria. . . . Son muchos los que pueden dar testimonio de la gran bendición que han recibido en sus vidas cuando llegaron a conocer al Espíritu Santo, no simplemente como una influencia benéfica . . . sino como un amigo y ayudador cariñoso y siempre presente."

2. METODO DE PRUEBA.

Es difícil definir la *personalidad* cuando se aplica al Ser Divino. Dios no puede ser medido con normas humanas. Dios no fué hecho a la imagen del hombre, sino que el hombre fué hecho a la imagen de Dios. Dios no es un hombre deificado; más bien el hombre es un dios limitado. Solamente Dios tiene una personalidad perfecta. Sin embargo, cuando alguien posee los atributos, propiedades y cualidades de la personalidad, se puede sin lugar a duda decir que tiene personalidad. ¿Posee el Espíritu Santo tales propiedades? Veamos.

a) Al Espíritu Santo se le dan Nombres que Implican la Personalidad.

El Consolador: Juan 14:16; 16:7. "Consolador" indica una persona que llamamos a nuestro lado, como un cliente llama a un abogado. 1 Juan 2:1 usa esta misma palabra refiriéndose a Cristo, lo que indica claramente que no se puede usar aplicándolo a una influencia abstracta e impersonal. (Véase Rom. 8:26.) Además en Juan 14:16 el Espíritu Santo, como el Paracleto, ha de ocupar el lugar de una persona, el mismo Cristo, y guiar personalmente a los discípulos en la misma forma que Jesús lo había hecho. Solamente una persona puede ocupar el lugar de otra persona. Ciertamente una mera influencia no puede ocupar el lugar de Jesucristo, que es la más grande personalidad que ha existido. Cristo también, al hablar del Espíritu como el Consolador, usa el artículo definido masculino, y de esta manera escogiendo El mismo el género, nos da a entender que el Espíritu Santo es una persona. No puede existir paridad alguna entre una persona y una influencia.

b) Al Espíritu Santo se le Aplican Pronombres Personales.

Juan 16:7, 8, 13-15. En estos versículos se usa diez veces el pronombre masculino griego *ekeinos* (aquél) refiriéndose al Espíritu. La misma palabra se aplica a Cristo en 1 Juan 2:6; 3:3, 5, 7, 16. Y esto es tanto más significativo cuanto la palabra griego por espíritu (*pneuma*) es neutra, y por consiguiente debería llevar un pronombre neutro. Sin embargo, se usa con pronombre masculino en contra del uso común. No es esto una personificación ideal, sino una afirmación llana, definida y clara de la personalidad del Espíritu Santo.

c) Al Espíritu Santo se le Identifica con el Padre y el Hijo, y, de hecho, con los Cristianos, en tal manera que Indica una Personalidad.

La Fórmula Bautismal: Mateo 28:19. Supongamos que leyéramos: "Bautizándolos en el nombre del Padre y del Hijo y del *viento o aliento.*" ¿Qué tal sonaría esto? Si los dos primeros nombres son personales, ¿por qué no lo ha de ser el tercero? Nótese también: "En el nombre" (singular), no los nombres (plural), indicando que los tres son igualmente personas.

La Bendición Apostólica: 2 Cor. 13:13. Aquí se puede aplicar la misma argumentación que hemos usado antes con la fórmula bautismal.

La Identificación con los Cristianos: Hech. 15:28: "Que ha parecido bien al Espíritu Santo, y a nosotros." ¿Podríamos decir, "Ha parecido al *viento* y a nosotros?" Sería un absurdo. 10:38: "Cómo le ungió Dios de Espíritu Santo y de potencia." ¿Hemos de leer: "Le ungió con *potencia* y potencia?" Rom. 15:13: "Para que abundéis en esperanza por la virtud del Espíritu Santo." ¿Podríamos leer: "Para que abundéis en esperanza por la *virtud* de la *virtud*?" Véase también Luc. 4:14. ¿No se rebelarían estos pasajes contra tal uso tautológico y falto de significado?

d) Al Espíritu Santo se le Atribuyen Características Personales.

El Espíritu Santo es representado como escudriñando las verdades más profundas de Dios, y como poseyendo un conocimiento de sus consejos suficiente para entender sus propósitos (1 Cor. 2:10, 11). ¿Podría hacer esto una mera influencia? Véanse también Isa. 11:3; 1 Pedro 1:11.

Los dones espirituales son distribuídos a los creyentes conforme a la *voluntad* del Espíritu (1 Cor. 12). Aquí encontramos sabiduría, prudencia y discreción, todo lo cual es señal distintiva de la personalidad. El Espíritu no simplemente concede dones espirituales, sino que los da con discreción, conforme a El le parece mejor. Véase Juan 3:8.

Al Espíritu se le atribuye también una *mente,* lo que implica pensamiento, propósito y determinación (Rom. 8:27, cf. v. 7). La mente es un atributo de la personalidad.

e) Al Espíritu Santo se le Atribuyen Hechos Personales.

El Espíritu *habla:* Apoc. 2:7 (cf. Mat. 17:5: "A él oid"). El Espíritu Santo es el que habla por medio de los apóstoles (10: 20). El habla es un atributo de la personalidad.

El Espíritu *hace intercesión:* Rom. 8:26, cf. Heb. 7:25; 1 Juan 2:1, 2, donde se dice que Cristo "hace intercesión."

Hech. 13:2; 16:6, 7; 20:28. Aquí vemos al Espíritu Santo *llamando* a los misioneros, *cuidando* a la iglesia, y *dirigiendo* la vida y práctica de los apóstoles y de toda la iglesia. Tales hechos indican personalidad.

f) El Espíritu Santo es Susceptible de Trato Personal.

El puede ser *entristecido* (Efes. 4:30); *insultado* (Heb. 10:

29); se puede *mentir contra El* (Hech. 5:3); es *blasfemado* y *ofendido* (Mat. 12: 31, 32). De hecho, el pecado contra el Espíritu Santo es mucho más grave que el pecado contra el Hijo del Hombre. ¿Puede decirse tal cosa de una influencia? ¿Puede decirse aún de uno cualquiera de los hijos de los hombres?

II. DIVINIDAD DEL ESPIRITU SANTO.

La divinidad del Espíritu Santo quiere decir que el Espíritu Santo es Dios. Este hecho se nos presenta claramente en las Escrituras de cinco diferentes maneras:

1. AL ESPIRITU SANTO SE LE DAN NOMBRES DIVINOS.

En Hech. 5:4 al Espíritu se le llama *Dios,* en oposición al hombre, a quien Ananías creyó que estaba hablando. ¿Puede establecerse la divinidad en una forma más clara? 2 Cor. 3:18: "Nosotros . . . somos transformados de gloria en gloria en la misma semejanza, como por el Espíritu del Señor." Aquí al Espíritu se le llama *Señor.* Acerca del significado de la palabra "Señor" véase la Divinidad de Cristo, pág. 62.

2. EL ESPIRITU SANTO POSEE ATRIBUTOS DIVINOS.

El es *eterno* en su naturaleza (Heb. 9:14); *omnipresente* (Salmo 139:7-10); *omnipotente* (Luc. 1:35); *omnisciente* (1 Cor. 2:10, 11). (Acerca del significado de estos atributos, véase las doctrinas de Dios y de Jesucristo, páginas 28 y 66.)

3. AL ESPIRITU SANTO SE LE ASIGNAN OBRAS DIVINAS.

La creación (Gén. 1:2; Salmo 104:30). Job 33:4: "El Espíritu de Dios me hizo, y la inspiración del Omnipotente me dió vida." La *regeneración* (Juan 3:5-8); la *resurrección* (Rom. 8:11).

4. EL NOMBRE DEL ESPIRITU SANTO SE ASOCIA AL DEL PADRE Y DEL HIJO.

Véase Personalidad del Espíritu en la pág. 112. Los mismos argumentos con que se prueba la personalidad del Espíritu pueden emplearse para probar la divinidad del Espíritu. Sería tan absurdo decir: "Bautizándolos en el nombre del Padre, y del Hijo, y de *Moisés*," colocando así a Moisés en igualdad con el Padre y el Hijo, como lo sería decir: "Bautizándolos en el nombre del Padre, y del Hijo, y del viento," haciendo así al viento tan personal como el Padre y el Hijo. El Espíritu es colocado en igualdad con el Padre y el Hijo en la distribución de los dones espirituales (1 Cor. 12:4-6).

5. LOS PASAJES QUE EN EL ANTIGUO TESTAMENTO SE REFIEREN A DIOS, EN EL NUEVO TESTAMENTO SE LES APLICA AL ESPIRITU SANTO.

Compare Isa. 6:8-10 con Hech. 28:25-27; y Exod. 16:7 con Heb. 3:7-9.

III. NOMBRES DEL ESPIRITU SANTO.

Así como al Padre y al Hijo se les dan ciertos nombres para indicar su naturaleza y obra, así también se le dan nombres al Espíritu Santo para indicar su carácter y su obra.

1. ESPIRITU SANTO.

Luc. 11:13: "¿Cuánto más vuestro Padre celestial dará el Espíritu Santo a los que lo pidieren de él?" Rom. 1:4: "El espíritu de santidad." En estos pasajes se nos presenta el carácter moral del Espíritu. Nótese el contraste: "Vosotros, siendo malos," y "el Espíritu Santo." El Espíritu es *santo* de por sí y produce la santidad en otros.

2. ESPIRITU DE GRACIA.

Heb. 10:29: "E hiciere afrenta al Espíritu de gracia." El Espíritu confiere la gracia como ejecutivo de la Divinidad.

Resistir al Espíritu Santo, por consiguiente, es cerrar la puerta a toda esperanza de salvación. Resistir su llamamiento es insultar a la Divinidad. Esta es la razón por qué el castigo que aquí se menciona es tan terrible.

3. ESPIRITU DE FUEGO.

Mat. 3:11: "Os bautizará en Espíritu Santo y en fuego." Isa. 4:4: "Cuando el Señor lavare las inmundicias de las hijas de Sión . . . con espíritu de juicio y con espíritu de ardimiento (fuego)." Esta limpieza se hace con el resplandor del fuego del Espíritu. Aquí encontramos el carácter escudriñador, iluminador, refinador y consumidor del Espíritu. El quema la escoria en nuestras vidas cuando entra y toma posesión de ellas.

4. ESPIRITU DE VERDAD.

Juan 14:17; 15:26; 16:13; 1 Juan 5:6. Así como Dios es amor, el Espíritu es verdad. El posee, revela, comunica, guía, testifica de, y defiende la verdad. De esta manera es opuesto al "espíritu del error" (1 Juan 4:6).

5. ESPIRITU DE VIDA.

Rom. 8:2: "Porque la ley del Espíritu de vida en Cristo Jesús me ha librado de la ley del pecado y de la muerte." Lo que antes había sido el principio motor de la vida, es decir, la carne, es ahora despojada, y el Espíritu toma su lugar regulador. De esta manera el Espíritu es la dinámica de la experiencia del creyente que le lleva a una vida de libertad y de poder.

6. ESPIRITU DE SABIDURIA Y CONOCIMIENTO.

De Luc. 4:18, donde "Espíritu" se pone con letra mayúscula, se deduce que las referencias de Isa. 11:2; 61:1, 2, se refieren al Espíritu que habitaba en el Mesías. La sabiduría y conocimiento de Cristo fueron resultado, en cierto sentido, de que estaba lleno del Espíritu. "Sabiduría e inteligencia" se refieren a la aprehensión intelectual y moral; "consejo y fortaleza," al poder para idear, dar origen y realizar algo; "conocimiento y temor de Jehová," se refieren a su familiaridad con la verdadera voluntad de Dios y a su determinación para obedecerla a toda costa. Estas gracias son el resultado de la operación del Espíritu en el corazón.

7. ESPIRITU DE PROMESA.

Efes. 1:13: "Fuisteis sellados con el Espíritu Santo de la promesa." El Espíritu es el cumplimiento de la promesa de Cristo de que iba a enviar al Consolador, de modo que es el Espíritu prometido. El Espíritu también confirma y sella al creyente, dándole así seguridad de que todas las promesas que se le han hecho serán cumplidas.

8. ESPIRITU DE GLORIA.

1 Pedro 4:14: "Porque la gloria y el Espíritu de Dios reposan sobre vosotros." ¿Qué es la gloria? En el sentido en que se usa en las Escrituras, gloria significa carácter. El Espíritu Santo es el que produce en el creyente un carácter parecido al de Dios (cf. 2 Cor. 3:18).

9. ESPIRITU DE DIOS Y DE CRISTO.

1 Cor. 3:16: "El Espíritu de Dios mora en vosotros." Rom. 8:9: "Si alguno no tiene el Espíritu de Cristo, el tal no es de él." El hecho de que el Espíritu es enviado por el Padre y el Hijo, que les representa y es su ejecutivo, parece que es el pensamiento de este pasaje.

10. EL CONSOLADOR (pág 114).

IV. LA OBRA DEL ESPIRITU SANTO.

La obra del Espíritu Santo puede resumirse en los siguientes acápites: su obra en el universo; en la humanidad como un todo; en el creyente; con referencia a las Escrituras; y finalmente con referencia a Jesucristo.

1. EN RELACION CON EL MUNDO.

a) Con el Universo.

En un sentido la creación del universo puede atribuirse al Espíritu de Dios. El Salmo 33:6: "Por la palabra de Jehová fueron hechos los cielos, y todo el ejército de ellos por el espíritu de su boca," atribuye la obra de la creación a la Trinidad, al Señor, a la Palabra del Señor, y al Espíritu del Señor. La creación del hombre se atribuye al Espíritu. Job 33:4: "El espíritu de Dios me hizo, y la inspiración del Omnipotente me dió vida." Creemos acertado decir que el Padre crió todas las cosas por medio de la Palabra y el Espíritu. En la relación que se hace de la creación en Gén. 1:3, vemos que el Espíritu está activamente ocupado en la obra de la creación.

No sólo es cierto que la actividad del Espíritu se echa de ver en el hecho de la creación, sino que también se ve su poder en la preservación de la naturaleza. Isa. 40:7: "La hierba se seca, y la flor se cae; porque el viento de Jehová sopló en ella." Es ésta una declaración asombrosa. El Espíritu viene en los fieros vientos del este con fuerza mortal; viene también en el suave zéfiro del verano, que trae vida y hermosura.

b) Con la Humanidad Como un Todo.

Juan 16:8-11: "Y cuando él viniere redargüirá al mundo de pecado, y de justicia, y de juicio: de pecado ciertamente, por cuanto no creen en mí; y de justicia, por cuanto voy al Padre, y no me veréis más; y de juicio, por cuanto el príncipe de este mundo es juzgado." Aquí nos encontramos con tres hechos de los que el Espíritu da testimonio al mundo: el pecado de la incredulidad en Cristo; el hecho de que Cristo fué justo y absolutamente cierto en todos los reclamos que hizo para sí; el hecho de que ha sido roto el poder de Satanás. De pecado: es decir, el pecado en que todos los demás pecados quedan incluídos; de justicia: es decir, la justicia en que se manifiestan y cumplen todas las otras justicias; de juicio: es decir, el juicio en el que se deciden y fundamentan todos los demás juicios. De pecado, con referencia al hombre; de justicia, con referencia a Cristo; de juicio, con referencia a Satanás.

Juan 15:26: "El Espíritu de verdad . . . dará testimonio de mí." Hech. 5:32: "Y nosotros somos testigos suyos de estas cosas, y también el Espíritu Santo." La obra del Espíritu Santo consiste en dar constantemente testimonio de Cristo y de su obra terminada al mundo de hombres pecadores. Esto lo hace mayormente, aunque no exclusivamente, por medio del testimonio de los creyentes sobre el poder salvador y la obra de Cristo: "Y vosotros daréis testimonio" (Juan 15:27).

2. LA OBRA DEL ESPIRITU EN RELACION CON EL CREYENTE.

a) Regenera al Creyente.

Juan 3:3-5: "El que no naciere . . . del Espíritu." Tito 3:5: "La renovación del Espíritu Santo." La filiación y la membrecía en el reino de Dios no se pueden obtener más que por la regeneración del Espíritu Santo. "El Espíritu es el que da vida." Así como Jesús fué engendrado del Espíritu Santo, así también debe serlo todo hijo de Dios que ha de heredar el reino.

b) El Espíritu Habita en el Creyente.

1 Cor. 6:19: "Vuestro cuerpo es templo del Espíritu Santo, el cual está en vosotros." Véanse también 3:16; Rom. 8:9. Todo creyente, no importa cuán débil e imperfecto sea, o cuán falto de madurez en su experiencia cristiana, tiene en sí al Espíritu. Hech. 19:2 no contradice esta afirmación. Parece que en este pasaje se hace referencia a un derramamiento milagroso del Espíritu, que siguió a la oración y a la imposición de las manos de los apóstoles. "Si alguno no tiene el Espíritu de Cristo, el tal no es de él." "Nadie puede llamar a Jesús Señor, sino por Espíritu Santo" (Rom. 8:9; 1 Cor. 12:3).

c) El Espíritu Sella al Creyente con la Seguridad de la Salvación.

Efes. 1:13, 14: "En el cual también desde que creísteis,

fuisteis sellados con el Espíritu Santo de la promesa, que es las arras de nuestra herencia." También 4:30: "Con el cual estáis sellados para el día de la redención." Este sello significa dos cosas: propiedad y semejanza (2 Tim. 2:19-21). El Espíritu Santo es "el Espíritu de adopción" que Dios pone en nuestros corazones, por el cual nosotros sabemos que somos sus hijos. El Espíritu da testimonio de esta gran verdad (Gal. 4:6; Rom. 8:14, 16). Este sello tiene que ver con el corazón y la conciencia, y satisface a ambos acerca de la solución de la cuestión del pecado y la filiación.

d) El Espíritu Santo Llena al Creyente.

Hech. 2:4: "Y fueron todos llenos del Espíritu Santo." Efes. 5:18: "Sed llenos de Espíritu." La plenitud del Espíritu difiere en cierta manera de la habitación íntima del Espíritu. Se puede hablar del bautismo del Espíritu como el acto inicial del Espíritu por el cual, al momento de nuestra regeneración, somos bautizados por el Espíritu en el cuerpo de Cristo. El Espíritu viene entonces y hace su habitación en el creyente. El ser lleno del Espíritu, sin embargo, no se limita a una sola experiencia, o a un solo punto de tiempo; puede repetirse un número ilimitado de veces. Sólo hay un bautismo, pero podemos ser llenos del Espíritu muchas veces. La experiencia de los apóstoles en los Hechos da testimonio de que fueron llenos del Espíritu repetidamente. Siempre que surgía una nueva emergencia, buscaban ser llenos de nuevo del Espíritu (cf. Hech. 2:4 con 4:31, donde se hace ver que los apóstoles que fueron llenos del Espíritu el día de Pentecostés, fueron llenos nuevamente unos cuantos días después).

Hay una diferencia entre poseer el Espíritu y ser lleno del Espíritu. Todos los cristianos tienen lo primero; pero no todos tienen lo segundo aunque pueden tenerlo. Efes. 4:30 habla de que los creyentes son "sellados", al paso que 5:18 manda que esos mismos creyentes "sean llenos del Espíritu" (que sean llenos una y otra vez).

Tanto el bautismo como el ser lleno del Espíritu pueden

realizarse al mismo tiempo. No precisa que haya una experiencia del desierto en la vida del creyente. La voluntad de Dios es que seamos llenos (o, si le agrada más la expresión, "seamos bautizados") del Espíritu en el momento de nuestra conversión y que permanezcamos llenos todo el tiempo. Siempre que tengamos que realizar un servicio especial, o que nos encontremos en una emergencia nueva, debemos pedir a Dios ser llenos del Espíritu de nuevo, ya sea para nuestra vida o para el servicio.

De la historia de los Hechos aprendemos que el Espíritu Santo está buscando hombres que no sólo poseen el Espíritu sino que están llenos del Espiritu, para el servicio cristiano (6:3, 5; 9:17; 11:24). La posesión se refiere a la seguridad; la plentitud, al servicio.

e) El Espíritu Santo da Poder al Creyente para su Vida y su Servicio.

Rom. 8:2: "Porque la ley del Espíritu de vida en Cristo Jesús me ha librado de la ley del pecado y de la muerte" (véase también vv. 9-11). En el creyente hay dos naturalezas: la carne y el Espíritu (Gal. 5:17). Pero aunque el cristiano se encuentra en la carne, no vive según la carne (Rom. 8:12, 13). El Espíritu Santo da poder al creyente para vencer siempre y continuamente el pecado. El creyente puede cometer un solo acto de pecado, pero no puede vivir en estado de pecado, porque el Espíritu Santo que mora en él le da la victoria, de modo que el pecado no *reina* sobre él. Si la vida perfecta sin pecado no es una doctrina bíblica, lo es menos la vida imperfecta y llena de pecado. El capítulo ocho de los Romanos ofrece una vida victoriosa al creyente, una vida por completo diferente de la que se describe en el capítulo siete. La diferencia está en que en el capítulo siete apenas si se menciona al Espíritu Santo, mientras que en el capítulo ocho se le menciona más de doce veces. El Espíritu en el corazón es el secreto de la victoria sobre el pecado.

Nótese también cómo el Espíritu Santo produce el fruto bendito de la vida cristiana (Gál. 5:22, 23). ¡Qué ramillete de gracias más hermoso! Que diferente de la terrible lista de las obras de la carne (vv. 19-21). Vea este conjunto de frutos. Hay tres grupos: el primero relacionado con Dios: amor, gozo, paz; el segundo relacionado con los hombres: tolerancia, benignidad, bondad; el tercero relacionado con la vida cristiana del individuo: fe, mansedumbre, templanza.

f) El Espíritu Santo es el Guía de la Vida del Creyente.

Le guía en todos los detalles de su vida diaria, Rom. 8:14; Gál. 5:16, 25: "Andad en el Espíritu." No hay detalle alguno en la vida del creyente que no pueda sujetarse al control y dirección del Espíritu. "Por Jehová son ordenados los pasos del hombre."

El Espíritu Santo guía al creyente acerca del campo en el que debe trabajar. Esto se enseña claramente en Hech. 8:27-29; 16:6, 7; 13:2-4. ¡Qué parte más prominente jugó el Espíritu en la selección del campo de trabajo de los apóstoles! Cada uno de los pasos de la actividad misionera en la primitiva iglesia estuvo bajo la inmediata dirección del Espíritu.

g) El Espíritu Santo Unge al Creyente.

Esta unción abarca tres cosas:

Primera, el *conocimiento* y la *enseñanza*. 1 Juan 2:27: "Pero la unción que vosotros habéis recibido de él, mora en vosotros, y no tenéis necesidad que ninguno os enseñe; mas como la unción misma os enseña de todas cosas, y es verdadera, y no es mentira, así como os ha enseñado, perseveraréis en él." También 2:20. No basta aprender las verdades de maestros humanos. Debemos oír la enseñanza del Espíritu. 1 Cor. 2:9-14 nos enseña que hay algunas grandes verdades que sólo se perciben espiritualmente. No pueden ser entendidas más que por un hombre lleno del Espíritu, porque "se han de examinar espiritualmente." Véase también Juan 14:26; 16:13.

Segunda, el *servicio*. Cristo dependió en absoluto del Espíritu Santo para tener poder para cumplir sus deberes en la vida. Esto es evidente de pasajes tales como Luc. 4:18: "El Espíritu del

Señor es sobre mí, por cuanto me ha ungido para dar buenas nuevas," etc. También Hech. 10:38: "Cuanto a Jesús de Nazaret; cómo le ungió Dios de Espíritu Santo y de potencia; el cual anduvo haciendo bienes." Ezequiel nos da una lección en el cuadro vivo que pinta de la actividad de Dios en ruedas dentro de las ruedas. El poder que se movía dentro de esas ruedas era el Espíritu de Dios. De modo que en toda nuestra actividad por Dios debemos tener el Espíritu de poder.

Tercera, *consagración.* En el Antiguo Testamento se ungían tres clases de personas: el profeta, el sacerdote y el rey. El resultado de la unción era la consagración: "Sobre mí, oh Dios," están tus votos"; conocimiento de Dios y de su voluntad: "Vosotros conocéis todas las cosas"; influencia, es decir, fragancia como resultado de la unción. Así como el incienso en la Meca se pega al peregrino cuando éste pasa por sus calles, así sucede con el que tiene la unción del Espíritu. Todos sus vestidos huelen a mirra, áloe y casia. El lleva consigo el suave perfume de la rosa de Sarón y el lirio de los valles.

3. RELACION DEL ESPIRITU SANTO CON LAS ESCRITURAS.

a) Es el Autor de las Escrituras.

Los santos hombres de Dios hablaron siendo inspirados del Espíritu Santo: 2 Pedro 1:20, 21. Las Escrituras fueron inspiradas por Dios: 2 Tim. 3:16. "Oiga lo que el Espíritu dice a las iglesias": Apoc. 2 y 3. Fué el Espíritu el que había de guiar a los apóstoles a toda verdad y enseñarles las cosas que habían de venir (Juan 16:13).

b) El Espíritu es también el Intérprete de las Escrituras.

1 Cor. 2:9-14. El es el "espíritu de sabiduría y de revelación": Efes. 1:17. "El tomará de lo mío, y os lo hará saber:" Juan 16:14, 15. (Véase Inspiración de la Biblia, pág. 187.)

4. RELACION DEL ESPIRITU SANTO CON JESU-CRISTO.

Jesucristo dependió del Espíritu Santo en su estado de humillación. Si El necesitó depender solamente del Espíritu ¿qué menos podremos hacer nosotros?

a) Fué concebido por el Espíritu Santo, nacido del Espíritu, Luc. 1:35.

b) Fué guiado por el Espíritu, Mat. 4:1.

c) Fué ungido por el Espíritu para el servicio, Hech. 10:38.

d) Fué crucificado en el poder del Espíritu, Heb. 9:14.

e) Resucitó por el poder del Espíritu, Rom. 1:4; 8:11.

f) El dió mandamientos a sus discípulos y a la Iglesia por el Espíritu, Hech. 1:2.

g) El da el Espíritu, Hech. 2:33.

V. OFENSAS CONTRA EL ESPIRITU SANTO.

Esta es la fase más solemne de la Doctrina del Espíritu. Nos conviene a todos, creyentes y no creyentes por igual, tener mucho cuidado acerca de cómo tratamos al Espíritu Santo. El pecado contra el Espíritu está cargado de tremendas consecuencias.

Para nuestra propia conveniencia clasificamos las ofensas contra el Espíritu en dos divisiones generales, a saber, las que comete el creyente, y las que comete el no creyente. No queremos decir que no se mezclan en ningún caso, porque necesariamente esto ha de suceder. Debemos tener presente este pensamiento en el estudio de las ofensas contra el Espíritu.

1. OFENSAS COMETIDAS POR EL NO-CREYENTE.

a) Resiste al Espíritu Santo.

Hech. 7:51: "Vosotros resistís siempre al Espíritu Santo." El cuadro aquí presentado es el del Espíritu Santo atacando la ciudadela del alma humana, la cual resiste con toda violencia los intentos bondadosos del Espíritu de ganarla. El hombre rechaza libremente la evidencia y se resiste a aceptar a Cristo a pesar de los argumentos claros y de los hechos incontestables con que se le presenta. De esta manera se resiste al Espíritu Santo. (Véase Hech. 6:10.) Del relato que hace Esteban de los hechos en Hech. 7:51-57, se deduce que éste es un cuadro exacto de la resistencia que se hace al Espíritu Santo.

b) Insulta, o Desprecia al Espíritu Santo.

Heb. 10:29 (cf. Luc. 18:32). Es obra del Espíritu Santo presentar al pecador la obra expiatoria de Cristo como base de su perdón. Cuando el pecador rehusa creer o aceptar el testimonio del Espíritu, insulta de esta manera al Espíritu, considerando que toda la obra de Cristo es un engaño y una mentira, o toma la muerte de Cristo como la muerte de cualquier hombre y no como la provisión que Dios hace para el pecador.

c) Blasfema Contra el Espíritu Santo.

Mat. 12:31, 32. Este parece ser el pecado más grave, porque el Maestro afirma que no hay perdón para este pecado. Los pecados contra el Hijo del hombre pueden ser perdonados porque era muy posible poner en duda los reclamos que Cristo hizo de su divinidad a causa de su humilde nacimiento, pobre parentela, etc. Pero cuando, después de Pentecostés, vino el Espíritu Santo y presentó a la conciencia de todos los hombres evidencia suficiente para probar la verdad de lo que Cristo reclamaba, el hombre que rehuyó entregarse a Cristo fué culpable de resistir, insultar, lo que equivale a blasfemar contra el testimonio de toda la Divinidad, de la cual el Espíritu Santo es el ejecutivo.

2. OFENSAS COMETIDAS POR EL CREYENTE.

a) Entristece al Espíritu.

Efes. 4:30, 31; Isa. 63:10. Entristecer significa causar tristeza o pena. Es la misma palabra que se usa para describir las experiencias de Cristo en Getsemaní; y de esta manera la tristeza de Getsemaní puede ser sufrida por el Espíritu Santo.

El Espíritu es la persona más sensible de la Divinidad. Se le llama el "corazón" de Dios. El contexto de este pasaje (v. 31) nos dice cómo se puede contristar al Espíritu Santo: por "necedades y truhanerías." El Espíritu se entristece y apena cuando el cristiano permite que tomen lugar en su corazón, o expresa con sus palabras y vida, algunas de las cosas mencionadas en este versículo (y también las que se encuentran en Gál. 5:17-19), cuando estas cosas habitan en su corazón y se manifiestan en una forma activa. Entristecer al Espíritu es, en realidad, impedir que El tome completo dominio de toda nuestra naturaleza moral. Si continuamos entristeciendo al Espíritu, entonces la tristeza se torna en enojo (Isa. 63:10).

b) Mintiendo Contra el Espíritu Santo.

Hech. 5:3, 4. El pecado de mentir contra el Espíritu es muy común cuando está en boga la consagración. Nos ponemos en pie y decimos, "Le entrego todo mi ser," cuando sabemos en nuestro corazón que no le estamos entregando *todo*. Sin embargo queremos, como Ananías, que otros crean que nos estamos consagrando completamente a El. No queremos quedarnos atrás porque otros hacen esta profesión. Léase cuidadosamente a este respecto la historia de Achán (Josué 7), y también la de Giezi (2 Reyes 5:20-27).

c) Apaga el Espíritu.

1 Tes. 5:19: "No apaguéis el Espíritu." La idea de apagar el Espíritu se usa al parecer en relación con el fuego: "El pábilo que humea no apagará" (Mat. 12:20); "Apagar todos los dardos de fuego del maligno" (Efes. 6:16). Tiene, por consiguiente, más relación con la idea de servicio que de la de vida. El contexto de 1 Tes. 5:19 así lo indica. No se debía apagar la manifestación del Espíritu en la profecía. Se ve al Espíritu Santo descendiendo sobre aquella asamblea para el testimonio, la oración y la alabanza. No debe apagarse esta manifestación del Espíritu. De esta manera podemos apagar el Espíritu no sólo en nuestro corazón, sino también en el corazón de otros.

¿Cómo? Siendo desleales a la voz y al llamamiento del Espíritu; desobedeciendo su voz, ya sea que ésta nos pida que testifiquemos, demos alabanza, o hagamos algún servicio a Dios; o negándonos a ir donde El nos envíe a trabajar, por ejemplo al campo misionero. Tenemos que tener mucho cuidado de no ser reos de apagar el Espíritu cuando criticamos la manifestación del Espíritu en el testimonio de algún creyente, o en el sermón de algún predicador. Tenemos que ver que el don del Espíritu Santo para el servicio no se pierda a causa de nuestra infidelidad o nuestro espíritu crítico, de modo que el fuego se apaga en nuestros corazones y no queda en ellos más que la ceniza: la ceniza, que es señal de que ha habido fuego, pero que se ha extinguido.

Todo lo que hemos dicho se puede resumir en lo siguiente: *resistir* tiene que ver con la obra regeneradora del Espíritu; *entristecer,* con la habitación interior del Espíritu Santo; *apagar,* con el revestimiento del Espíritu para el servicio.

4

DOCTRINA ACERCA DEL HOMBRE

I. CREACION Y ESTADO ORIGINAL DEL HOMBRE.

1. EL HOMBRE FUE HECHO A LA IMAGEN Y SEMEJANZA DE DIOS.

Gén. 1:26: "Y dijo Dios: Hagamos al hombre a nuestra imagen, conforme a nuestra semejanza." 9:6: "Porque a imagen de Dios es hecho el hombre." ¿Qué significan las palabras *imagen* y *semejanza*? *Imagen* significa la sombra o bosquejo de una figura, al paso que *semejanza* significa el parecido de la sombra con la figura. Prácticamente, sin embargo, las dos palabras son sinónimas. En todo el trato de Dios con el hombre es un hecho fundamental que éste fué hecho a imagen y semejanza de Dios (1 Cor. 11:7; Efes. 4:21-24; Col. 3:10; Sant. 3:9). Este modo de hablar lo podemos expresar de la siguiente manera: Hagamos al hombre a nuestra imagen para que tenga nuestra semejanza.

a) La Imagen de Dios no Significa Semejanza Física.

Dios es Espíritu; El no tiene partes ni pasiones como el hombre. (Véase Doctrina de Dios; Espiritualidad de Dios, páginas 17, 18.) En consecuencia, los conceptos de Dios como un gran ser humano que tienen los Mormones y los seguidores de Swedenborg, son erróneos. Deut. 4:15 contradice tal concepto físico de Dios (véase Naturaleza de Dios pág. 17 b), c)). Es justo que creamos, sin embargo, que el primer hombre estaba caracterizado por una postura erguida, un rostro inteligente y una mirada penetrante y rápida. Debemos recordar también que las manifestaciones del Antiguo Testamento y la encarnación deben arrojar alguna luz sobre este mismo asunto (véase pág. 18).

b) Ni hemos de Creer que se Agota el Significado de las Expresiones "Imagen" y "Semejanza" cuando Decimos que éstas Consisten en el Dominio del Hombre sobre la Naturaleza y la Creación de Dios en General.

La verdad es que la supremacía que Dios confirió al hombre presupone estas dotes espirituales, y se halla justificado en la aptitud del hombre para ejercerla con esos mismos dones.

c) En Forma Positiva, Aprendemos de Ciertos Pasajes Bíblicos en Qué Consiste esta Imagen y Semejanza.

Efes. 4:23, 24: "Y a renovaros en el espíritu de vuestra mente, y vestir el nuevo hombre que es criado conforme a Dios en justicia y en santidad de verdad." Col. 3:10: "Y revestídoos del nuevo (hombre), el cual por el conocimiento es renovado conforme a la imagen del que lo crió." De estos pasajes se deduce claramente que la imagen de Dios consiste en el conocimiento, justicia y santidad; se entiende semejanza moral, no física.

d) El Hombre Original fué Dotado de Facultades Intelectuales.

El tuvo suficiente inteligencia para poner nombres a los animales, conforme iban desfilando delante de él (Gén. 2:19, 20). Adán no sólo tuvo la facultad de hablar, sino también la facultad de razonar y pensar en relación con lo que hablaba. El unía las palabras a las ideas. Este no es el cuadro de un salvaje infantil que va avanzando poco a poco hasta adquirir un lenguaje articulado por la imitación de los sonidos de los animales, como pretende hacernos creer la teoría de la evolución.

e) El Hombre Original Poseía Facultades Morales y Espirituales.

Considérese la prueba moral en Génesis 3. Adán tenía poder para resistir y para ceder al mal moral. El pecado era una cosa voluntaria. Cristo, el segundo Adán, resistió a una prueba semejante (Mateo 4).

De todo esto se deduce que el estado original del hombre no fué un estado de salvajismo. La realidad es que existen pruebas abundantes para demostrar que el hombre ha sido degradado de un estado muy superior. La Biblia y la ciencia convienen en hacer al hombre la obra cumbre de Dios, en que no habrá un orden de seres más alto en la tierra que el hombre. No debemos olvidar que al paso que el hombre, por una parte, está unido a la creación animal, sin embargo es un ser sobrenatural, un ser de un orden más noble y de una naturaleza mejor; es la imagen y semejanza de Dios. El hombre no se desarrolló *del* mono, sino que se desarrolló aparte de él. El hombre nunca ha sido otra cosa que un hombre en potencia. "No se ha podido aducir hasta ahora un solo caso de transformación de una especie animal a otra, ya por selección natural o artificial. Mucho menos se ha podido demostrar que el cuerpo de un bruto se ha desarrollado hasta llegar a ser el cuerpo de un hombre. Los eslabones que deberían unir al mono con el hombre no se han hallado. Ni siquiera se ha podido hallar uno. Ninguno se ha hallado más cerca del mono que el hombre de hoy día" (*Agassiz*).

II. LA CAIDA DEL HOMBRE.

La doctrina de la caída del hombre no es peculiar al cristianismo. Todas las religiones la contienen y reconocen el hecho grande y terrible. Aunque no hubiéramos tenido el relato que se encuentra en Génesis 3, hubiera quedado siempre el problema de la caída y el pecado.

Sin embargo, la doctrina de la caída está relacionada con el cristianismo en una forma en que no está relacionada con otras religiones o sistemas religiosos. El carácter moral de Dios, como se nos presenta en la religión cristiana, sobrepuja con mucho a la idea del Ser supremo que ofrecen otras religiones, y de esta manera realza e intensifica la idea del pecado. Cuando el hombre considera en noble carácter de Dios, como nos lo presenta el cristianismo, y mira después la doctrina del pecado, lo encuentra difícil reconciliar el hecho de que Dios, siendo el Ser moral que es, haya permitido que el pecado entrara en el mundo. Para algunos estas dos cosas son irreconciliables.

1. EL RELATO BIBLICO DE LA CAIDA DEL HOMBRE.

El capítulo tercero del Génesis relata ampliamente esta horrible tragedia en la experiencia de la humanidad. Otros pasajes bíblicos: Rom. 5:12-19; 1 Tim. 2:14; Gén. 6:5; 8:21; Salmo 14; Rom. 3:10-23.

El propósito de la narración del Génesis no es relatar la manera en que el pecado entró en el *mundo,* sino cómo entró en la *raza humana.* El pecado se encontraba ya en el mundo como lo prueban sorprendentemente la existencia de Satanás y el estado caótico de las cosas en el principio.

La racionabilidad del relato de la caída se echa de ver en la condición del hombre después que había pecado comparada con su condición cuando salió de las manos de su Creador. Compárese Gén. 1:26 con 6:5, y con Salmo 14. Si la caída del hombre no se encontrase narrada en el Génesis, tendríamos que postular tal acontecimiento para explicar la condición actual en que el hombre se encuentra. El hombre no aparece perfecto y recto en ningún lugar de la Escritura, sino en el relato de la creación según se encuentra en los primeros dos capítulos de Génesis. Su actitud es una actitud de rebelión contra Dios, y de corrupción profunda y terrible.

2. VARIAS INTERPRETACIONES DEL RELATO DE LA CAIDA DEL HOMBRE.

Algunos consideran todo este relato como una *alegoría.* Adán es la parte racional del hombre; Eva, la parte sensual; la serpiente, las incitaciones externas al mal. Pero la misma sencillez y falta de artificio del relato se opone a este punto de vista.

Otros sostienen que el relato es un *mito*. Se le considera como la verdad revestida de formas *poéticas,* algo que ha sido extraído de las tradiciones del pasado. Pero, ¿por qué se han de sacar estos pocos versículos del capítulo en que se encuentran y considerarlos como míticos, mientras que los demás versículos se toman sin disputa en su sentido literal?

El otro punto de vista es el de la *interpretación literal,* que toma el relato tal cual se lee, en su sentido perfectamente natural, lo mismo que se hace con las demás partes del mismo capítulo. En el relato mismo no hay ninguna indicación de que no se deba considerar como historia literal. Ciertamente es parte de un libro histórico. Los lugares geográficos relacionados con la historia son históricos. La maldición echada al hombre, a la mujer y a la tierra es ciertamente literal. Es un hecho que la muerte se encuentra en el mundo como la paga del pecado. Y sin lugar a duda Cristo y los otros escritores bíblicos consideran el hecho como literal e histórico: cf. Mat. 19:4; Mar. 10:6; 2 Cor. 11:3; 1 Tim. 2:13-15; 1 Cor. 15:56.

3. NATURALEZA DE LA CAIDA.

Se ha de tener presente que Adán y Eva eran agentes morales libres, y que aunque eran seres sin pecado, podían pecar, como también podían no pecar. Una lectura cuidadosa del relato bíblico nos lleva a las siguientes conclusiones:

El pecado de nuestros primeros padres fué puramente voluntario; fué un hecho resultado de su propia determinación. Su pecado fué, como todo otro pecado, un hecho voluntario de su voluntad.

Procedió de una fuente externa, es decir, fué instigado desde afuera. En la naturaleza de la primera pareja humana no había pecado. Por consiguiente, debió existir ya un principio malo en el mundo. Probablemente ya había tenido lugar la caída de Satanás y de los ángeles malos.

La esencia del primer pecado está en la negación de la

divina voluntad, en la elevación de la voluntad del hombre sobre la voluntad de Dios.

Fué una transgresión deliberada del límite que Dios le había puesto.

En último análisis, el primer pecado fué lo que han sido todos y cada uno de los pecados cometidos desde entonces, una incredulidad positiva respecto a la Palabra del Dios vivo, una fe en Satanás más que una fe en Dios.

Es muy digno de notarse que a Cristo le fueron presentadas en el desierto las mismas tentaciones que a nuestros primeros padres (Mat. 4:1-11), y las mismas que a todos los hombres desde entonces (1 Juan 2:15-17). Después de todo, el programa de Satanás es corto y vacío.

4. RESULTADOS DE LA CAIDA.

a) En Nuestros Primeros Padres, Adán y Eva.

Los resultados del pecado en la experiencia de nuestros padres fueron como sigue:

La maldición de la tierra, que desde entonces no produciría solamente lo bueno (Gén. 3:17).

El dolor y sufrimiento de la mujer al dar a luz, y la sujeción de la mujer al hombre (Gén. 3:16).

Trabajo físico agotador para poder subsistir (Gén. 3:19).

Muerte física y espiritual (Gén. 3:19; 3:2; 5:5; Rom. 5:12).

Naturalmente, con todo esto vino también el miedo a Dios, la verguenza a causa del pecado, el ocultarse de la presencia de Dios, y, finalmente la expulsión del huerto del Edén (Gén. 3:8-11, 22-24).

b) En la Raza Humana: Varias Teorías.

Generalmente se sostienen tres puntos de vista diferentes en relación con el efecto del pecado de Adán en la raza. Antes de entrar a considerar en detalle el punto de vista bíblico, consideremos brevemente estas tres teorías:

Que el pecado de Adán no afectó a nadie más que a él; que todo ser humano que nace en este mundo está tan libre del pecado como lo estuvo Adán. El único efecto que tuvo el primer pecado sobre la raza fué el de un mal ejemplo. Según esta teoría el hombre se encuentra en buen estado moral y espiritual. Este modo de ver las cosas es falso, porque las Escrituras reconocen que todos los hombres son culpables y poseen una naturaleza pecaminosa; porque el hombre, tan pronto como llegue a la edad de la responsabilidad, comete actos pecaminosos, y esta regla no tiene excepción; porque la justicia es imposible sin la ayuda de Dios, de lo contrario la redención sería resultado de las obras de justicia que nosotros hacemos, lo que la Escritura niega. Según este punto de vista el hombre está perfectamente bueno. (Teoría Pelagiana.)

Que mientras el pecado de Adán, como culpa, no se imputa al hombre, éste está, sin embargo, destituído de la justicia original, y sin la ayuda divina, es completamente incapaz de obtenerla. A pesar de ello, Dios da a cada individuo, al llegar al uso de la conciencia, un don especial de su Espíritu que le capacita para ser justo, si él permite que su voluntad coopere con el Espíritu de Dios. Según esta teoría el hombre no está más que medio enfermo o medio bien. Esta teoría es falsa también porque las Escrituras afirman claramente que el hombre es absolutamente incapaz de hacer cosa alguna para salvarse. (Teoría Semi-Pelagiana.)

Que a causa de la unidad de la raza en Adán y de la unidad orgánica de toda la humanidad, el pecado de Adán se imputa a toda su posteridad. La naturaleza que el hombre posee ahora, es semejante a la naturaleza corrompida de Adán. El hombre no puede hacer nada para salvarse a sí mismo. Según esta teoría, el hombre no sólo no está bien, ni medio bien, sino que está completamente muerto. (Teoría Agustiniana.)

ENSENANZA BIBLICA

(1) Todos los hombres, sin distinción de clase o condición, son pecadores delante de Dios.

Rom. 3:9, 10, 22, 23; Salmo 14; Isa. 53:6. Podrá existir diferencia en el grado, pero no en el hecho del pecado. Todos los hombres, judíos o gentiles, han errado el blanco, y no han alcanzado la norma de Dios. No hay justo, ni uno solo.

(2) Esta universal condición pecaminosa está vitalmente relacionada con el pecado de Adán.

Rom. 5:12: "De consiguiente, vino la reconciliación por uno, así como el pecado entró en el mundo por un hombre, y por el pecado la muerte, y la muerte así pasó a todos los hombres, pues que todos pecaron." "Porque el juicio a la verdad vino de un pecado para condenación" (5:16). "Porque como por la desobediencia de un hombre los muchos fueron constituidos pecadores" (5:19). Todos los hombres estaban en Adán cuando él pecó; cayendo él, cayeron todos. Aquí radica la verdad de la unidad orgánica de la raza. "En Adán todos mueren." Aquí se presentan dos preguntas: ¿Cómo puede considerarse al hombre responsable de una naturaleza depravada? Esto está relacionado con el asunto del *pecado original*. Y, ¿cómo puede Dios con justicia imputarnos el pecado de Adán? Esto se refiere a la cuestión de la *imputación del pecado*.

(3) Todo el mundo está bajo condenación, ira y maldición.

Rom. 3:19: "Para que toda boca se tape, y que todo el mundo se sujete a Dios." Gál. 3:10; Efes. 2:3. La ley de Dios requiere una obediencia perfecta, pero ningún hijo del hombre puede prestar tal obediencia; de aquí que la maldición de una ley quebrantada cae sobre todos los que la quebrantan. La ira de Dios cae sobre todos los que no están unidos vitalmente a Cristo por la fe (Juan 3:36).

(4) A los hombres no regenerados se les considera como hijos del diablo, no como hijos de Dios.

1 Juan 3:8-10; Juan 8:44: "Vosotros de vuestro padre el diablo sois." 1 Juan 5:19: "Sabemos que somos de Dios, y todo el mundo está puesto en maldad."

(5) Toda la raza humana se encuentra cautiva del pecado y de Satanás sin poder librarse.

Rom. 7, todo el capítulo; Juan 8:31-36; Efes. 2:3.

(6) Toda la raza humana está lamentablemente afectada por el pecado, mental, moral, espiritual y físicamente.

La *inteligencia* está oscurecida (Efes. 4:18; 1 Cor. 2:14); el *corazón* es engañoso y perverso (Jer. 17:9, 10); la *mente* y la *conciencia* están manchadas (Gén. 6:5; Tito 1:15); la *carne* y el *espíritu* están también manchados (2 Cor. 7:5); la *voluntad* está debilitada (Rom. 7:18); y nosotros estamos completamente destituídos de toda cualidad divina que pueda hacer frente a las exigencias de la santidad de Dios (Rom. 7:18).

¿Qué significa todo esto? A. H. Strong, en su *Teología Sistemática*, explica este asunto más o menos como sigue. No quiere decir que haya una ausencia completa de la conciencia (Juan 8:9); ni de todas las cualidades morales (Mar. 10:21); ni que los hombres se hallen sujetos a toda clase de pecado (porque unos pecados excluyen a otros). Quiere decir, sin embargo, que el hombre está completamente destituído de amor para Dios, que es el mandamiento que abarca toda la ley (Juan 5:42); que el hombre natural tiene aversión a Dios (Rom. 8:7); que todo lo que se ha afirmado arriba (6) es cierto del hombre; que el hombre posee una naturaleza que está constantemente desmereciendo; y que no puede librarse a sí mismo del poder de ella (Rom. 7:18, 23).

5

DOCTRINAS ACERCA DE LA SALVACION

A. ARREPENTIMIENTO

I. IMPORTANCIA DE ESTA DOCTRINA.

No se puede exagerar la prominencia que se da en las Escrituras a la doctrina del arrepentimiento. Juan el Bautista lo mismo que Jesús, comenzó su ministerio público con el llamado al arrepentimiento en sus labios (Mat. 3:1, 2; 4:17).

Cuando Jesús envió a los doce y a los setenta a proclamar las buenas nuevas del reino de los cielos, les ordenó que predicasen el arrepentimiento (Luc. 24:47; Mar. 6:12).

La doctrina del arrepentimiento tuvo primera importancia en la predicación de los apóstoles: Pedro, (Hech. 2:38); Pablo, (Hech. 20:21).

Lo que más pesa en el corazón de Dios, y su único mandamiento a todos los hombres en todas partes es que se arrepientan (2 Pedro 3:9; Hech. 17:30).

En realidad, la falla por falta del hombre en hacer caso a este llamamiento de Dios al arrepentimiento indica que perecerá sin remedio (Luc. 13:3).

¿Ocupa la doctrina del arrepentimiento un lugar tan prominente en la predicación y enseñanza de nuestros días? ¿Ha disminuído la necesidad del arrepentimiento? ¿Ha cambiado o disminuído Dios las condiciones de admisión en su reino?

II. NATURALEZA DEL ARREPENTIMIENTO.

En el verdadero arrepentimiento se incluyen tres ideas:

1. EN RELACION CON LA INTELIGENCIA.

Mat. 21:29: "Y respondiendo él, dijo: No quiero; mas después, arrepentido, fué." La palabra "arrepentido" se usa aquí en el sentido de cambio de mente, de pensamiento, de propósito, o de punto de vista sobre cierto asunto; significa tener una mente diferente sobre una cosa. Podemos hablar de ello como una revolución que afecta nuestra actitud y modo de ver sobre el pecado y la justicia. Este cambio se halla bien ilustrado en la acción del hijo pródigo, y del publicano en la bien conocida historia del fariseo y el publicano (Luc. 15 y 18). De esta manera, cuando Pedro, en el día de Pentecostés, invitó a los judíos al arrepentimiento (Hech. 2:14-40), virtualmente les invitó a que cambiasen su mente y modo de pensar acerca de Cristo. Ellos habían pensado que Cristo era un mero hombre, un blasfemo, un impostor. Pero los acontecimientos de los días precedentes les habían demostrado que Cristo no era otro que el justo Hijo de Dios, su Salvador y el Salvador del mundo. El resultado de su arrepentimiento o cambio de mente sería el recibir a Jesucristo como su Mesías tanto tiempo antes prometido.

2. EN RELACION CON LAS EMOCIONES.

2 Cor. 7:9: "Ahora me gozo, no porque hayáis sido contristados, sino porque fuisteis contristados para arrepentimiento; porque habéis sido contristados según Dios, para que ninguna pérdida padecieseis por nuestra parte." El contexto (v. 7-11) demuestra que las emociones juegan un papel muy importante en el verdadero arrepentimiento según el evangelio. Véase también Luc. 10:13; cf. Gén. 6:6. La palabra griega por arrepentimiento en este caso significa "ser cargo a uno después," causar preocupación en alguien. La palabra equivalente hebrea es aun más fuerte, y significa ansiar, suspirar, gemir. Así fué como el publicano "se daba golpes de pecho," indicando la tristeza de su corazón. Nadie podrá decir precisamente qué grado de emoción se necesita para el verdadero arrepentimiento. Pero es evidente, fijándose en el uso de esta palabra, que cierta dosis del movimiento del corazón, aunque no vaya acompañado de

un torrente de lágrimas, o ni una lágrima, debe acompañar al verdadero arrepentimiento. Véase también Salmo 38:18.

3. EN RELACION CON LA VOLUNTAD Y LA DISPOSICION.

Una de las palabras hebreas por arrepentimiento significa "volverse." El hijo pródigo dijo: "Me levantaré . . . ; y se levantó" (Luc. 15:18, 20). No simplemente recapacitó sobre lo que había hecho, y sintió tristeza por ello, sino que volvió sus pasos con dirección a su hogar. De esta manera el arrepentimiento es realmente una crisis que tiene en mente un cambio de experiencia. Arrepentimiento no es sólo un corazón deshecho *por causa* del pecado, sino separado *del* pecado. Debemos abandonar lo que queremos que Dios perdone. En los escritos de San Pablo el arrepentimiento es más una experiencia que un acto individual. La parte de la voluntad y la disposición en el arrepentimiento queda demostrado en los siguientes actos:

a) En la Confesión del Pecado a Dios.

Salmo 38:18: "Por cuanto denunciaré mi maldad; congojaréme por mi pecado." El publicano golpeó su pecho, y dijo: "Dios, sé propicio a mí pecador" (Luc. 18:13). El pródigo dijo: "He pecado contra el cielo" (Luc. 15:21).

Debe haber también confesión al hombre, siempre que al hombre se le haya hecho algún daño con el pecado (Mat. 5:23, 24; Sant. 5:16).

b) En el Abandono del Pecado.

Isa. 55:7: "Deje el impío su camino, y el hombre inicuo sus pensamientos; y vuélvase a Jehová." Prov. 28:13; Mat. 3:8, 10.

c) En la Vuelta a Dios.

No basta alejarnos del pecado; debemos volver a Dios: 1 Tes. 1:9; Hech. 26:18.

III. COMO SE PRODUCE EL ARREPENTI-
MIENTO.

1. ES UN DON DIVINO.

Hech: 11:18: "De manera que también a los gentiles ha dado Dios arrepentimiento para vida." 2 Tim. 2:25: "Si quizá Dios les dé que se arrepientan para conocer la verdad." Hech. 5, 30, 31. Arrepentimiento no es algo que uno puede originar dentro de sí mismo, o sacar de sí mismo como se saca el agua de un pozo. Es un don divino. ¿En qué sentido, pues, es responsable el hombre de que no tiene el arrepentimiento? A nosotros se nos dice que nos arrepintamos para que sintamos nuestra incapacidad de hacerlo, y por consiguiente recurramos a Dios y le pidamos que haga esta obra de su gracia en nuestros corazones.

2. SIN EMBARGO, ESTE DON DIVINO SE PRO-
DUCE CON EL USO DE ALGUNOS MEDIOS.

Hech. 2:37, 38, 41. El mismo Evangelio que nos llama al arrepentimiento lo produce. Esto se encuentra admirablemente ilustrado en la experiencia de los habitantes de Nínive (Jonás 3:5-10). Cuando oyeron la predicación de la Palabra de Dios por Jonás, creyeron el mensaje y se volvieron a Dios. El instrumento que Dios usa para producir este resultado no es cualquier mensaje, sino el Evangelio. Además, este mensaje debe ser predicado con el poder del Espíritu Santo (1 Tes. 1:5-10).

Rom. 2:4: "¿O menosprecias las riquezas de su benignidad, y paciencia, y longanimidad, ignorando que su benignidad te guía a arrepentimiento?" Véase también 2 Pedro 3:9. La prosperidad aparta de Dios con frecuencia, pero la intención divina es que lleve a Dios. Los avivamientos tienen lugar mayormente en tiempos de pánico.

Apoc. 3:19; Heb. 12:6, 10, 11. Los castigos que a veces manda Dios tienen por fin volver a sus hijos errantes al arrepentimiento.

2 Tim. 2:24, 25. Con frecuencia Dios usa la admonición cariñosa de un hermano para traernos de vuelta a Dios.

IV. RESULTADOS DEL ARREPENTIMIENTO.

1. LOS CIELOS SE ALEGRAN.

Luc. 15:7, 10. Hay gozo en el cielo, y en la presencia de los ángeles de Dios. Alegra el corazón de Dios y hace repicar las campanas del cielo. ¿Quiénes son esos que están "delante de los ángeles de Dios"? ¿Saben algo de ello los seres queridos que han pasado a la otra vida?

2. ACARREA EL PERDON DEL PECADO.

Isa. 55:7; Hech. 3:19. Los profetas y los apóstoles no conocieron otra manera de conseguir el perdón sino el arrepentimiento. No lo aseguran ni los sacrificios, ni las ceremonias religiosas. No es que el arrepentimiento merezca el perdón, sino que es una condición para conseguirlo. El arrepentimiento capacita al hombre para ser perdonado, pero no le da derecho alguno al perdón.

3. EL ESPIRITU SANTO ES DERRAMADO SOBRE EL ARREPENTIDO.

Hech. 2:38: "Arrepentíos . . . y recibiréis el don del Espíritu Santo." La falta de arrepentimiento cierra la puerta para que el Espíritu Santo no entre en el corazón.

B. FE

I. IMPORTANCIA DE ESTA DOCTRINA.

La fe es fundamental en el credo y en la conducta cristianos. Fué la cosa que Cristo reconoció como la virtud suprema sobre todas las otras. La mujer sirofenicia (Mat. 15) tuvo perseverancia; el centurión (Mat. 8), humildad; el ciego (Mar. 10), insistencia. Pero lo que Cristo vió y premió en cada uno de estos casos fué la fe. La fe es el fundamento del templo espiritual de Pedro (2 Pedro 1:5-7). La fe es la primera en la trinidad de las gracias de Pablo (1 Cor. 13:13). Todas las otras gracias encuentran su origen en la fe.

II. DEFINICION DE LA FE.

En las Escrituras se usa fe en un sentido general y en un sentido particular.

1. SU SIGNIFICADO GENERAL.

a) Conocimiento.

Salmo 9:10: "Y en ti confiarán los que conocen tu nombre." Rom. 10:17: "Luego la fe es por el oir; y el oir por la palabra de Dios." Fe no es creer en una cosa sin evidencia. Por el contrario, la fe descansa en la mejor de las evidencias, a saber, la Palabra de Dios. Un acto de fe indica una manifestación de la inteligencia. "¿Cómo creerán a aquel de quién no han oído?" La fe no es un acto ciego del alma, ni un salto en las tinieblas. La fe en el corazón no se puede dar sin el uso de la inteligencia. Se puede creer con la cabeza sin creer con el corazón; pero no se puede creer con el corazón sin creer con la cabeza también. En las Escrituras el corazón significa todo el hombre: entendimiento, sensibilidad, y voluntad. "Cual es su *pensamiento* en su alma." "¿Por qué *pensáis* estas cosas en vuestros corazones?"

b) Asentimiento.

Mar. 12:32: "Entonces el escriba le dijo: Bien, Maestro, verdad has dicho." Así también con la fe que Cristo exigió en sus milagros: "¿Creéis que puedo hacer esto?" "Sí, Señor." No basta tener el conocimiento de que Jesús puede salvar, y de que es el Salvador del mundo. Debe haber también el asentimiento del corazón a estas cosas. Todos los que, *aceptando* que Cristo era lo que dijo, creyeron en El, fueron hechos hijos de Dios (Juan 1:12).

c) Apropiación.

Juan 1:12; 2:24. Debemos hacer propias las cosas que conocemos y a las que prestamos nuestro asentimiento acerca de Cristo y de su obra. La percepción del entendimiento no es fe. Un hombre puede conocer a Cristo como divino y rechazarle como Salvador. El conocimiento afirma la realidad de estas cosas pero ni las acepta ni las rechaza. Tampoco el asentimiento es fe. Hay una clase de asentimiento de la mente que no lleva consigo el rendimiento del corazón y de los afectos.

La fe es el consentimiento de la voluntad con el asentimiento de la inteligencia. La fe siempre lleva consigo la idea de acción, movimiento hacia su objeto. Es el alma adelantándose para abrazar y apropiarse a Cristo en quien cree. Primero dice: "Mi Señor y mi Dios," y luego se arrodilla y adora.

Juan 8:30, 31 hace distinción entre creer en Cristo y creer algo acerca de Cristo: "Muchos creyeron en él. Y decía Jesús a los judíos que le habían creído."

2. SIGNIFICADO DE LA FE EN PARTICULAR.

a) Usada en Relación con el Nombre de Dios.

Heb. 11:6: "Empero sin fe es imposible agradar a Dios; porque es menester que el que a Dios se allega, crea que le hay, y que es galardonador de los que le buscan." Véanse también Hech. 27:22-25; Rom. 4:19-21 con Gén. 15:4-6. No se puede entrar en relación con el Dios invisible si no existe una fe absoluta en su existencia. Debemos creer en su realidad, aunque sea invisible. Pero tenemos que creer más que el mero hecho de su existencia, a saber, que es el galardonador, que honrará seguramente con su bendición a los que se acercan a El en oración. Naturalmente se necesita la importunidad (Luc. 11:5-10).

Debe haber también confianza en la Palabra de Dios. La fe cree como absolutamente cierto todo lo que Dios dice, aunque en algunos casos parece que no puede cumplirse.

b) Usada en Relación con la Persona y Obra de Cristo.

Recuérdense los tres elementos de la fe y apliquense a este caso.

Primero, debe haber un *conocimiento* de lo que Cristo dice acerca de su persona y de su misión en el mundo: en cuanto a su persona, que El es divino, Juan 9:35-38; 10:30; Filip. 2:6-11; en cuanto a su obra, Mat. 20:28; 26:26-28; Luc. 24:27, 44.

Segundo, debe haber el *asentimiento* a todo lo que El nos dice, Juan 16:30; 20:28; Mat. 16:16; Juan 6:68, 69.

Tercero, debe haber una *apropiación* personal de Cristo como que El es todo lo que dice que es, Juan 1:12; 8:21, 24; 5:24. Debe haber sumisión a una persona, y no meramente fe en un credo. La fe en una doctrina debe llevarnos a la fe en una persona, y esa persona es Jesucristo, si es que ha de ser la salvación el resultado de esa fe. De esta manera Marta tuvo que substituir su fe en una doctrina por la fe en una persona (Juan 11:25).

La fe que salva es la que consta de conocimiento, asentimiento y apropiación. Esto es creer con el corazón (Rom. 10: 9, 10).

c) Usada en Relación con la Oración.

Para exponer esta relación pueden tomarse tres pasajes: 1 Juan 5:14, 15; Sant. 1:5-7; Mar. 11:24. No debe haber duda, que vacila entre la fe y la falta de fe y que inclina a la segunda, siendo llevada un momento a la playa de la fe y la esperanza, y el siguiente momento es llevada al abismo de la incredulidad. Dudar significa raciocinar sobre si aquello por lo que estamos orando puede realizarse o no (Hech. 10:20; Rom. 4:20). El que tal hace, no hace más que sacar conjeturas, pero en realidad no cree. La verdadera fe da gracias a Dios por aquello que estamos pidiendo, si es que está en conformidad con la voluntad de Dios, aun antes de recibirlo (Mar. 11:24). Nótese la ironía: "Tal hombre."

Tenemos que reconocer el hecho de que aquí también se encuentran el conocimiento, el asentimiento y la apropiación. Tenemos que entender las promesas en que se basa nuestra oración; tenemos que creer que valen tanto como significan; luego obrar confiando en ellas, dando realidad así a lo que por el momento puede ser invisible, y tal vez no existente en cuanto se relaciona con nuestro conocimiento y visión, pero que para la fe es una realidad espléndida.

d) Usada en Relación con la Palabra y Promesa de Dios.

Primero, tenemos que saber si aquella promesa particular se refiere también a nosotros en particular. Hay gran diferencia entre una promesa que se ha escrito *para nosotros* y una que se ha escrito *a nosotros*. Muchas de las promesas de la Biblia tienen aspectos dispensacionales; por consiguiente debemos dividir, asignar y apropiar rectamente la Palabra de Dios (cf. 1 Cor. 10:32).

Segundo, una vez que nos hemos convencido de que la promesa es *para nosotros,* debemos creer que Dios cumplirá lo que dice la promesa. Tenemos que asentir a toda la verdad que encierra. No debemos disminuirla ni rebajarla. Dios no mentirá; no puede mentir (Tito 1:2).

Tercero, debemos apropiarnos la promesa y obrar en conformidad con ella. En esto está la diferencia entre creencia y fe. Creencia es un acto mental; fe agrega la voluntad. Podemos tener creencia sin voluntad, pero no fe. La creencia pertenece al reino del pensamiento; la fe a la esfera de la acción. La creencia vive estudiando; la fe sale a las plazas y a las calles. La fe da la sustancia a la creencia, es decir, vida, realidad y actividad (Heb. 11:1). La fe pone en servicio activo a la creencia, y une las posibilidades con las realidades. La fe es obrar sobre lo que uno cree; es una apropiación. La fe tiene por válidas y de toda confianza todas las promesas (Heb. 11:11). No hay prueba que la pueda hacer titubear (11:35). Es tan absoluta que sobrevive aún a la pérdida de su propia garantía (11:17). Por vía de ilustración, véase 1 Reyes 18:41-43.

3. RELACION DE LA FE CON LAS OBRAS.

En la fe sola no hay mérito alguno. No es la mera fe la que salva, sino la fe en Cristo. La fe en cualquier otro salvador fuera de Cristo no salvará. La fe en otro evangelio fuera del Nuevo Testamento no salvará (Gál. 1:8, 9).

No existe contradicción alguna entre las enseñanzas de Pablo y las de Santiago acerca de la fe y las obras (cf. Sant. 2:14-26; Rom. 4:1-12). Pablo mira el asunto por el lado de Dios, y afirma que somos justificados a la vista de Dios, *meritoriamente*, absolutamente sin necesidad de ninguna obra por nuestra parte. Santiago considera el asunto desde el lado humano, y afirma que somos justificados a la vista del hombre, *evidencialmente*, por las obras, y no solamente por la fe (2:24). Santiago no busca el *fundamento* de la justificación, como Pablo, sino la *demostración*. Véase Justificación, II. 4 pág. 160).

III. ORIGEN DE LA FE.

En esta fase de nuestro tema hay que considerar dos lados, el lado divino y el lado humano.

1. ES LA OBRA DEL DIOS TRINO.

Dios el Padre: Rom. 12:3; 1 Cor. 12. Esto es aplicable a la fe tanto en su principio (Filip. 1:29) como en su desarrollo (1 Cor. 12). Por consiguiente, la fe es un don de su gracia.

Dios el Hijo: Heb. 12:2: "Puestos los ojos en el autor y consumador de la fe, en Jesús." (Por vía de ilustración véase Mat. 14:30, 31: Pedro apartando sus ojos de Jesús.) (1 Cor. 12; Luc. 17:5.

Dios el Espíritu: Gál. 5:22; 1 Cor. 12:9. El Espíritu Santo es el ejecutivo de la Divinidad.

¿Cómo es, pues, que si la fe es la obra de la Divinidad, nosotros somos responsables de no poseerla? Dios desea obrar la fe en todas sus criaturas, y lo hará así si no resisten al Espíritu Santo. Por consiguiente, somos responsables no tanto de la falta de fe, sino de resistir al Espíritu que obrará la fe en nuestros corazones si le dejamos hacerlo.

2. EN LA FE HAY TAMBIEN UN LADO HUMANO.

Rom. 10:17: "Luego la fe es por el oir; y el oir por la palabra de Dios" (cf. el contexto, vv. 9-21). Hech. 4:4: "Mas muchos de los que habían oído la palabra, creyeron." Este caso se refiere a la palabra *hablada*, el Evangelio; en otras ocasiones se refiere a la palabra *escrita*, las Escrituras, como el instrumento que produce la fe. Véase también Gál. 3:2-5. Precisamente fué el tener puesta la vista en las promesas de Dios lo que obró tal fe en el corazón de Abraham (Rom. 4:19).

También la oración es un instrumento en el desarrollo de la fe. El Evangelio de Lucas se llama el evangelio *humano*, porque da mucha importancia a la oración, especialmente en relación con la fe: 22:32: "Yo he rogado por ti para que tu fe no falte." 17:5: "Y dijeron los apóstoles al Señor: Auméntanos la fe." Véase también Mar. 9:24; Mat. 17:19-21.

Nuestra fe aumenta con el ejercicio de la fe que ya poseemos. Luc. 17:5, 6; Mat. 25:29.

IV. ALGUNOS RESULTADOS DE LA FE.

1. SOMOS SALVOS POR LA FE.

Como es natural, recordamos que el poder salvador de la fe no está en ella misma, sino en el Salvador todopoderoso en quien descansa; de modo que, hablando con propiedad, no es tanto la fe cuanto la fe en Cristo lo que salva.

Toda nuestra salvación: pasada, presente y futura, depende de la fe. Nuestra aceptación de Cristo (Juan 1:12); nuestra justificación (Rom. 5:1); nuestra adopción (Gál. 3:26); nuestra santificación (Hech. 26:18); el ser guardados (1 Pedro 1:5); en realidad, toda nuestra salvación de principio a fin depende de la fe.

2. DESCANSO, PAZ, SEGURIDAD, GOZO.

Isa. 26:3; Filip. 4:6; Rom. 5:1; Heb. 4:1-3; Juan 14:1; 1 Pedro 1:8. El orden de Dios es: hecho, fe, sentimiento. Satanás quiere invertir este orden y poner el sentimiento antes de la fe, engendrando así la confusión en los hijos de Dios. Debemos andar en conformidad con el orden de Dios: el hecho nos guía; la fe, con la vista puesta en el hecho, sigue; y el sentimiento, con la vista puesta en la fe, viene después. Si este orden se observa todo anda bien. Pero desde el momento en que la fe vuelve la espalda al hecho y pone la vista en el sentimiento, las tornas se cambian. El vapor es de importancia capital, no para hacer sonar el pito, sino para hacer mover las ruedas. Si falta el vapor, de nada sirve que tratemos con nuestro propio esfuerzo de mover el pistón o hacer sonar el pito. Lo que hay que hacer es poner más agua en la caldera y más fuego debajo de ella. Aliméntese la fe con hechos, no con sentimentos. (*A. T. Pierson*)

3. LA FE OBRA GRANDES HAZAÑAS.

Heb. 11:32-34; Mat. 21:21; Juan 14:12. Nótese los hechos admirables que realizaron los hombres de fe, según se nos relatan en el capítulo 11 de Hebreos. Léanse los vv. 32-40. Jesús atribuye a la fe una especie de omnipotencia. Por la fe su discípulo podrá obrar cosas más grandes que el mismo Maestro. Tenemos aquí una gran catarata del Niágara de poder a disposición del creyente. El gran problema que contestar para el cristiano no es: "¿Qué puedo hacer yo?", sino "¿Cuánto puedo creer yo?", porque "al que cree, todo es posible."

C. REGENERACION, O NUEVO NACIMIENTO.

Es de suma importancia que entendamos claramente esta vital doctrina. Por la regeneración somos admitidos en el reino de Dios. No hay otra manera de llegar a ser cristianos sino naciendo de lo alto. Por consiguiente, esta doctrina es la puerta de entrada al discipulado cristiano. El que por aquí no entra, no entra de ninguna manera.

I. NATURALEZA DE LA REGENERACION.

El hombre substituye con frecuencia con otras cosas los medios designados por Dios para entrar en el reino de los cielos. Bien será, por consiguiente, que miremos en primer lugar algunos de estos substitutos.

1. LA REGENERACION NO ES EL BAUTISMO.

Algunos dicen que Juan 3:5: "El que no naciere de agua y del Espíritu," y Tito 3:5: "El lavacro de la regeneración," enseñan que la regeneración puede tener lugar en relación con el bautismo. Sin embargo, estos pasajes deben entenderse en un sentido figurado, es decir, refiriéndose al poder purificador de la Palabra de Dios. Véase también Efes. 5:26: "Limpiándola en el lavacro del agua por la palabra;" Juan 15:3: "Limpios por la palabra." De Sant. 1:18 y 1 Pedro 1:23 se deduce que la Palabra de Dios es un agente de la regeneración.

Si el bautismo y la regeneración fueran una misma cosa, ¿cómo se explica que el apóstol Pablo da tan poca importancia a este rito (1 Cor. 4:15, compárese con 1 Cor. 1:14)? En el primer pasaje afirma Pablo que los había *engendrado* por el Evangelio; y en 1:14 declara que no había *bautizado a ninguno* sino a Crispo y a Gayo. ¿Hubiera él podido hablar de esta manera del bautismo, si éste hubiera sido el instrumento de la regeneración de aquellos cristianos? Simón el Mago fué bautizado (Hech 8), pero ¿fué salvo? Cornelio (Hech. 11) fué salvo aun antes de que fuera bautizado.

2. LA REGENERACION NO ES UNA REFORMA DE COSTUMBRES.

La regeneración no es un paso natural en el desarrollo del hombre. Es un hecho sobrenatural de Dios. Es una crisis espiritual. No es evolución, sino involución, la comunicación de una nueva vida. Es una revolución, un cambio de dirección que resulta de un cambio de vida. Aquí se encuentra precisamente el peligro de la psicología, y de las estadísticas que dan el número de conversiones en el período de la adolescencia. El peligro está en la tendencia de hacer consistir la regeneración en un fenómeno natural, como si fuera un paso adelante en el desarrollo de la vida humana, en vez de considerarla como una crisis. Este punto de vista psicológico de la regeneración niega el pecado del hombre, su necesidad de Cristo, la necesidad de la expiación, y la obra regeneradora del Espíritu Santo.

3. REGENERACION ES UN AVIVAMIENTO ESPIRITUAL, UN NUEVO NACIMIENTO.

La regeneración es la comunicación de una vida nueva y divina, una creación nueva, la producción de una cosa nueva.

Es la repetición de Gén. 1:26. No es la naturaleza antigua modificada, reformada, o dotada de nuevo vigor, sino un nuevo nacimiento de lo alto. Esto es lo que enseñan pasajes bíblicos tales como Juan 3:3-7; 5:21; Efes. 2:1, 10; 2 Cor. 5:17.

Por naturaleza el hombre está muerto en el pecado (Efes. 2:1). El nuevo nacimiento le da nueva vida, la vida de Dios; de modo que en adelante él es como los que han resucitado de entre los muertos; ha pasado de muerte a vida (Juan 5:24).

4. ES LA COMUNICACION DE UNA NUEVA NATURALEZA, LA NATURALEZA DE DIOS.

En la regeneración se nos hace partícipes de la naturaleza divina (2 Pedro 1:4). Nos vestimos del nuevo hombre que es creado conforme a Dios en justicia y en santidad de verdad (Efes. 4:24; Col. 3:10). Cristo vive ahora en el creyente (Gál. 2:20). La simiente de Dios habita en él (1 Juan 3:9). De modo que en adelante el creyente posee dos naturalezas (Gál. 5:17).

5. EL CREYENTE RECIBE UN IMPULSO NUEVO Y DIVINO.

La regeneración es, por consiguiente, una crisis con miras a un proceso. En la vida del hombre regenerado entra un nuevo poder gobernador que le capacita para llegar a ser santo en su experiencia diaria: "Las cosas viejas pasaron; he aquí todas son hechas nuevas" (2 Cor. 5:17). Véanse también Hech. 16:14; Ezeq. 36:25-27; 1 Juan 3:6-9.

II. NECESIDAD URGENTE DEL NUEVO NACIMIENTO.

1. LA NECESIDAD ES UNIVERSAL.

La necesidad llega hasta donde llega el pecado y la raza humana: "El que no naciere otra vez, no puede ver el reino de Dios" (Juan 3:3, cf. v. 5). Ni la edad, ni el sexo, ni la posición social, ni la condición del individuo le exime de esta necesidad. No nacer de nuevo es estar perdido. No existe substituto para el nuevo nacimiento: "Ni la circuncisión vale nada, ni la incircuncisión, sino la nueva criatura" (Gál. 6:15). Nuestro Señor mismo afirma con toda claridad esta necesidad absoluta. Todo lo que nace de la carne, tiene que nacer de nuevo del Espíritu (Juan 3:3-7).

2. LA CONDICION PECAMINOSA DEL HOMBRE LO EXIGE.

Juan 3:6: "Lo que es nacido de la carne, carne es," y ningún proceso humano puede hacer que sea otra cosa. "¿Mudará el negro su pellejo, y el leopardo sus manchas? Así también podréis vosotros hacer bien, estando habituados a hacer mal" (Jer. 13: 23). "Así que, los que están en la carne no pueden agradar a Dios" (Rom. 8:8). "En mí (es a saber, en mi carne) no mora el bien" (Rom. 7:18). La mente humana está tan obscurecida que no puede apreciar la verdad espiritual. Necesitamos una renovación de nuestra mente (Rom. 12:2). El corazón es engañoso y no admite a Dios de buena voluntad. Necesitamos ser puros de corazón para ver a Dios. Ante los ojos del hombre natural no existe el pensamiento de Dios. Necesitamos un cambio en la naturaleza para que podamos ser contados entre los que "se acuerdan de su nombre." Ni la educación ni la cultura pueden producir este necesario cambio. Sólo Dios lo puede hacer.

3. LA SANTIDAD DE DIOS LO EXIGE.

Si nadie puede ver al Señor sin la santidad (Heb. 12:14), y si la santidad no se puede obtener por el desarrollo natural o el propio esfuerzo, concluimos que es una necesidad absoluta la regeneración de nuestra naturaleza. Este cambio, que nos hace santos, se realiza con el nuevo nacimiento.

El hombre tiene conciencia de que él no posee esta santidad por naturaleza. Tiene conciencia también de que debe poseerla para poder comparecer delante de Dios (Esdras 9:15). Las Escrituras corroboran esta conciencia en el hombre, y aun más, afirman la necesidad de una justicia tal que le capacite para comparecer delante de Dios. Solamente en el nuevo nacimiento está el principio de tal vida. Para vivir la vida de Dios debemos poseer la naturaleza de Dios.

III. MEDIOS DE LA REGENERACION.

1. LA REGENERACION ES UNA OBRA DIVINA.

Nosotros no somos "engendrados de sangre, ni de voluntad de carne, ni de voluntad de varón, mas de Dios" (Juan 1:13). El nos engendró de su propia voluntad (Sant. 1:18). Nuestra regeneración es un acto creador de parte de Dios, no un proceso reformador de parte del hombre. No se adquiere por descendencia natural, porque todo lo que así se recibe es "carne." No es por selección natural, porque la voluntad humana es incapaz de hacerlo. Ni es tampoco por el esfuerzo propio u otro principio humano generativo. Ni lo es por la sangre de un sacrificio ritual. Ni es por linaje o generación natural. Es absoluta y completamente la obra del mismo Dios. En realidad no tenemos que hacer con nuestro segundo nacimiento más que lo que tuvimos que hacer con nuestro primer nacimiento.

El único agente divino de la regeneración es el Espíritu Santo. Por esta razón se la llama "la renovación del Espíritu Santo" (Tito 3:5). Somos "nacidos del Espíritu" (Juan 3:5).

2. SIN EMBARGO, LA REGENERACION TIENE UN LADO HUMANO.

Juan 1:12 y 13 unen estos dos pensamientos, lo divino y lo humano, en la regeneración. Los que le *recibieron* (es decir, a Cristo) . . . son nacidos *de Dios*. Los dos grandes problemas que se relacionan con la regeneración son la eficiencia de Dios y la actividad del hombre.

a) El Hombre es Regenerado por Medio de la Aceptación del Mensaje del Evangelio.

Dios nos engendró "por la palabra de verdad" (Sant. 1:18). Somos "renacidos," dice Pedro (1 Pedro 1:23), "de simiente incorruptible, por la palabra de Dios." Somos "engendrados por el Evangelio" (1 Cor. 4:15). Estas Escrituras nos enseñan que la regeneración tiene lugar en el corazón del hombre cuando lee u oye la Palabra de Dios, o el mensaje del Evangelio, o ambos, y, por la obra del Espíritu en la palabra así como en el corazón del hombre, éste abre su corazón y recibe aquel mensaje como la Palabra de Vida para su alma. La verdad es iluminada por el Espíritu, así como también lo es la mente. El hombre cede a la verdad y nace de nuevo. Debemos recordar aquí también que es el Señor quien debe abrir nuestros corazones, como fué El quien abrió el corazón de Lidia (Hech. 16:14). Pero la Palabra debe ser creída y recibida por el hombre (1 Pedro 1:25).

b) El Hombre es Regenerado por la Aceptación Personal de Jesucristo.

Esto es lo que enseñan claramente Juan 1:12, 13 y Gál. 3:26. Somos hechos "hijos de Dios por la fe en Cristo Jesús." Cuando un hombre pone su fe en lo que Cristo dice, y le recibe como quien es todo lo que dice que es, el hombre nace de nuevo.

El hombre, por consiguiente, no es meramente pasivo en el momento de la regeneración. Es únicamente pasivo en lo que se refiere al cambio del carácter que le gobierna. Es activo en relación con el ejercicio de este carácter. Un hombre muerto no puede ayudarse a sí mismo a resucitar. Esto es cierto. Pero puede, como Lázaro obedecer la orden de Cristo y "salir fuera."

El Salmo 90:16, 17 ilustra tanto la parte divina como la parte humana: "Aparezca en tus siervos tu obra," y después, "la obra de nuestras manos confirma." Primero aparece la obra de Dios, después la obra del hombre. Así también es en Filipenses 2:12, 13.

D. JUSTIFICACION

I. SIGNIFICADO DE LA JUSTIFICACION.

1. RELATIVAMENTE.

Es un cambio de la relación o actitud del hombre para con Dios. Se refiere a las relaciones que han sido deshechas por el pecado, y esas relaciones son personales. Es un cambio de la culpabilidad y condenación a la absolución y aceptación. La regeneración se refiere al cambio de la naturaleza del creyente, la justificación al cambio de su posición delante de Dios. La regeneración es subjetiva, la justificación es objetiva. La primera tiene que ver con el estado del hombre, la segunda con su posición.

2. CONFORME AL LENGUAJE Y USO DE LAS ESCRITURAS.

Según Deut. 25:1 la justificación significa declarar, o hacer que uno aparezca inocente o justo. Según Rom. 4:2-8 significa ser contado por justo. Según el Salmo 32:2 significa no imputar la iniquidad. De todos estos versículos se deduce claramente una cosa y es que justificar no significa *hacer* a uno justo. Ni la palabra hebrea ni la griega lleva consigo este significado. Justificar significa presentar a uno como justo, declarar a uno justo en el sentido legal, colocar a una persona en una relación justa. Pero no se ocupa, por lo menos de una manera directa, del carácter o la conducta de la persona. Es un asunto de relación. Naturalmente, tanto el carácter como la conducta estarán supeditados y regidos por esta relación. No se puede atribuir una justicia real a la persona justificada, sino que esa persona es declarada justa y es tratada como tal. Hablando en rigor, por consiguiente, la justificación es un acto judicial de Dios por el que los que ponen su confianza en Cristo son declarados justos en su presencia, y libres de toda culpabilidad y castigo.

3. LA JUSTIFICACION CONSTA DE DOS ELEMENTOS.

a) El Perdón del Pecado y la Separación de su Culpa y Castigo.

Para nosotros es difícil comprender lo que Dios siente en cuanto al pecado. Para nosotros el perdón nos parece cosa fácil, porque mayormente somos indiferentes al pecado. Pero con un Dios santo la cosa es diferente. Aun entre los hombre es difícil a veces perdonar a quien nos ha ofendido. Sin embargo, Dios perdona de buena gana.

Miqueas 7:18, 19: "¿Qué Dios como tú, que perdonas la maldad, y olvidas el pecado del resto de su heredad? No retuvo para siempre su enojo, porque es amador de la misericordia. . . . El sujetará nuestras iniquidades, y echará en los profundos de la mar todos nuestros pecados." Véase también Salmo 130:4. ¿Qué perdón más admirable!

El perdón puede considerarse como el término de la ira moral y el resentimiento de Dios contra el pecado; o como una libertad de la culpabilidad del pecado que oprime la conciencia; o también como una remisión del castigo del pecado, que es la muerte eterna.

Por consiguiente, en la justificación se perdonan todos nuestros pecados, y son apartados de nosotros la culpa y el castigo (Hech. 13:38, 39; Rom. 8:1). En Cristo, Dios ve al creyente como si no tuviera pecado ni culpa (Núm. 23:21; Rom. 8:33, 34).

b) La Imputación de la Justicia de Cristo y la Vuelta al Favor de Dios.

El pecador perdonado no es como un prisionero a quien se ha dado de alta después de haber cumplido su prisión y sufrido el castigo, pero que ya no tiene derechos de ciudadanía. No, la justificación significa más que la absolución. El pecador que se arrepiente recibe de nuevo con el perdón todos los derechos de ciudadano. La Sociedad de los Amigos se llamaron a sí mismos Amigos, no porque eran amigos entre sí, sino porque, después de haber sido justificados, se consideraron amigos de Dios como lo fué Abraham (2 Cron. 20:7; Sant. 2:23). Significa también la imputación de la justicia de Jesucristo al pecador. Su justicia es "para todos los que creen" (Rom. 3:22). Véanse Rom. 5:17-21; 1 Cor. 1:30. Por vía de ilustración, véase Filemón 18.

II. METODO DE LA JUSTIFICACION.

1. NEGATIVAMENTE: NO POR LAS OBRAS DE LA LEY.

Rom. 3:20: "Porque por las obras de la ley ninguna carne se justificará delante de él, porque por la ley es el conocimiento del pecado." Este "porque" indica que se ha realizado un proceso judicial y que se ha pronunciado la sentencia. En el tribunal de Dios ninguno puede ser tenido como justo en su presencia a causa de su obediencia a la ley. El propósito de la Epístola a los Romanos es precisamente presentarnos esta gran verdad. La ley es completamente insuficiente como medio para establecer las relaciones buenas con Dios. La salvación no puede ser *por* el carácter. Lo que necesita el hombre es precisamente la salvación *de* su carácter.

En este texto se da la razón por qué la ley no puede justificar: "Porque por la ley es el conocimiento del pecado." La ley puede abrir los ojos del pecador para que vea su pecado, pero no puede quitárselo. En realidad la intención de la ley nunca fué quitar el pecado, sino intensificarlo. La ley únicamente define el pecado y hace que sea pecaminoso, pero no libra de él. Gálatas 3:10 nos da una razón más para hacernos ver que la justificación no puede obtenerse por la obediencia a la ley. La ley exige una obediencia continua y perfecta: "Maldito todo aquel que no permaneciere en todas las cosas que están escritas en el libro de la ley, para hacerlas." Y como nadie puede tener una obediencia continua y perfecta, se deduce que la justificación por la obediencia a la ley es imposible. La única cosa que la ley puede hacer es tapar la boca de cada hombre y declararle reo delante de Dios (Rom. 3:19, 20).

Gálatas 2:16 y 3:10; Rom. 3:28, son pasajes muy explícitos en su negación de la justificación por la ley. Es cuestión de Moisés o Cristo, obras o fe, ley o promesa, hacer o creer, paga o don gratuito.

2. POSITIVAMENTE: POR LA LIBRE GRACIA DE DIOS, QUE ES EL ORIGEN O FUENTE DE LA JUSTIFICACION.

Rom. 3:24: "Siendo justificados gratuitamente por su gracia, por la redención que es en Cristo Jesús." "Gratuitamente" quiere decir que se da sin que nosotros hagamos nada de nuestra parte para merecerla. Del contenido de la epístola hasta este lugar, debe ser claro que si los hombres, pecaminosos y pecadores, de alguna manera han de ser justificados, tiene que ser por "la libre gracia de Dios."

3. POR LA SANGRE DE JESUCRISTO, QUE ES LA BASE DE LA JUSTIFICACION.

Rom. 3:24: "Siendo justificados . . . por la redención que es en Cristo Jesús." 5:9: "Mucho más ahora, justificados en su sangre." 2 Cor. 5:21: "Al que no conoció pecado, hizo pecado por nosotros, para que nosotros fuésemos hechos justicia de Dios en él." Aquí se une el derramamiento de sangre de Cristo con la justificación. No se puede quitar esta idea doble del pasaje. Los sacrificios del Antiguo Testamento eran más que una carnicería sin significado: "Sin derramamiento de sangre no se hace remisión" (Heb. 9:22). El gran sacrificio del Nuevo Testamento, la muerte de Jesucristo, fué más que la muerte de un mártir. Los hombres son "justificados en su sangre" (Rom. 5:9).

4. POR LA FE EN JESUCRISTO, QUE ES LA CONDICION DE LA JUSTIFICACION.

Gál. 2:16: "Sabiendo que el hombre no es justificado por las obras de la ley, sino por la fe de Jesucristo." Rom. 3:26: "Con la mira de manifestar su justicia en este tiempo; para que él sea el justo, y el que justifica al que es de la fe de Jesús." "Que es de la fe de Jesús" se pone en contraste con "todos los que son de las obras de la ley" (Gál. 3:10). Cuando Pablo dice en Rom. 4:5: "Mas al que no obra, pero cree en aquél que justifica al impío," da un golpe de muerte a la justicia judaica. "La fe le es contada por justicia:" esto describe al hombre que, desconfiando del valor de sus propias obras, se entrega sin reservas a la misericordia de Dios, manifestada en Jesucristo, para su justificación. De esta manera sucede que "de todo lo que por la ley de Moisés no pudisteis ser justificados, en éste es justificado todo aquel que creyere" (Hech. 13:39). El mejor de los hombres necesita ser salvo por la fe en Jesucristo, y el peor de todos no necesita más que eso mismo. Así como no hay diferencia en la necesidad, tampoco la hay en el método de su aplicación. Todos los pecadores salvados se encuentran unidos en esa misma base, y allí estarán para siempre. Por consiguiente, el primer paso para la justificación es la desesperación de las propias obras; el segundo, creer en aquél que justifica a los injustos.

No es que nosotros hagamos de menos a las buenas obras, pues éstas también tienen su lugar. Pero siguen, y no preceden, a la justificación. El que obra no es justificado, sino que el justificado es el que obra. Las obras no son meritorias, pero encuentran su recompensa en la vida del hombre justificado. El árbol *da muestras* de su vida en sus frutos, pero antes del fruto, y aun antes de las hojas, tenía vida. (Para mayores sugerencias e ideas acerca de la relación entre la fe y las obras véase Fe II, 3, pág. 148.)

Resumiendo lo que hemos dicho, podemos decir que los hombres son justificados *judicialmente* por Dios (Rom. 8:33); *meritoriamente* por Cristo (Isa. 53:11); *mediatamente* por la fe (Rom. 5:1); *evidencialmente* por las obras (Sant. 2:14, 18-24).

E. ADOPCION

La regeneración da comienzo a la nueva vida en el alma; la justificación se ocupa de la nueva actitud de Dios para con el alma, o tal vez sea mejor decir, del alma para con Dios; la adopción admite al hombre a la familia de Dios con gozo filial. La regeneración se refiere a nuestro cambio de naturaleza; la justificación, a nuestro cambio de estado; la santificación, a nuestro cambio de carácter; la adopción a nuestro cambio de posición. En la regeneración el creyente se hace hijo de Dios

(Juan 1:12, 13); en la adopción, el creyente, que ya es hijo, recibe un lugar como hijo adulto. Así el hijo menor se hace hijo adulto (Gál. 4:1-7).

I. SIGNIFICADO DE LA ADOPCION.

Adopción significa colocarse como hijo. Es una metáfora legal así como la regeneración es una metáfora física. Es una palabra romana, porque la adopción no fué conocida apenas entre los judíos. Significa que un hombre toma el hijo de otro para que sea su hijo, de modo que tiene la misma posición y las mismas ventajas que un hijo por nacimiento. El término lo usa Pablo, no Juan. Nunca se usa esta palabra con relación a Cristo. Se usa con relación al creyente cuando va encerrada la cuestión de derechos, privilegios y herencia. Es un término netamente paulino (Gál. 4:5; Rom. 8:15, 23; 9:4; Efes. 1:5). Juan usa el término que indica filiación por naturaleza, porque siempre habla de la filiación desde el punto de vista de la naturaleza, del crecimiento y de la semejanza (cf. 1 Juan 3:1).

Exodo 2:10 y Hebreos 11:24 nos suministran dos espléndidas ilustraciones acerca del sentido y uso bíblico de la adopción.

II. TIEMPO EN QUE SE REALIZA LA ADOPCION.

1. EN UN SENTIDO ES ETERNA EN SU NATURALEZA.

Efes. 1:4, 5. Antes de la fundación del mundo fuimos predestinados a la adopción de hijos. Hay que distinguir entre la predestinación a la adopción, y el hecho actual de adopción que tuvo lugar cuando creímos en Cristo; de la misma manera que la encarnación fué predestinada, y sin embargo tuvo lugar en el tiempo; y de la misma manera que el Cordero fué sacrificado desde antes de la fundación del mundo, y sin embargo el hecho tuvo lugar en el Calvario. ¿Por qué mencionamos entonces este aspecto eterno de la adopción? Para excluir las obras y demostrar que nuestra salvación tiene su origen únicamente en la gracia de Dios (Rom. 9:11; 11:5, 6). De la misma manera que si nosotros adoptamos un niño será completamente un acto de gracia de nuestra parte.

2. TIENE LUGAR EN EL MOMENTO EN QUE UNO CREE EN JESUCRISTO.

1. Juan 3:2: "Muy amados, ahora somos hijos de Dios." Gál. 3:26: "Porque todos sois hijos de Dios por la fe en Cristo Jesús." Véase también Juan 1:12. El creyente posee la filiación ahora. Aunque parezca extraño e inconcebible, es cierto. El mundo quizás no piense así (v. 1), pero Dios lo dice así, y el cristiano con fe exclama: "Yo soy hijo del Rey." Antes éramos esclavos; ahora somos hijos.

3. NUESTRA FILIACION SE COMPLETARA AL TIEMPO DE LA RESURRECCION Y DE LA SEGUNDA VENIDA DE NUESTRO SEÑOR JESUCRISTO.

Rom. 8:23: "Esperando la adopción, es a saber, la redención de nuestro cuerpo." En este mundo nos encontramos de *incognito;* no somos reconocidos como hijos de Dios. Pero algún día nos quitaremos este disfraz (2 Cor. 5:10). No se ha manifestado aún lo que hemos de ser. La revelación de los hijos de Dios está reservada para un día futuro. Véase también 1 Juan 3:1-3.

III. BENDICIONES DE LA ADOPCION.

Las bendiciones de la adopción son tan numerosas que no se pueden mencionar sino de un modo muy breve. Veamos algunas:

Objetos del especial amor de Dios (Juan 17:23), y de su cuidado paternal (Luc. 12:27-33).

Tenemos el nombre de familia (1 Juan 3:1; Efes. 3:14, 15); el parecido familiar (Rom. 8:29); el amor de familia (Juan 13:35; 1 Juan 3:14); un espíritu filial (Rom. 8:15; Gál. 4:6); el servicio familiar (Juan 14:23, 24; 15:8).

Recibimos el castigo paternal (Heb. 12:5-11); el consuelo

paternal (Isa. 66:13; 2 Cor. 1:4); y una herencia (1 Pedro 1:3-5; Rom. 8:17).

IV. ALGUNAS EVIDENCIAS DE LA FILIACION.

Los que son adoptados en la familia de Dios:
Son guiados por el Espíritu (Rom. 8:4; Gál. 5:18).
Tienen una confianza de niños en Dios (Gál. 4:5, 6).
Tienen libre acceso (Efes. 3:12).
Tienen amor a sus hermanos (1 Juan 2:9-11; 5:1).
Son obedientes (1 Juan 5:1-3).

F. SANTIFICACION

Si la regeneración está relacionada con nuestra naturaleza, la justificación con nuestro estado y la adopción con nuestra posición, la santificación se refiere a nuestro carácter y conducta. En la justificación somos declarados justos para que, en la santificación, podamos llegar a ser justos. La justificación es lo que Dios hace por nosotros, mientras que la santificación es lo que Dios hace en nosotros. La justificación nos coloca en una relación justa con Dios, mientras que la santificación hace que se vea el fruto de esa relación: una vida separada del mundo pecador y dedicada a Dios.

I. SIGNIFICADO DE LA SANTIFICACION.

En esta definición sobresalen dos ideas: separación del mal y dedicación a Dios y a su servicio.

1. SEPARACION DEL MAL.

2. Crón. 29:5, 15-18: "Santificaos ahora, y santificaréis la casa de Jehová el Dios de vuestros padres, y sacaréis del santuario la inmundicia. . . . Y entrando los sacerdotes dentro de la casa de Jehová para limpiarla, sacaron toda la inmundicia que hallaron. . . . Luego pasaron al rey Ezequías y dijéronle: Ya hemos limpiado toda la casa de Jehová." 1 Tes. 4:3: "Porque la voluntad de Dios es vuestra santificación: que os apartéis de fornica-

ción." Véanse también Heb. 9:3; Exod. 19:20-22; Lev. 11:44.

De estos pasajes se deduce que la santificación tiene que ver con la separación de todo lo que es pecaminoso y que contamina tanto el cuerpo como al alma.

2. SEPARACION O DEDICACION A DIOS.

En este sentido es santificado todo lo que es apartado de los usos profanos para dedicarlo a los usos sagrados, todo lo que está dedicado exclusivamente al servicio de Dios. De aquí se deduce que una persona puede "santificar su casa consagrándola a Jehová," o puede también "santificar de la tierra de su posesión a Jehová" (Lev. 27:14, 16). De esta manera eran también santificados al Sénor los primogénitos (Núm. 8:17). Aun el Hijo de Dios fué santificado, en cuanto fué separado por su Padre y enviado a este mundo para hacer la voluntad de Dios (Juan 10:36). Siempre que una cosa o una persona es separada de las relaciones comunes de la vida para ser dedicada a usos sagrados, la tal cosa o persona se dice que ha sido santificada.

3. SE APLICA TAMBIEN A DIOS.

Siempre que los escritores sagrados desean demostrar que el Señor está por completo apartado de todo lo que es pecaminoso o impuro, y que es absolutamente santo en sí mismo, hablan de El como santificado: "Cuando fuere santificado en vosotros delante de sus ojos" (Ezeq. 36:23).

II. CUANDO TIENE LUGAR LA SANTIFI-CACION.

La santificación puede considerarse como pasada, presente y futura; o como instantánea, progresiva y completa.

1. SANTIFICACION INSTANTANEA.

1 Cor. 6:11: "Y esto erais algunos: mas ya sois lavados, mas ya sois santificados, mas ya sois justificados en el nombre del Señor Jesús, y por el Espíritu de nuestro Dios." Heb. 10:10, 14: "En la cual voluntad somos santificados por la ofrenda del

cuerpo de Jesucristo hecha una sola vez. . . . Porque con una sola ofrenda hizo perfectos para siempre a los santificados." La santificación del creyente tiene lugar inmediatamente por la muerte de Jesucristo. En el mismo instante en que uno cree en Cristo, es santificado en este primer sentido. Es separado del pecado, y separado para Dios. Por esta razón precisamente a los creyentes se les llama santos en el Nuevo Testamento (1 Cor. 1:2; Rom. 1:7). Si un hombre no es un santo, tampoco es cristiano; si es cristiano, es un santo. En algunos círculos se canoniza a las personas después de muertas; el Nuevo Testamento canoniza a creyentes mientras están vivos. Nótese que en 1 Cor. 6:11 se pone "santificados" antes que "justificados." El creyente crece *en* santificación, más bien que *a* la santificación como si saliera de otro estado. El creyente es colocado en estado de santificación instantáneamente por un sencillo acto de fe en Cristo. Todo cristiano es un hombre santificado. El mismo acto que le coloca en estado de justificación le admite inmediatamente al estado de santificación, en el cual ha de crecer hasta llegar a la plenitud de la medida de la estatura de Cristo.

2. SANTIFICACION PROGRESIVA.

La justificación difiere de la santificación en que la primera es un acto instantáneo pero no progresivo, mientras que la segunda es una crisis con miras a un proceso—un acto que es instantáneo y que lleva consigo la idea del crecimiento hasta llegar a su complemento.

2 Pedro 3:18: "Mas creced en la gracia y conocimiento de nuestro Señor y Salvador Jesucristo." 2 Cor. 3:18: "Somos transformados de gloria en gloria en la misma semejanza, como por el Espíritu del Señor." Es muy digno de notar en este caso el tiempo. *Somos* transformados de un grado de carácter o de gloria a otro grado. Es porque la santificación es progresiva, o un crecimiento, que se nos exhorta a multiplicar y abundar (1 Tes. 3:12), y que abundemos más y más (4:1, 10) en las gracias de la vida cristiana. El hecho de que siempre existe el peligro de contaminarse por el contacto con el mundo pecador, y de que en

la vida del verdadero creyente hay un siempre creciente sentido del deber y una conciencia del pecado cada vez más profunda, hace necesario un crecimiento continuo y desarrollo en las virtudes y dones de la vida del creyente. Es posible ir perfeccionando la santificación (2 Cor. 7:1). El don de pastores y maestros que Dios da a su iglesia, es con el propósito de perfeccionar a los santos en la semejanza de Cristo *hasta que,* finalmente, lleguen a la plenitud del modelo divino que es Jesucristo (Efes. 4:11-15). La santidad no crece como los hongos; no es cosa de una hora. Crece como crecen los arrecifes de coral, poco a poco y paso a paso. Véase también Filip. 3:10-15.

3. SANTIFICACION COMPLETA Y FINAL.

1. Tes. 5:23: "Y el Dios de paz os santifique en todo; para que vuestro espíritu y alma y cuerpo sea guardado entero sin reprensión para la venida de nuestro Señor Jesucristo." "Entero" significa completo en todas sus partes, perfecto en todos los aspectos, ya se refiera a la iglesia como un todo, o al creyente como individuo. Algún día el creyente será completo en todos los aspectos del carácter cristiano. No le faltará ninguna gracia cristiana. Completo en el "espíritu" que le une al cielo; en el "cuerpo" que le une a la tierra; en el "alma" que siente impulsos del cielo y de la tierra. Habrá madurez en cada uno de los elementos del carácter cristiano: cuerpo, alma y espíritu.

Esta bendición de la santificación íntegra y completa tendrá lugar cuando venga Cristo: 1 Tes. 3:13: "Para que sean confirmados vuestros corazones en santidad, irreprensibles delante de Dios y nuestro Padre, para la venida de nuestro Señor Jesucristo con todos sus santos." Cuando le veamos a El seremos como El es (1 Juan 3:2). Pablo explica esto muy explícitamente en Filip. 3:12-14: "No que ya haya alcanzado, ni que ya sea perfecto; sino que prosigo, por ver si alcanzo aquello para lo cual fuí también alcanzado de Cristo Jesús. Hermanos, yo mismo no hago cuenta de haberlo ya alcanzado; pero una cosa hago: olvidando ciertamente lo que queda atrás, y extendiéndome a lo que está delante, prosigo al blanco, al premio de la soberana vocación de Dios en Cristo Jesús."

III. MEDIOS DE SANTIFICACION.

¿Cómo se santifican los hombres? ¿Qué medios se usan y qué agentes se emplean para hacer a los hombres santos y conformes a la semejanza de Cristo? Los agentes y medios son divinos y humanos. Dios y el hombre contribuyen y cooperan a este ansiado propósito.

1. DE LADO DIVINO: ES LA OBRA DE LA TRINIDAD.

a) Dios el Padre.

1 Tes. 5:23, 24: "Y el Dios de paz os santifique en todo. . . . Fiel es el que os ha llamado; el cual también lo hará." En este pasaje se contrasta la obra de Dios con los esfuerzos humanos para la consecución de los propósitos antes mencionados. Aquí lo mismo que en Heb. 12:2, y Filip. 1:6 el Iniciador de la fe es también el Consumador. Por consiguiente, el propósito y fin de cada exhortación es fortalecer la fe en Dios, quien puede realizar todas estas cosas por nosotros. Hay un sentido, naturalmente, en el que el creyente es responsable por su adelanto en la vida cristiana (Filip. 3:12, 13). Sin embargo, es también cierto que la gracia divina es la que obra todo en él (Filip. 2:12, 13). No nos podemos limpiar a nosotros mismos, pero nos podemos colocar en las manos de Dios y entonces vendrá la purificación. El "Dios de paz," el que nos reconcilia, es el mismo que nos santifica. Es como si el apóstol hubiera dicho: "Dios con su gran poder hará por vosotros lo que yo con mis exhortaciones, y vosotros con vuestros esfuerzos, nunca podemos hacer." Véase Juan 17:17: "Santifícalos en tu verdad." Cristo se dirige aquí al Padre como el único que puede santificar a sus discípulos.

b) Jesucristo el Hijo.

Heb. 10:10: "En la cual voluntad somos santificados por la ofrenda del cuerpo de Jesucristo hecha una sola vez." La muerte de Jesucristo separa al creyente del pecado y del mundo, y le coloca aparte como redimido y dedicado al servicio de Dios. Esta misma verdad, a saber, la santificación de la iglesia, basada en el sacrificio de la muerte de Cristo, se nos presenta también en Efes. 5:25, 27: "Cristo amó a la iglesia, y se entregó a sí mismo por ella, para santificarla." Cristo ha sido hecho para nosotros santificación (1 Cor. 1:30). Véase también Heb. 13:12.

c) El Espíritu Santo Santifica.

1 Pedro 1:2: "Elegidos según la presciencia de Dios Padre en santificación del Espíritu." 2 Tes. 2:13: ". . . de que Dios os haya escogido desde el principio para salud, por la santificación del Espíritu y fe de la verdad." El Espíritu Santo sella, testifica y confirma la obra de la gracia en el alma, produciendo en ella los frutos de justicia. Es el Espíritu de vida en Cristo Jesús el que nos libra de la ley del pecado y de la muerte (Rom. 8:2). El es llamado Espíritu *Santo*, no solamente porque es absolutamente santo en sí mismo, sino también porque produce esa misma cualidad del carácter en el creyente. Para este propósito el Espíritu Santo es el ejecutivo de la Divinidad. La obra del Espíritu Santo es luchar contra las concupiscencias de la carne y capacitarnos para producir frutos de santidad (Gál. 5:17-22). Cuán admirablemente se expone esta verdad en el contraste entre los capítulos 7 y 8 de Romanos. Nótese la infructuosa lucha del primero, y la victoria del segundo. Nótese también que en el capítulo séptimo no se menciona al Espíritu Santo, mientras que en el capítulo octavo se le menciona 16 veces. En esto se encuentra el secreto del fracaso y de la victoria, del pecado y de la santidad.

2. DE LADO HUMANO.

a) Fe en la Obra Redentora de Jesucristo.

1 Cor. 1:30: "Mas de él sois vosotros en Cristo Jesús, el cual nos ha sido hecho por Dios sabiduría, y justificación, y santificación, y redención." Cristo es en verdad todas estas cosas para nosotros, pero de hecho no llega a ser tal sino para aquellos que

se le apropian. Solamente a medida que el creyente cada día, y aun cada momento, se aprovecha por fe de la santidad de Jesús, de su fe, de su paciencia, de su amor, de su gracia, para las necesidades de cada momento, puede Cristo, quien por su muerte se hizo para él santificación en un sentido instantáneo, llegar a ser también para él santificación en un sentido progresivo, produciendo en el creyente su propia vida a cada instante. El secreto de una vida santa está precisamente en apropiarnos cada momento a Jesucristo en todas las riquezas de su gracia en cada necesidad que surge. El grado de nuestra santificación está en proporción a la apropiación que hacemos de Cristo. Véase también Hech. 26:18.

b) El Estudio de las Escrituras y la Obediencia a las Mismas.

Juan 17:17: "Santifícalos en tu verdad: tu palabra es verdad." Efes. 5:26: "Para santificarla (su iglesia) limpiándola en el lavacro del agua por la palabra." Juan 15:3: "Ya vosotros sois limpios por la palabra que os he hablado." Nuestra santificación está limitada únicamente por la limitación de nuestro conocimiento y obediencia a la Palabra de Dios. ¿Cómo santifica la Palabra de Dios? Haciendo ver el pecado; despertando la conciencia; revelándonos el carácter de Cristo, mostrándonos el ejemplo de Cristo; ofreciéndonos la influencia y poder del Espíritu Santo, y proponiéndonos ideales y motivos espirituales. No hay poder semejante al de la Palabra de Dios para apartar al hombre del mundo, de la carne y del diablo.

c) Otros Varios Agentes.

Heb. 12:14: "Seguid . . . la santidad, sin la cual nadie verá al Señor." "Seguir" significa acosar, perseguir, como Pablo de Tarso siguió y acosó a los primitivos cristianos. Nadie puede llegar a ser santo mientras duerme. Tiene que seguir con ahinco la santidad. El hombre ocioso no puede llegar a ser un hombre santo.

Heb. 12:10, 11: Dios nos castiga "para lo que nos es provechoso, para que recibamos su santificación." El castigo con frecuencia tiene por fin producir el "fruto apacible de justicia."

Rom. 6:19-22; 2 Cor. 6:17; 7:1. La santificación se produce en la vida del creyente separándose él deliberadamente de todo lo que es impuro y malo, y presentando continua y constantemente los miembros de su cuerpo como instrumentos santos para Dios, para que se cumplan sus santos propósitos en él. De esta manera, por estos sencillos actos de entrega voluntaria a la santidad, pronto llega la santificación a ser el hábito de su vida.

G. ORACION

I. IMPORTANCIA DE LA ORACION.

No hace falta más que hojear las Escrituras para darse cuenta del lugar grande e importante que dan a la doctrina de la oración. La vida cristiana no puede mantenerse sin ella; es el aliento de vida del cristiano. Su importancia se ve, pensando:

Que el descuidar la oración entristece al Señor (Isa. 43:21, 22; 64:6, 7).

Que muchos males en la vida se atribuyen a la falta de oración (Sof. 1:4-6; Daniel 9:13, 14; cf. Oseas 7:13, 14; 8:13, 14).

Que es pecado dejar de orar (1 Samuel 12:23).

Que Dios nos manda positivamente que perseveremos en la oración (Col. 4:2; 1 Tes. 5:17; se nos manda que tomemos tiempo o vacación para orar: 1 Cor. 7:5).

Que es el método designado por Dios para conseguir lo que El nos ha de dar (Daniel 9:3; Mat. 7:7-11; 9:24-29; Luc. 11:13).

Que la falta de bendiciones necesarias para nuestra vida procede del no orar (Sant. 4:2).

Que los apóstoles consideraron la oración como la mejor manera en que podían emplear su tiempo y atención (Hech. 6:4; Rom. 1:9; Col. 1:9).

II. NATURALEZA DE LA ORACION.

Es muy interesante observar el desarrollo que tiene la oración en las Escrituras.

En la vida del patriarca Abraham parece que la oración tomó la forma de un diálogo: Dios y el hombre acercándose mutuamente y hablando el uno al otro (Gén. 18:19); convirtiéndose en intercesión (Gén. 17:18; 18:23, 32), y después en oración personal (Gén. 15:2; 24:12); Jacob, (Gén. 28:20; 32:9-12, 24; Oseas 12:4). Las bendiciones patriarcales se llaman oraciones (Gén. 49:1; Deut. 33:11).

Durante el período de la ley no se dió mucha prominencia a la oración formal. El único pasaje en que se relata de una forma clara parece ser Deut. 26:1-15. La oración no había tomado aún un lugar definitivo en el ritual de la ley. Parece que fué un asunto personal más que formal, y por eso mientras no nos es posible encontrar mucho material en la ley, la oración abunda en la vida del legislador, Moisés (Exod. 5:22; 32:11; Núm. 11:11-15).

En tiempos de Josué (7:6-9; 10:14) y de los Jueces (c. 6) se nos dice que los hijos de Israel "clamaron al Señor."

En el tiempo de Samuel parece que la oración tomó la forma de intercesión (1 Sam. 7:5, 12; 8:16-18); personal (1 Sam. 15:11, 35; 16:1). En Jeremías (15:1) se nos representa a Moisés y a Samuel ofreciendo oración intercesoria por Israel.

Parece que David se consideró a sí mismo como profeta y sacerdote, y oró sin necesidad de intercesor (2 Sam. 7:18-29).

Parece que los profetas fueron intercesores; por ejemplo, Elías (1 Reyes 18). Sin embargo, entre los profetas se encuentran también oraciones personales (Jer. 20, tanto personales como intercesorias; 33:3; 42:4; Amós 7).

En los Salmos la oración toma la forma de una expresión de lo que hay en el corazón (42:4; 62:8; 100:2, el título). El salmista parece que no se presente a Dios con peticiones fijas y ordenadas sino que simplemente expresa sus sentimientos y deseos, ya sean éstos dulces o amargos, tormentosos o pacíficos. De consiguiente, las oraciones del salmista demuestran sus varios estados de ánimo: queja, súplica, confesión, abatimiento, alabanza.

La verdadera oración consta de elementos tales como la adoración, la alabanza, la petición, el ruego, la acción de gracias, la intercesión, la comunión, la esperanza en el Señor. La cámara en la que entra el creyente para orar no es solamente un oratorio, un lugar de oración; es un observatorio, un lugar de visión. La oración no es "una voz o empresa mía; sino una visión y voz divinas." Isa. 63:7; 64:12 ilustra todas las maneras esenciales de dirigirse a Dios en oración.

III. POSIBILIDAD DE LA ORACION.

Esta posibilidad consta de cinco cosas:

1. LA REVELACION DE DIOS QUE CRISTO NOS HA HECHO.

Juan 1:18: "A Dios nadie le vió jamás: el unigénito Hijo, que está en el seno del Padre, él le declaró." Mat. 11:27: ". . . Ni al Padre conoció alguno, sino el Hijo, y aquel a quien el Hijo lo quisiere revelar."

Cristo nos revela a Dios como un Dios *personal*, como un Ser que ve, siente, conoce, entiende y obra. La creencia en la personalidad de Dios es absolutamente necesaria para la verdadera oración (Heb. 11:6).

Cristo nos revela a Dios como un Dios *soberano* (Mat. 19:26: "Para con Dios todo es posible"). Dios es soberano sobre todas las leyes. El las puede sujetar a su voluntad y usarlas para contestar las oraciones de sus hijos. El no está sujeto a ninguna de las leyes que se llaman inmutables.

Cristo nos revela a Dios como un *Padre* (Luc. 11:13). En todas las circunstancias de la vida de Cristo en las que éste se dirigió a Dios en oración, lo hizo siempre como a un Padre. El hecho de la paternidad de Dios hace posible la oración. Que un padre no se comunicara con su hijo sería una cosa no natural.

2. LA OBRA EXPIATORIA DE JESUCRISTO.

Heb. 10:19-22: "Así que, hermanos, teniendo libertad para entrar en el santuario por la sangre de Jesucristo, por el camino que él nos consagró nuevo y vivo, por el velo, esto es, por su carne; y teniendo un gran sacerdote sobre la casa de Dios, lleguémonos con corazón verdadero, en plena certidumbre de fe." La muerte de Cristo quitó la barrera que había entre Dios y nosotros, y que le impedía oir y contestar continuamente nuestras oraciones, de modo que ahora puede oir y contestar las peticiones de sus hijos.

3. LA INSPIRACION DEL ESPIRITU SANTO.

Rom. 8:26: "Y asimismo también el Espíritu ayuda nuestra flaqueza: porque qué hemos de pedir como conviene, no lo sabemos; sino que el mismo Espíritu pide por nosotros con gemidos indecibles." Véase Judas 20. El pensamiento del escritor es el siguiente: aunque se nos asegura que hay un Dios personal para oirnos, y aunque tenemos la seguridad de que la barrera del pecado que estaba entre Dios y nosotros ha sido quitada, de modo que ahora tenemos el deseo de orar, con frecuencia encontramos obstáculos porque o no sabemos qué decir o qué cosa pedir. Podremos orar con mucho fervor por cosas que no convienen, o con demasiada languidez por lo que más necesitamos. De ahí que tenemos miedo de orar. La seguridad que nos da este versículo consiste en que el Espíritu Santo orará dentro de nosotros y formulará nuestra petición, así ayudándonos en nuestra vida de oración.

4. LAS MUCHAS PROMESAS DE LA BIBLIA.

Se nos dice que éstas son más de 33,000. Cada promesa es "sí y amén en Jesucristo;" El es la garantía y el garantizador de todas ellas. No se nos dan para mofarse de nosotros, sino para darnos ánimo: "¿Lo ha dicho y no lo cumplirá? ¿Ha hablado y no lo hará?" Véase Juan 14:13; 15:7; 1 Juan 5:14, 15; Luc. 11:9, etc.

5. EL TESTIMONIO CRISTIANO UNIVERSAL.

Millones de cristianos en todo el mundo pueden testificar y de hecho testifican que Dios oye y contesta la oración. La credibilidad, el carácter, y la inteligencia de tan gran número de testigos hacen su testimonio indisputable e incontrovertible.

IV. A QUIEN SE DEBE ORAR.

1. A DIOS.

Nehemías 4:9; Hech. 12:5: "Y la iglesia hacía sin cesár oración a Dios por él." Dios es santo, de ahí que no debe haber impureza alguna en la vida del que ora; es justo, de ahí que no debe haber caminos torcidos; es veraz, de ahí que no debe haber mentira ni hipocresía; es poderoso, de ahí que debemos tener confianza en El; es trascendente, de ahí que debemos acercarnos a El con reverencia.

2. A CRISTO.

Hech. 7:59: "Señor Jesús, recibe mi espíritu." 2 Cor. 12:8, 9; 2 Tim. 2:22.

3. AL ESPIRITU SANTO.

Rom. 8:15, 16 nos presenta la relación que hay entre el Espíritu Santo y la oración, y también Zac. 12:10; Efes. 6:18; Judas 20. El Espíritu Santo es Dios (Hech. 5:3, 4; Mat. 28:19; 2 Cor. 13:14), de ahí que se le debe adorar (Mat. 4:10; Apoc. 22:9).

La manera normal de orar es al Padre, en el Espíritu, a base de los méritos del Hijo: al Padre, en el Espíritu, por el Hijo.

V. METODO O MANERA DE ORAR.

1. EN CUANTO A LA POSICION DEL CUERPO.

El alma puede orar, no importa cuál sea la actitud que el cuerpo adopte. Las Escrituras no especifican una posición especial del cuerpo. Cristo oró en pie (Juan 17:1); se arrodilló (Luc. 22:41); también oró con el rostro en tierra (Mat. 26:39). Salomón se arrodilló (1 Reyes 8:54). Elías oró con los codos puestos sobre sus rodillas y el rostro en las manos. David oró estando en la cama (Salmo 63:6). Pedro oró en el agua (Mat. 14:30). El ladrón moribundo oró en la cruz (Luc. 23:42).

2. EN CUANTO AL TIEMPO Y EL LUGAR.

Tiempo: En *tiempo fijo* (Daniel 6:10; Salmo 55:16, 17; Hech. 3:1; 2:46; 10:9, 30). En *ocasiones especiales:* Al escoger a los doce (Luc. 6:12, 13). Ante la cruz (Luc. 22:39-46). Después de los grandes éxitos (Juan 6:15, cf. Mar. 6:46-48). De *mañana temprano* (Mar. 1:35). *Toda la noche* (Luc. 6:12). En *tiempos de especial dificultad* (Salmo 81:7, cf. Exod. 2:23; 3:7; 14:10, 24). *En las comidas* (Mat. 14:19; Hech. 27:35; 1 Tim. 4:4, 5).

Lugar de oración: Secretamente en la cámara (Mat. 6:6). En medio de la naturaleza (Mat. 14:23; Mar. 1:35). En la iglesia (Juan 17:1; Salmo 95:6). En presencia de los inconversos (Hech. 16:25; 27:35). En todos los lugares (1 Tim. 2:8).

VI. IMPEDIMENTOS Y AYUDAS PARA LA ORACION.

1. IMPEDIMENTOS.

El consentir en el pecado conocido (Salmo 66:18; Isa. 59:1, 2). La desobediencia voluntaria a los mandamientos conocidos (Prov. 28:9). El egoísmo (Sant. 4:3). Espíritu vengativo (Mat. 5:22, 23; 6:12). Falta de fe (Heb. 11:6; Sant. 1:6). Idolos en el corazón (Ezeq. 8:5-18; 14:1-3).

2. AYUDAS ESENCIALES PARA UNA ORACION EFICAZ.

Sinceridad (Salmo 145:18; Mat. 6:5); sencillez (Mat. 6:7, cf. 26:44); seriedad (Sant. 5:17; Hech. 12:5; Luc. 22:44); persistencia (Luc. 18:1-8; Col. 4:2; Rom. 12:12); fe (Mat. 21:22; Sant. 1:6); unanimidad con los demás (Mat. 18:19, 20); precisión (Salmo 27:4; Mat. 18:19); esfuerzo (Exod. 14:15); en el nombre de Jesús (Juan 16:23; 14:13, 14); con ayuno (Hech. 13:2, 3; 14:23).

6

DOCTRINA ACERCA DE LA IGLESIA

Hay un gran peligro de perder de vista a la Iglesia tratando de poner énfasis en la idea del Reino de los Cielos o la Cristiandad. Estamos inclinados a pensar que es cosa de poca importancia el hablar de la Iglesia, porque en su comparación nos parecen grandes el Reino y la Cristiandad. Nos sentimos tentados a distinguir y poner en contraste el eclesiasticismo, como a veces se llama, con el cristianismo, con desventaja del primero. Conviene recordar que Jesucristo se identificó a sí mismo positivamente con la Iglesia (Hech. 9), y no con la Cristiandad. El dió su vida para poder fundar la Iglesia (Efes. 5:25). El apóstol Pablo se sacrificó a sí mismo esforzándose para edificar la Iglesia, no la Cristiandad. Dice que su mayor pecado consistió en perseguir a la Iglesia de Dios (1 Cor. 15:9). El propósito supremo de Dios en esta edad es de reunir a la Iglesia. Algún día ésta será completa (Efes. 4:12), y entonces nuestra edad habrá cumplido su propósito.

I. DEFINICIONES; DISTINCIONES.

1. USO DE LA PALABRA EN EL ANTIGUO TESTAMENTO.

Lev. 4:13: "Y si toda la congregación de Israel hubiera errado, y el negocio estuviere oculto a los ojos del pueblo." La palabra hebrea por *asamblea* (traducida aquí "pueblo") significa llamar o congregar, y se usa aplicándola no simplemente al hecho de llamar, sino también a la asamblea de los llamados. En este sentido Israel es llamado una "iglesia," una asamblea, porque fué

177

llamado de entre las naciones para ser un pueblo santo (Hech. 7:38: "la congregación en el desierto"). Siempre hay un aspecto religioso asociado con este llamamiento particular.

2. USO DE LA PALABRA EN EL NUEVO TESTAMENTO.

El verdadero significado e idea de la Iglesia se deriva originalmente, y casi exclusivamente, del Nuevo Testamento. La Iglesia cristiana es una institución del Nuevo Testamento, que comienza en Pentecostés y termina, probablemente, con el arrebatamiento de la Iglesia. A este respecto hay dos palabras que tienen importancia especial:

a) Ecclesía, de dos Palabras Griegas que Significan "Llamar fuera."

Esta palabra se usa en el Nuevo Testamento unas 111 veces en total. En Hech. 19:39 se usa en un sentido secular: "En legítima asamblea se puede decidir." Se refiere a Israel en el desierto (Hech. 7:38), y a la asamblea de los creyentes en Cristo (Mat. 16:18; 18:17; 1 Cor. 1:2, Efes. 5:25-27). Y en conformidad con esta idea se dice que los santos son los "llamados" (Rom. 8:30; 1 Cor. 1:2; cf. 2 Cor. 6:17).

b) "Kuriakon," lo que Pertenece al Señor.

En este sentido tenemos "la cena del Señor" (1 Cor. 11:20); "el día del Señor" (Apoc. 1:10). Véase también Luc. 22:25 y Rom. 14:8, 9, donde se pone en claro qué es sobre lo que el Señor tiene dominio y autoridad.

Resumiendo: la Iglesia se compone del cuerpo de creyentes que han sido llamados fuera del mundo, y que están bajo el dominio y autoridad de Jesucristo.

c) Desarrollo de la Idea de Iglesia en el Nuevo Testamento.

Al principio no había más que una Iglesia en Jerusalem. Tal vez se tuvieron reuniones en diferentes casas, pero no había más que una Iglesia con un registro. Por eso es que leemos que el total de los mismos era, en cierta ocasión, de 120 (Hech. 1:15), luego de 3,000 (2:41), y más tarde de 5,000 (4:4), a los cuales se añadían cada día más personas (2:47). Al frente de la Iglesia se encontraban los apóstoles (2:41-47). Véase Hechos capítulos 1 y 2 para mayores detalles de la primitiva Iglesia.

La segunda etapa en el desarrollo de la Iglesia fué su extensión por Judea y Samaria, según se relata en Hechos 8.

La cabeza de la Iglesia Gentil llegó a ser entonces Antioquía, en Siria (Hech. 13:1), así como Jerusalem era la cabeza de la Iglesia Judaica (Hech. 15). Pablo representaba la Iglesia de Antioquía y Pedro y Santiago la de Jerusalem. La asamblea de Antioquía se llamaba "la Iglesia," exactamente igual que la asamblea de Jerusalem (11:22, 13:1).

Debido a las actividades misioneras de los apóstoles, principalmente de Pablo, surgieron iglesias en diferentes ciudades, especialmente en Asia Menor; por ejemplo, Corinto, Galacia, Efeso y Filipos.

En vista de lo que precede, la palabra "iglesia" llegó a aplicarse a la Iglesia *universal,* es decir, todo el cuerpo de Cristo existente en todo lugar (1 Cor. 15:9; Gál. 1:2, 13; Mat. 16:18); a las iglesias *locales* de cualquier lugar (Col. 4:16; Filip. 4:15; 1 Cor. 1:2, etc.); a reuniones *particulares,* aunque no hubiera más que dos o tres reunidos (Mat. 18:19; Col. 4:15; Filip. 1:2; Rom. 16:5).

De todo lo dicho se deduce, por consiguiente, que en el término "iglesia" se incluye todo lo que encierra la Iglesia universal así como las reuniones de la iglesia en una casa. Dondequiera que se reune el pueblo de Dios en el nombre de Cristo para adorar, allí está la Iglesia.

3. DISTINCIONES.

a) La Iglesia y el Reino.

La Iglesia (que es el misterio) y el Reino en misterio son ahora contemporáneos. El Reino se manifestará en su plenitud a la venida de Cristo. La Iglesia está dentro del Reino, y probablemente los regenerados son "los hijos del Reino." El Reino consta de buenos y malos (Mat. 13); la Iglesia, solamente de los santos en verdad. Los judíos rechazaron el Reino en tiempo de Cristo y los apóstoles. Ese mismo Reino, ahora rechazado, será establecido nuevamente cuando venga el Mesías. Este concepto nos ayudará a entender las parábolas de Mateo 13, así como el Sermón del Monte. La cizaña no es sembrada en la Iglesia, sino en el campo, que es el mundo. La Iglesia puede considerarse como una parte del Reino de Dios, en la misma forma que una provincia es parte de una nación. En un sentido, el Reino está presente de la misma manera que el Rey está presente en el corazón de su pueblo. Hay una diferencia entre Iglesia y Cristiandad, de la misma manera que hay diferencia entre los cristianos que poseen y los que profesan la fe. La Cristiandad bautizada es una cosa, y la Iglesia de Cristo es otra.

b) Iglesia Visible e Invisible: Actual e Ideal.

La Iglesia *visible* se compone de todos aquellos cuyos nombres figuran en su rol; la *invisible* de aquellos cuyos nombres están escritos en el libro de la vida del Cordero; la *actual,* el pueblo imperfecto, que aspira a la perfección, que vive aún en la tierra; la *ideal,* los santos que han salido de la tierra y que están ahora triunfantes en el cielo (Heb. 12:23). Hay una Iglesia en el cielo lo mismo que hay una Iglesia en la tierra. En realidad, ambas son parte de una misma Iglesia: la llamada *militante* en la tierra, y la Iglesia *triunfante* en el cielo.

c) Iglesia Local y Universal.

La primera se refiere a la Iglesia en cualquier lugar particular, como la "Iglesia en Corinto"; la segunda, a la Iglesia que se encuentra en todas partes (1 Cor. 1:2).

II. FUNDACION DE LA IGLESIA.
1. PREDICHA POR CRISTO.

Mat. 16:16-18: ". . . sobre esta piedra edificaré mi Iglesia." Aquí encontramos la Iglesia en profecía y en promesa, la primera mención de la Iglesia en el Nuevo Testamento. Nótese la distinción que aquí se hace entre el "Reino" y la "Iglesia."

La Iglesia va a ser fundada sobre la confesión que Pedro hace de Jesucristo como el Hijo del Dios viviente. Aquí no se da supremacía alguna a Pedro, como lo demuestra fácilmente la comparación de estos versículos con Juan 20:19-23, y Mat. 18:18, en los cuales se da el mismo privilegio de atar y desatar a toda la Iglesia y a todos los apóstoles.

En Mateo 18:15-20 nuestro Señor reconoce el hecho de la Iglesia, y también que tiene el sello y sanción divinos para ejercer el poder de las llaves.

2. FUNDADA HISTORICAMENTE POR LOS APOSTOLES.

Hech. 1-2:47. Aquí encontramos cumplida la promesa y profecía de Mateo 16:16-18. Aquí se nos da el relato del glorioso principio de la primera iglesia cristiana, y de cómo existió de hecho en Jerusalem. Cuando una persona era regenerada por la fe en Cristo Jesús, se constituía por ese mismo hecho miembro de la Iglesia. No había disputa alguna si debía unirse a la Iglesia o no; éste era un hecho que se daba por supuesto. Por eso leemos que el Señor añadía a la Iglesia diariamente los que se salvaban. La Iglesia era ya una institución concreta a la que se unía todo creyente en Cristo.

"La doctrina de los apóstoles" formaba la norma de fe, que era una realización de la profecía y promesa hecha por Cristo en Mat. 16:16-18: "Sobre esta piedra edificaré mi iglesia," etc.

La Iglesia tenía *determinados lugares de reunión:* el aposento alto (Hech. 1:13), el templo (5:12), los hogares de sus miembros (2:46; 12:12), y la sinagoga; *determinados tiempos de reunión:* diariamente (2:46), cada día del Señor (20:7); *horas regulares de oración* (3:1; 10:9); *un rol regular de la Iglesia:* 120 (1:15), 3,000 (2:41), 5,000 (4:4); *aumento diario* (2:47).

El hecho de que el apóstol San Pablo dirigiese muchas de sus cartas a las iglesias en diferentes localidades, demuestra claramente que ya existían iglesias organizadas de una manera regular y definida. Las cartas a los Corintios (por ejemplo, 1 Cor. 12-14) demuestran que las iglesias tenían ya ciertas formas reconocidas de servicio y de liturgia. Las cartas a Timoteo y a Tito suponen una congregación de creyentes organizada en forma regular. De 1 Cor. 5:9-13 se deduce que existe una Iglesia en el mundo. La Iglesia cristiana es una entidad tanto como lo es el pueblo gentil o el pueblo judío (1 Cor. 10:32). La existencia de oficiales de la iglesia demuestra la existencia de la iglesia en una forma organizada: obispos y diáconos (Filip. 1:1), ancianos (Hech. 20:17), el presbiterio (1 Tim. 4:14). Se daban cartas de traslado a los miembros (Hech. 18:27).

III. MIEMBROS DE LA IGLESIA: SUS CONDICIONES Y CARACTERISTICAS.

1. EN TODOS SUS MIEMBROS SE REQUIERE EL ARREPENTIMIENTO Y EL BAUTISMO.

Hech. 2:38-41: "Y Pedro les dice: Arrepentíos, y bautícese cada uno de vosotros en el nombre de Jesucristo para perdón de los pecados; y recibiréis el don del Espíritu Santo. . . . Así que, los que recibieron su palabra, fueron bautizados: y fueron añadidas a ellos aquel día como tres mil personas."

2. FE EN EL SEÑOR JESUCRISTO COMO EL REDENTOR DIVINO.

Mat. 16:16-18; Hech. 2:38, 39. Todo el sermón de Pedro en Hechos 2 ilustra esta verdad.

3. SALVADOS: REGENERADOS.

Hech. 2:47: "Y el Señor añadía cada día a la iglesia los que habían de ser salvos." Cf. Juan 3:3, 5. Era requisito esencial que los miembros de la primitiva Iglesia debieran ser "añadidos a Cristo" antes de ser añadidos a la Iglesia (5:14; 11:24).

4. EL BAUTISMO EN EL NOMBRE DEL TRINO DIOS COMO CONFESION PUBLICA DE CRISTO.

Mat. 28:19: "Por tanto, id, y doctrinad a todos los gentiles, bautizándolos en el nombre del Padre, y del Hijo, y del Espíritu Santo." Hech. 2:38-41; 10:47, 48; 22:16: cf. Rom. 10:9, 10.

5. ADHESION A LA DOCTRINA APOSTOLICA.

Hech. 2:42: "Y perseveraban en la doctrina de los apóstoles, y en la comunión." Cf. "Sobre esta piedra edificaré mi iglesia" (Mat. 16:16-18); también Efes. 2:20.

6. CARACTERISTICAS DE LOS MIEMBROS DE LA PRIMITIVA IGLESIA.

Eran conocidos como creyentes (Hech. 4:32); hermanos (11:29; 12:17; Rom. 1:13: igualdad absoluta de todos los creyentes, cf. Mat. 23:8-10); cristianos (Hech. 11:26; 26:28); santos (9:13; 1 Cor. 1:2; Apoc. 13:7); elegidos (Mar. 13:27; Rom. 8:33; Efes. 1:4).

IV. FIGURAS CON LAS QUE SE REPRESENTA LA IGLESIA EN LAS ESCRITURAS.

1. EL CUERPO, DEL QUE CRISTO ES LA CABEZA.

En este símbolo se encierran dos ideas:

a) La Relación de la Iglesia con Cristo, que es su Cabeza.

Efes. 1:22, 23; Col. 1:18; 2:19. La Iglesia es un organismo, no una organización. Existe una relación vital entre Cristo y la Iglesia, ambos participando de la misma vida, lo mismo que sucede entre la cabeza y el cuerpo físico. No podemos unirnos a la iglesia como nos unimos a una logia o a una mera organización humana. Tenemos que participar de la vida de Cristo por fe antes que podamos ser miembros de la Iglesia de Cristo en el verdadero sentido. Como cabeza de la Iglesia, Cristo es su guardián y su director (Efes. 5:23, 24); el origen de su vida, llenándola con su plenitud (Efes. 1:23); el centro de su unidad y la causa de su crecimiento (Efes. 4:15; Col. 2:19).

b) Relación de unos Miembros con Otros.

1 Cor. 12:12-27; Rom. 12:4, 5; Efes. 4:1-4, 15, 16.

2. UN TEMPLO, UN EDIFICIO, UNA HABITACION, UN LUGAR DE MORADA PARA EL ESPIRITU DE DIOS.

Efes. 2:20, 21; 1 Cor. 3:9-17; 1 Tim. 3:15; 1 Pedro 2:4-8; Apoc. 21:3; 1 Cor. 6:19. Cristo es la piedra principal del ángulo de este edificio, y los profetas y apóstoles son el fundamento. En 1 Cor. 3:9-17 Cristo es el fundamento y los apóstoles son los edificadores. Cristo es el que sostiene todo el edificio en su lugar.

3. LA ESPOSA DE CRISTO.

2 Cor. 11:2; Efes. 5:25-27; Apoc. 19:7; 22:17. Cristo es el Esposo (Juan 3:29). Esto es un gran misterio (Efes. 5:32). La Esposa llega a ser la Esposa del Cordero (Apoc. 21:2).

V. ORDENANZAS DE LA IGLESIA.

1. BAUTISMO.

Mat. 28:19, 20; Mar. 16:16; Hech. 2:38, 41; 8:36-40; 10:47, 48.

2. LA CENA DEL SENOR.

Hech. 2:42, 46; 20:7: "Y el día primero de la semana, juntos los discípulos a partir el pan, Pablo les enseñaba, habiendo de partir al día siguiente: y alargó el discurso hasta la media noche." 1 Cor. 11:20-34.

VI. VOCACION DE LA IGLESIA.

1. ADORAR A DIOS Y GLORIFICARLE EN LA TIERRA.

Efes. 1:4-6: "Según nos escogió en él antes de la fundación

del mundo, para que fuésemos santos y sin mancha delante de él en amor; habiéndonos predestinado para ser adoptados hijos por Jesucristo a sí mismo, según el puro afecto de su voluntad, para alabanza de la gloria de su gracia, con la cual nos hizo aceptos en el Amado."

2. EVANGELIZAR AL MUNDO.

Mat. 28:19, 20: "Por tanto, id, y doctrinad a todos los gentiles, bautizándoles en el nombre del Padre, y del Hijo, y del Espíritu Santo." Hech. 2; 5:42; 6:5-8; Efes. 3:8; Hech. 15:7.

3. DESARROLLAR A CADA CRISTIANO HASTA QUE LLEGUE A LA PLENITUD DE LA CRISTO.

Efes. 4:11-15. De aquí el don de pastores, maestros, etc. En esto se encuentra el valor de la asistencia a la iglesia, en que promueve el crecimiento. La falta de asistencia conduce a la apostasía (Heb. 10:25-28), cf. 1 Tes. 5:11; 1 Cor. 12.

4. DAR TESTIMONIO CONSTANTE DE CRISTO Y DE SU PALABRA.

Hech. 1:8: "Más recibiréis la virtud del Espíritu Santo que vendrá sobre vosotros; y me seréis testigos en Jerusalem, y en toda Judea, y Samaria, y hasta lo último de la tierra." 8:1, 4.

5. GLORIA FUTURA DE LA IGLESIA.

Efes. 3:10, 21; Apoc. 7:9-17.

7

DOCTRINA ACERCA DE LAS ESCRITURAS

I. LA BIBLIA: SUS NOMBRES Y TITULOS.

1. "LA BIBLIA."

La palabra *Biblia* viene de las palabras griegas *biblos* (Mat. 1:1) y *biblíon* (la forma diminutiva) (Luc. 4:17), que significan *"libro."* Los libros antiguos se escribían en el junco del bíblo o papiro, y de esta práctica vino el nombre griego *biblos*, que finalmente se aplicó a los libros sagrados. Véase Marc. 12:26; Luc. 3:4; 20:42; Hechos 1:20; 7:42.

Sin embargo, la Biblia no fué *un* libro, sino *El Libro*: el Libro que descuella sobre todos los demás libros, como el cielo está encima de la tierra, por la importancia de las materias, la amplitud de su alcance, la majestad de su Autor.

2. "EL ANTIGUO TESTAMENTO Y EL NUEVO."

Véase Luc. 22:20; 1 Cor. 11:25; 2 Cor. 3:6, 14; Heb. 9:15; 12:24.

La palabra *testamento* significa *pacto,* y es el término que Dios tuvo a bien usar para designar la relación que existía entre El y su pueblo. El término *pacto* se aplicó primeramente a la misma relación, y después a los libros que contenían el relato de esa relación.

Al fin del segundo siglo ya encontramos el "Pacto Antiguo" y el "Pacto Nuevo," como nombres que se daban a las Escrituras judías y cristianas; y Orígenes, al principio del tercer siglo, menciona "las Escrituras divinas, las que se llaman el Antiguo Pacto y el Nuevo."

cosas narradas en la Biblia que no son sancionadas por Dios (2 Tim. 3:16). Sin embargo, todas estas cosas fueron escritas bajo la dirección del Espíritu Santo. Esta es la inspiración.

Debemos entender esta distinción con claridad y precisión, porque muchos de los argumentos plausibles contra la inspiración plenaria de las Escrituras han surgido del hecho de que esta distinción ha sido ignorada o pasada por alto.

Aunque toda Escritura es inspirada, esto no pone el sello de la autoridad divina a cada sentimiento que relata, expresado por los hombres de quienes habla, ni da la divina aprobación a cada uno de los hechos que narra, realizados por los hombres cuyas biografías hace. Por ejemplo, en el libro de Job, la Inspiración da con la misma exactitud el lenguaje de Jehová, las palabras de Satanás y los discursos de Job y de sus amigos. Pero no por eso los coloca a todos en el mismo nivel de autoridad. Cada uno de los que hablan es responsable por lo que dice. Ni Satanás, ni Job, ni sus tres amigos hablaron por inspiración de Dios. Expresaron sus propias opiniones, y lo único que garantiza la inspiración es que ninguno de ellos es mal interpretado, pero que cada uno expuso los sentimientos que se le atribuyen en la Escritura. Así también el hecho de que en el libro de los Reyes se relata la crueldad de David con los Ammonitas no implica que Dios lo aprobara, como tampoco aprobó el doble crimen de homicidio y adulterio cometido por el rey, lo cual "le desagradó." La inspiración del Libro garantiza sólo la exactitud de la relación.

b) Distinción entre Inspiración e Iluminación.

La iluminación espiritual se refiere a la influencia del Espíritu Santo, que es común a todos los cristianos. Ningún hombre puede comprender una afirmación acerca de Dios o de las cosas del espíritu, a no ser que el Espíritu Santo la tome y se la revele. Sólo el hombre espiritual puede comprender las cosas espirituales. "El hombre animal no percibe las cosas que son del Espíritu de Dios" (1 Cor. 2:14). Las enseñanzas de las escuelas no le pueden guiar a conocer a Dios. La carne y la sangre no pueden revelar Dios a los hombres (Mat. 16:17).

El Antiguo Testamento relata el llamamiento e historia de la nación judía, y como tal es el Antiguo Pacto. El Nuevo Testamento trata de la historia y aplicación de la redención obrada por el Señor Jesucristo, y como tal es el Nuevo Pacto.

3. "LA ESCRITURA," Y "LAS ESCRITURAS."

La Biblia se llama también "La Escritura" (Marc. 12:10; 15:28; Luc. 4:21; Juan 2:22; 7:38; 10:35; Rom. 4:3; Gál. 4:30; 2 Ped. 1:20), y "Las Escrituras" (Mat. 22:29; Marc. 12:24; Luc. 24:27; Juan 5:39; Hechos 17:11; Rom. 1:2; 2 Tim. 3:15; 2 Ped. 3:16). Estos términos quieren decir que las Escrituras son "Escritos Sagrados." La forma más común con que los primitivos cristianos designaban a toda la Biblia era "Las Escrituras."

4. "LA PALABRA DE DIOS."

El nombre más significativo, impresionante y completo es el de "La Palabra de Dios" (Marc. 7:13; Rom. 10:17; 2 Cor. 2:17; Heb. 4:12; 1 Tes. 2:13). Este nombre es suficiente para justificar la fe del cristiano más débil. Encierra en sí todo lo que puede hacer patente la investigación más cuidadosa. Nos enseña a considerar la Biblia como la expresión de la sabiduría y amor divinos, como Dios hablando al hombre.

II. INSPIRACION DE LA BIBLIA.

1. LO QUE SIGNIFICA EL TERMINO "INSPIRACION."

La mejor respuesta la da la Escritura misma, pues ella define sus propios términos. Acudamos, pues, "a la Ley y al Testimonio." 2 Tim. 3:16: "Toda Escritura es inspirada divinamente."

La palabra "inspirada" quiere decir "respirada por Dios." Se compone de las palabras griegas *theos* (*Dios*) y *pnein* (*respirar*). La palabra "inspirada" significa, por consiguiente, que los escritos del Antiguo Testamento, de los que Pablo está hablando, son el resultado de cierta influencia ejercida por Dios en sus autores.

El significado de la palabra "respirada," según se usa aquí, resalta con más fuerza comparándola con otras dos palabras que se traducen de la misma manera. Una es la palabra griega *psuchein, respirar suavemente,* mientras que en 2 Tim. 3:16 el término significa respirar con fuerza. La otra es la palabra hebrea *ah-ayrh, respirar inconscientemente,* mientras que en 2 Tim. 3:16 indica una respiración consciente.

Inspiración, por consiguiente, según la define Pablo en este pasaje, es *la respiración fuerte y consciente de Dios sobre los hombres, que los capacita para dar expresión a la verdad. Es Dios hablando a través de los hombres. Por consiguiente el Antiguo Testamento es la Palabra de Dios tanto como si hubiera pronunciado Dios cada una de sus palabras con sus propios labios.* Las Escrituras son el resultado de la respiración divina, lo mismo que el habla humana se produce por la respiración de la boca del hombre.

2 Ped. 1:21: "Porque la profecía no fué en los tiempos pasados traída por voluntad humana, sino los santos hombres de Dios hablaron siendo inspirados del Espíritu Santo."

"Siendo inspirados" puede traducirse "cuando fueron inspirados," de modo que este pasaje enseña que los santos hombres escribieron la Escritura *cuando* el Espíritu Santo les movía a hacerlo.

Además la frase está en sentido pasivo e indica claramente que la Escritura no fué hecha por meros hombres, o por indicación suya, sino por hombres movidos e impelidos por las indicaciones del Espíritu Santo.

Puede decirse que esta declaración de Pedro sugiere que el Espíritu Santo estuvo presente con, y en, los escritores de las Escrituras de una manera especial y milagrosa, revelándoles las verdades que antes no conocían, y guiándoles igualmente en el relato de las verdades y los hechos de que ellos habían sido testigos visuales y auditivos, de modo que pudieron presentarlas con exactitud sustancial a la mente de los demás.

Las afirmaciones de las Escrituras acerca de la inspiración pueden resumirse como sigue: Los santos hombres de Dios, capacitados por la infusión del aliento de Dios, escribieron en

obediencia al mandato de Dios, y fueron preservados del error, tanto cuando revelaron verdades desconocidas antes, como cuando relataron verdades con las que estaban familiarizados. En este sentido, "toda Escritura es inspirada divinamente," la Biblia es de hecho y en verdad la misma Palabra de Dios, y los libros de la Biblia tienen autoridad y origen divinos.

2. DISTINCION ENTRE INSPIRACION, REVELACION, ILUMINACION Y RELATO AL PIE DE LA LETRA.

a) Distinción entre Inspiración y Revelación.

Al considerar el asunto de la inspiración, es de la mayor importancia distinguirla claramente de la revelación.

La más superficial mirada a las Escrituras revela que contiene dos diferentes clases de relatos: primero, relatos de verdades reveladas directamente e impartidas por Dios a la mente del escritor, quien no las hubiera podido aprender de otra manera (tal es, por ejemplo, la historia de la creación); y segundo, relatos de hechos que los mismos escritores pudieron observar y de dichos que ellos mismos oyeron (como el relato del Exodo por Moisés, la relación de la entrevista de Pablo con Pedro en Antioquía). En el primero caso, el escritor narra cosas que no habían sido reveladas al hombre anteriormente; en el segundo, narra hechos que otros conocen tan bien como él.

Por otra parte, revelación es el hecho por el que Dios comunica directamente una verdad que no era conocida antes por la mente humana. La revelación descubre una verdad, la inspiración vigila la comunicación de esa verdad.

No todo lo que se encuentra en la Biblia ha sido "revelado directamente" al hombre. Contiene historia y el lenguaje de los hombres, aun de hombres malvados. Pero no hay parte alguna del relato bíblico que no haya sido inspirado. La historia que se contiene en la Biblia es verdadera. Los escritores sagrados fueron dirigidos e influenciados de tal forma por el Espíritu que fueron preservados de caer en error doctrinal o histórico al escribir. La historia sigue siendo historia. Deben evitarse las

Hay una gran diferencia entre "una revelación divina de la mente de Dios" y "una acción divina en la mente del hombre." La primera es revelación; la segunda es iluminación espiritual.

Los que sostienen que la teoría de la iluminación explica el origen de la revelación bíblica, afirman que en todo hombre hay una facultad intuitiva que percibe lo sobrenatural, que se ase a Dios y a las cosas espirituales; y que cualquier percepción íntima que el hombre recibe de la naturaleza y ser de Dios, es resultado de la acción del Espíritu divino en esta facultad espiritual del hombre, iluminándola de tal manera que ve la perfección de Dios y puede penetrar en su voluntad.

Según esta opinión, la Biblia es el resultado de las meditaciones de hombres buenos, en cuyas mentes actuó Dios. De esta manera llega a nosotros cualquier revelación de Dios que recibimos. Dios ha realizado esta iluminación subjetiva desde el principio del mundo, y aun continúa realizándola de diferentes maneras. Las Escrituras no son de ninguna manera los oráculos de Dios, ni han llegado hasta nosotros como la expresión directa y lógica de la mente divina. Los patriarcas, los profetas y los apóstoles de la antigüedad meditaron tan profundamente acerca de Dios y de las cosas de Dios que sus facultades espirituales fueron ampliadas e iluminadas en tal grado que concibieron estas visiones de Dios, de su naturaleza, de su voluntad, etc., que se contienen en las Escrituras.

Es indudable, por cierto, que con la meditación espiritual un hombre puede penetrar profundamente en la naturaleza y el ser de Dios. No negamos que en la Biblia hay un fuego ardiente. En este fuego los hombres han encendido sus antorchas espirituales en todas las edades de las iglesias judía y cristiana, y a su luz han visto al invisible. Este fuego todavía arde, y el estudiante devoto puede inflamarse en él, si se pone delante de la zarza que siempre arde y nunca se consume, con la cabeza descubierta, los pies descalzos y el espíritu humilde. Pero esta obra de la verdad de Dios en la mente humana no es la revelación de la mente de Dios al hombre, como dice serlo la Biblia. La Biblia necesita ser no solamente un depósito o receptáculo de influencias espirituales aptas para actuar sobre la mente. Debe ser, y es, Dios mismo dándose a conocer a los hombres. Es Dios hablando al hombre por los hombres.

En contraste con la teoría de la iluminación, encontramos casos en la Biblia en los que Dios se reveló a sí mismo, su verdad y su voluntad a hombres que de ninguna manera se hallaban meditando en Dios en aquellos momentos. Veamos como ejemplo:

Juan 11:49-52: "Y Caifás, uno de ellos, sumo pontífice de aquel año, les dijo: Vosotros no sabéis nada; ni pensáis que nos conviene que un hombre muera por el pueblo, y no que toda la nación se pierda. Mas esto no lo dijo de sí mismo; sino que, como era el sumo pontífice de aquel año, profetizó que Jesús había de morir por la nación: y no solamente por aquella nación, mas también para que juntase en uno los hijos de Dios que estaban derramados." Véase también Núm. 22:34, 35.

c) Distinción entre Inspiración y Relato al Pie de la Letra.

Inspiración no es necesariamente un relato al pie de la letra. No es necesario absolutamente hacer tal afirmación para probar la inspiración de las Escrituras. Un relato al pie de la letra es, en cierto sentido, una operación meramente mecánica. Esto hubiera privado a los escritores de su individualidad, y los hubiera convertido en meras máquinas. Pero no fué así; el Espíritu Santo hizo uso de las memorias, intuiciones, juicios y hasta de las idiosincrasias de los escritores, de modo que mientras cada uno escribía aquel aspecto del hecho o del discurso que (podríamos decir) más se amoldaba a él, pudo relatarlo con exactitud substancial.

3. VARIAS TEORIAS DE LA INSPIRACION.

No está aquí fuera de su lugar notar brevemente varias teorías de la inspiración; pues debe saberse que no todos los estudiosos convienen en cuanto al grado de inspiración que caracterizó a los escritores de la Escritura. Cuando uno dice: "Creo en la inspiración de la Biblia," no está fuera de lugar en nuestros días preguntarle qué quiere decir con inspiración. A continuación ponemos algunas opiniones sobre la inspiración que son mantenidas en la actualidad.

a) Inspiración Natural.

Esta teoría identifica la inspiración con el genio en grado superior. Niega que haya algo sobrenatural, misterioso o especial en el modo de obrar del Espíritu en y sobre los escritores de la Biblia. Según ella, no estuvieron más inspirados que Milton, Shakespeare, Mahoma o Confucio.

Rechazamos por completo esta teoría. Porque si fuera así el carácter de la inspiración que poseyeron los escritores bíblicos, nada nos podría dar seguridad de que no estuvieran sujetos a los mismos errores, a enseñar las mismas falsas opiniones sobre la vida, a expresar las mismas incertidumbres sobre el pasado, el presente y el futuro que aquellas lumbreras del mero genio humano.

Cuando David dijo: "El espíritu de Jehová ha hablado por mí, y su palabra ha sido en mi lengua," él quiso decir algo muy diferente y más alto que la oración que forma la gema del *Paraíso Perdido*. Cuando Isaías y sus hermanos dijeron: "Así dice Jehová," indicaron algo más digno que la idea de que estaban hablando bajo la influencia de un arrebato poético. Cuando Pablo dijo a los Corintios: "Lo cual también hablamos, no con doctas palabras de humana sabiduría, mas con doctrina del Espíritu" (1 Cor. 2:13), usó un lenguaje que no tiene paralelo en toda la literatura de los genios humanos. Y ningún hombre sincero e inteligente puede pasar de los escritos del inimitable Shakespeare a los de la Biblia sin sentir la diferencia que existe entre los dos, no sólo en cuanto al grado, sino también en cuanto al carácter. No sube meramente a un concepto más alto en el mismo modo de ser humano, sino a una región nueva por completo. Hay en este Libro una "cualidad ignota" que le distingue claramente de todos los demás; y si aceptamos la explicación que da el mismo Libro del asunto, esa cualidad ignota es la inspiración divina.

b) Inspiración Cristiana Universal o Iluminación.

Según esta teoría, la inspiración de los escritores bíblicos es la misma que ha caracterizado a los cristianos de todos los tiempos. Cualquier cristiano hoy es tan inspirado como lo fué el Apóstol Pablo.

Si esta teoría sea cierta, no hay razón por qué no se pueda escribir una nueva Biblia hoy día. Sin embargo nadie, por extremadas que sean sus pretensiones de inspirado, se ha atrevido a emprender tal tarea.

c) Inspiración Mecánica o Dinámica. (Véase Relato al Pie de la Letra, pág 192)

Esta teoría hace caso omiso por completo de la instrumentalidad humana, y pretende que los escritores fueron instrumentos pasivos, meras máquinas, tan insensibles a lo que estaban realizando como lo son las cuerdas del arpa o de la lira a la música de quien las toca.

¿Cómo se explican, entonces, las diferencias de estilo entre los diversos escritores, la conservación de sus individualidades e idiosincrasias?

Parece evidente que es imposible armonizar esta teoría con la Escritura.

d) Inspiración de los Conceptos o Pensamientos.

Esta teoría sostiene que solamente fueron inspirados los conceptos o pensamientos de los escritores. De ella nos ocuparemos más ampliamente más tarde. A esta inspiración de los conceptos se opone

e) Inspiración Verbal.

Esta sostiene que el Espíritu Santo inspiró las mismas palabras de la Escritura; que los escritores no tuvieron libertad alguna para elegir las palabras que habían de usar.

f) Inspiración Parcial.

La manera favorita de expresar esta teoría es: "La Biblia *contiene* la Palabra de Dios."

Esta afirmación implica que contiene mucho que *no* es la Palabra de Dios, es decir, que no ha sido inspirado. Aquí se presenta una pregunta muy seria: ¿Quién es el que ha de decidir qué es lo que ha sido inspirado y qué es lo que no ha sido inspirado? ¿Quién ha de ser el juez de un asunto tan vital? ¿Quién puede decir qué parte es inspirada y qué parte no lo es?

Esta teoría deja al hombre en una incertidumbre terrible y fatal.

g) Inspiración Plenaria o Completa.

Esta es la opuesta a la inspiración parcial. Sostiene que toda la Escritura ha sido igualmente inspirada, como se dijo arriba. Apoya su modo de ver en 2 Tim. 3:16.

4. LAS ESCRITURAS RECLAMAN PARA SI LA INSPIRACION.

No puede haber duda alguna de que los escritores bíblicos declararon que escribían bajo la influencia directa del Espíritu. Podrá disputarse la *cualidad* o *grado* de su inspiración, pero no el *hecho*. Examinemos el testimonio de los mismos escritores.

a) Los Escritores del Antiguo Testamento Reclamaron para sí la Inspiración. (La Palabra Inspiración en el Sentido en que aquí la usamos incluye la Revelación.)

Examínense y compárense los pasajes siguientes:

Exodo 4:10-15: "Entonces dijo Moisés a Jehová: ¡Ay Señor! yo no soy hombre de palabras de ayer ni de anteayer, ni aun desde que tú hablas a tu siervo; porque soy tardo en el habla y torpe de lengua. Y Jehová le respondió ¿Quién dió la boca al hombre? ¿o quién hizo al mudo y al sordo, al que ve y al ciego? ¿no soy yo Jehová? Ahora pues, ve, que yo seré en tu boca, y te enseñaré lo que hayas de hablar. Y él dijo: ¡Ay, Señor! envía por mano del que has de enviar. Entonces Jehová se enojó contra Moisés, y dijo: ¿No conozco yo a tu hermano Aarón,

Levita, y que él hablará? Y aun he aquí que él te saldrá a recibir, y en viéndote, se alegrará en su corazón. Tú hablarás a él, y pondrás en su boca las palabras, y yo seré en tu boca y en la suya, y os enseñaré lo que hayáis de hacer."

Deut. 4:2: "No añadiréis a la palabra que yo os mando, ni disminuiréis de ella, para que guardéis los mandamientos de Jehová vuestro Dios que yo os ordeno."

Jer. 1:7-9: "Y díjome Jehová: No digas, soy niño; porque a todo lo que te enviaré irás tú, y dirás todo lo que te mandaré. No temas delante de ellos, porque contigo soy para librarte, dice Jehová. Y extendió Jehová su mano, y tocó sobre mi boca; y díjome Jehová: He aquí he puesto mis palabras en tu boca." También Ezeq. 3:4; Miq. 3:8.

Estos no son más que unos pocos de los muchos pasajes en que se afirma que los escritores fueron inspirados.

Nótese además que en el primer capítulo del Génesis se repiten diez veces las palabras: "Dijo dios." Se dice que las expresiones: "Dijo Jehová," "Habló Jehová," "Vino palabra de Jehová," se encuentran en el Antiguo Testamento 3,808 veces. Estos escritores, presentándose como reveladores de la voluntad de Dios, comenzaron casi siempre sus mensajes con las palabras: "Así dice Jehová." La minuciosidad y detalles de los nombres, tiempos y lugares que caracterizaron sus mensajes, así como el cumplimiento literal de estos oráculos de Dios, son prueba evidente de que no estaban equivocados en sus pretensiones.

b) Los Escritores del Nuevo Testamento Reclamaron para sí la Inspiración.

Es muy digno de notarse que los escritores del Nuevo Testamento reclamaron la inspiración para los escritores del Antiguo Testamento y para sí mismos también. Léanse y compárense los siguientes pasajes:

2 Ped. 1:20:21: "Entendiendo primero esto, que ninguna profecía de la Escritura es de particular interpretación; porque la profecía no fué en los tiempos pasados traída por voluntad

humana, sino los santos hombres de Dios hablaron siendo inspirados del Espíritu Santo."

1 Ped. 1:10-11: "De la cual salud los profetas que profetizaron de la gracia que había de venir a vosotros, han inquirido y diligentemente buscado, escudriñando cuándo y en qué punto de tiempo significaba el Espíritu de Cristo que estaba en ellos, el cual prenunciaba las aflicciones que habían de venir a Cristo, y las glorias después de ellas."

Hechos 1:16: "Varones hermanos, convino que se cumpliese la Escritura, la cual dijo antes el Espíritu Santo por la boca de David, de Judas, que fué guía de los que prendieron a Jesús."

Hechos 28:25: "Y como fueron entre sí discordes, se fueron, diciendo Pablo esta palabra: Bien ha hablado el Espíritu Santo por el profeta Isaías a nuestros padres."

1 Cor. 2:13: "Lo cual también hablamos, no con doctas palabras de humana sabiduría, mas con doctrina del Espíritu, acomodando lo espiritual a lo espiritual."

1 Cor. 14:37: "Si alguno, a su parecer, es profeta, o espiritual, reconozca lo que os escribo, porque son mandamientos del Señor."

1 Tes. 2:13: "Por lo cual también nosotros damos gracias a Dios sin cesar, de que habiendo recibido la palabra de Dios que oísteis de nosotros, recibisteis no palabra de hombres, sino según es en verdad, la palabra de Dios, el cual obra en vosotros los que creísteis."

2 Ped. 3:1, 2: "Carísimos, yo os escribo ahora esta segunda carta, por las cuales ambas despierto con exhortación vuestro limpio entendimiento; para que tengáis memoria de las palabras que antes han sido dichas por los santos profetas, y de nuestro mandamiento, que somos apóstoles del Señor y Salvador."

Mat. 10:20: "Porque no sois vosotros los que habláis, sino el Espíritu de vuestro Padre que habla en vosotros."

Marcos 13:11: "Y cuando os trajeren para entregaros, no premeditéis qué habéis de decir, ni lo penséis: mas lo que os fuere dado en aquella hora, eso hablad; porque no sois vosotros los que habláis, sino el Espíritu Santo."

Véanse también Luc. 12:12; 21:14, 15; Hechos 2:4.

De estos y otros muchos pasajes de la Escritura se echa de ver claramente que tanto los escritores del Antiguo como del Nuevo Testamento tuvieron conciencia de que habían recibido revelaciones de Dios y se consideraron inspirados del mismo Dios para escribir las Escrituras. Mientras escribían, sentían que estaban expresando la verdad infalible de Dios, y estaban conscientes de que el Espíritu Santo les movía a hacerlo.

3. ¿CUAL ES LA NATURALEZA DE LA INSPIRACION QUE CARACTERIZO A LOS ESCRITORES BIBLICOS, Y HASTA QUE GRADO SE ENCONTRABAN ELLOS BAJO SU INFLUENCIA?

Mucho se ha dicho y escrito sobre este asunto. ¿Fueron inspirados solamente los *conceptos* o *pensamientos,* o las *palabras* también? ¿Dictó el Espíritu Santo las palabras, o tuvieron libertad los escritores para elegir sus propias palabras? Estas son las cuestiones difíciles de nuestros días con relación a la inspiración de la Biblia.

Podemos afirmar con certeza que

a) A lo menos algunas de las Palabras de la Escritura son las Mismas Palabras Escritas o Habladas por el Mismo Dios.

Nótese Exodo 32:16: "La escritura era escritura de Dios." Exodo 31:18: "Escritas con el dedo de Dios." Compárense también Deuteronomio 10:2, 4; 9:10; Exodo 24:12. Véase también 1 Crónicas 28:19: "Todas estas cosas, dijo David, se me han representado por la mano de Jehová." Daniel 5:5: "Salieron unos dedos de mano de hombre, y escribían . . . ."

En el Nuevo Testamento Dios se deja oir en el bautismo y en la transfiguración de Jesús, diciendo: "Este es mi Hijo amado, en el cual tomo contentamiento: a él oid."

De estos pasajes se colige con evidencia que algunas partes

del relato inspirado afirman que son el relato exacto de las mismas palabras de Dios.

b) La Escritura afirma también definitivamente que Dios puso en las Bocas de Algunos Hombres las Mismas Palabras que Debían Hablar, y les Dijo lo que Debían Escribir.

Exodo 4:10-15: "Entonces dijo Moisés a Jehová: ¡Ay Señor! yo no soy hombre de palabras de ayer ni de anteayer, ni aun desde que tú hablas a tu siervo; porque soy tardo en el habla y torpe de lengua. Y Jehová le respondió: ¿Quién dió la boca al hombre? ¿o quién hizo al mudo y al sordo, al que ve y al ciego? ¿no soy yo Jehová? Ahora pues, ve, que yo seré en tu boca, y te enseñaré lo que hayas de hablar. Y él dijo: ¡Ay Señor! envía por mano del que has de enviar. Entonces Jehová se enojó contra Moisés, y dijo: ¿No conozco yo a tu hermano Aarón, Levita, y que él hablará? Y aun he aquí que él te saldrá a recibir, y en viéndote, se alegrará en su corazón. Tú hablarás a él, y pondrás en su boca las palabras, y yo seré en tu boca y en la suya, y os enseñaré lo que hayáis de hacer."

Exodo 34:27: "Y Jehová dijo a Moisés: Escribe tú estas palabras; porque conforme a estas palabras he hecho la alianza contigo y con Israel.

Núm. 17:2, 3: "Habla a los hijos de Israel, y toma de ellos una vara por cada casa de los padres, de todos los príncipes de ellos, doce varas conforme a las casas de sus padres; y escribirás el nombre de cada uno sobre su vara. Y escribirás el nombre de Aarón sobre la vara de Leví; porque cada cabeza de familia de sus padres tendrá una vara."

Isaías 8:1, 11, 12: "Y díjome Jehová: Tómate un gran volumen, y escribe en él en estilo de hombre tocante a Mahersalal-hash-baz. Porque Jehová me dijo de esta manera con mano fuerte, y enseñóme que no caminase por el camimo de este pueblo, diciendo: No digáis, Conjuración, a todas las cosas que este pueblo dice, Conjuración, ni temáis lo que temen, ni tengáis miedo."

Jer. 1:7: "Y díjome Jehová: No digas, soy niño; porque a todo lo que te enviaré irás tú, y dirás todo lo que te mandaré."

Jer. 7:27: "Tú pues les dirás todas estas palabras, mas no te oirán; aun los llamarás, y no te responderán."

Jer. 13:12: "Les dirás pues esta palabra: Así ha dicho Jehová, Dios de Israel: Henchiráse de vino todo odre. Y ellos te dirán: ¿No sabemos que todo odre se henchirá de vino?"

Jer. 30:1, 2: "Palabra que fué a Jeremías de Jehová, diciendo: Así habló Jehová Dios de Israel, diciendo: Escríbete en un libro todas las palabras que te he hablado.

Jer. 36:1, 2, 4, 11, 27-32: "Y aconteció en el cuarto año de Joacim hijo de Josías, rey de Judá, que fué esta palabra a Jeremías, de Jehová, diciendo: Tómate un rollo de libro, y escribe en él todas las palabras que te he hablado contra Israel y contra Judá, y contra todas las gentes, desde el día que comencé a hablarte, desde los días de Josías hasta hoy. Y llamó Jeremías a Baruch hijo de Nerías, y escribió Baruch de boca de Jeremías, en un rollo de libro, todas las palabras que Jehová le había hablado. Y Micheas hijo de Gemarías, hijo de Saphán, habiendo oído del libro todas las palabras de Jehová. . . . Y fué palabra de Jehová a Jeremías, después que el rey quemó el rollo, las palabras que Baruch había escrito de boca de Jeremías, diciendo: Vuelve a tomar otro rollo, y escribe en él todas las palabras primeras, que estaban en el primer rollo que quemó Joacim, rey de Judá. Y dirás a Joacim rey de Judá: Así ha dicho Jehová: Tú quemaste este rollo, diciendo: ¿Por qué escribiste en él, diciendo: De cierto vendrá el rey de Babilonia, y destruirá esta tierra, y hará que no queden en ella hombres ni animales? Por tanto, así ha dicho Jehová, en orden a Joacim rey de Judá: No tendrá quien se siente sobre el trono de David; y su cuerpo será echado al calor del día y al hielo de la noche. Y visitaré sobre él, y sobre su simiente, y sobre sus siervos, su maldad; y traeré sobre ellos, y sobre los moradores de Jerusalem, y sobre los varones de Judá, todo el mal que les he dicho y no escucharon. Y tomó Jeremías otro rollo, y diólo a Baruch hijo de Nerías escriba; y escribió en él de boca de Jeremías todas las palabras

DOCTRINA ACERCA DE LAS ESCRITURAS 201

del libro que quemó en el fuego Joacim rey de Judá; y aun fueron añadidas sobre ellas muchas otras palabras semejantes." También Ezeq. 2:7; 3:10, 11; 24:2; 37:16; Habac. 2:2; Zac. 7:8-12.

1 Cor. 14:37: "Si alguno, a su parecer, es profeta, o espiritual, reconozca lo que os escribo, porque son mandamientos del Señor."

Apoc. 2:1, 8, 12, 18: "Escribe al ángel de la iglesia en Efeso: El que tiene las siete estrellas en su diestra, el cual anda en medio de los siete candeleros de oro, dice estas cosas. . . . Y escribe al ángel de la iglesia en Smirna: El primero y postrero, que fué muerto, y vivió, dice estas cosas. . . . Y escribe al ángel de la iglesia en Pérgamo: El que tiene la espada aguda de dos filos, dice estas cosas. . . . Y escribe al ángel de la iglesia en Tiatira: El Hijo de Dios, que tiene sus ojos como llama de fuego, y sus pies semejantes al latón fino, dice estas cosas." También 3:1; 7:14.

Apoc. 10:4: "Y cuando los siete truenos hubieron hablado sus voces, yo iba a escribir, y oí una voz del cielo que me decía: Sella las cosas que los siete truenos han hablado, y no las escribas."

Digamos, resumiendo estos dos argumentos sobre la naturaleza de la inspiración de los escritos sagrados, que una parte de ellos afirma que son las mismas palabras y escritos del mismo Dios; que otra parte afirma que son el relato de las palabras habladas a ciertos hombres, que las escribieron precisamente como les habían sido habladas.

Sin embargo, si lo que encierra la inspiración no es más que esto, nos veremos privados de un hecho muy hermoso y consolador, a saber, que el Espíritu Santo creyó oportuno preservar las características de los escritores. ¿No nos producen la impresión de que son cosa muy peculiar de cada uno de ellos las palabras de Santiago, la fe de Pablo y el amor de Juan? Esto nos lleva a la afirmación de que

c) En Cierto Sentido, y con Respecto a Algunas Partes de

la Escritura, se Dejó a los Autores en Libertad (Humanamente Hablando) para Escoger sus Propias Palabras al Relatar la Verdad Divina.

No se puede decir que esto es cierto tratándose de todos los escritos sagrados. Se dan casos de hombres que hablaron sin saber lo que hablaban, y de hombres y animales que hablaron sin conocer la sustancia de su mensaje:

Juan 11:49-52: "Y Caifás, uno de ellos, sumo pontífice de aquel año, les dijo: Vosotros no sabéis nada; ni pensáis que nos conviene que un hombre muera por el pueblo, y no que toda la nación se pierda. Mas esto no lo dijo de sí mismo; sino que, como era el sumo pontífice de aquel año, profetizó que Jesús había de morir por la nación: y no solamente por aquella nación, mas también para que juntase en uno los hijos de Dios que estaban derramados."

Dan. 12:8, 9: "Y yo oí, mas no entendí. Y dije: Señor mío, ¿qué será el cumplimiento de estas cosas? Y dijo: Anda, Daniel, que estas palabras están cerradas y selladas hasta el tiempo del cumplimiento."

Sin embargo, el don de la inspiración admitía la investigación personal, diligente y fiel de los hechos relatados (Luc. 1:1-4).

Este hecho permitía la expresión de un mismo pensamiento con diferentes palabras, tales diferencias (no discrepancias) entre los relatos de los hombres inspirados como era posible que surgieran del diferente punto de vista de cada uno. Ejemplos:

Mat. 26:26, 27: "Y comiendo ellos, tomó Jesús el pan, y bendijo, y lo partió, y dió a sus discípulos, y dijo: Tomad, comed: esto es mi cuerpo. Y tomando el vaso, y hechas las gracias, les dió, diciendo: Bebed de él todos."

Luc. 22:19, 20: "Y tomando el pan, habiendo dado gracias, partió, y les dió, diciendo: Esto es mi cuerpo, que por vosotros es dado: haced esto en memoria de mí. Asimismo también el vaso, después que hubo cenado, diciendo: Este vaso es el nuevo pacto en mi sangre, que por vosotros se derrama."

1 Cor. 11:24, 25: "Y habiendo dado gracias, lo partió, y dijo:

Tomad, comed: esto es mi cuerpo que por vosotros es partido: haced esto en memoria de mí. Asimismo tomó también la copa, después de haber cenado, diciendo: Esta copa es el nuevo pacto en mi sangre: haced esto todas las veces que bebiereis, en memoria de mí."

Mat. 3:17: "Y he aquí una voz de los cielos que decía: Este es mi Hijo amado, en el cual tengo contentamiento."

Marc. 1:11: "Y hubo una voz de los cielos que decía: Tú eres mi Hijo amado; en ti tomo contentamiento."

Luc. 3:22: "Y descendió el Espíritu Santo sobre él en forma corporal, como paloma, y fué hecha una voz del cielo que decía: Tú eres mi Hijo amado, en ti me he complacido."

El Espíritu utilizó la atención, la investigación, la memoria, la fantasía, la lógica, en una palabra, todas las facultades del escritor, y actuó por medio de ellas. El guió al escritor a escoger las narraciones y materiales, los discursos de otros, los decretos imperiales, las genealogías, las cartas oficiales, los papeles de estado y asuntos históricos que podía encontrar necesarios para el relato del mensaje divino de salvación. El obró en, con y por medio de sus espíritus, haciendo que conservasen su personalidad ante los demás. Usó a los hombres mismos, y habló a través de sus individualidades. "El oro era de El; el molde era de ellos."

¿AFECTO LA INSPIRACION LAS PALABRAS USADAS?

A la pregunta de si la inspiración afectó o no las palabras, contestamos afirmativamente. Sería difícil que la inspiración pudiera asegurar la trasmisión correcta del pensamiento sin afectar en forma alguna las palabras. Sin embargo, afectó las palabras no de una manera directa e inmediata, como si las dictara a los oídos de los escritores, sino de una manera mediata e indirecta, obrando en sus mentes y produciendo en ellas unos conceptos tan vivos y claros de los hechos y pensamientos que los escritores pudieron encontrar palabras adecuadas a su propósito.

Tenemos que concluir, por consiguiente, que mientras por el lado divino el Espíritu Santo dió a través de hombres lo que deseaba comunicar de una manera clara y fiel, por el lado humano esa comunicación brotó en un lenguaje que los mismos hombres escogieron con toda naturalidad.

A algunos esto les parecerá imposible y alegarán que si la inspiración afectó las palabras en forma alguna, debió haber dictado. Pero esto no sigue necesariamente. Se admite generalmente que Dios realiza sus propósitos en el mundo por medio de las acciones ordinarias de los hombres, pero sin violentar su libertad. Se admite también que Dios, por la benévola acción de su Santo Espíritu, obra en los corazones de los suyos de manera que hace que surja en ellos un nuevo hombre, conservando cada uno de ellos su propia personalidad. Y el tipo de piedad en cada cristiano es tan distinto como el estilo de cada uno de los escritores sagrados. Estos casos son tan paralelos que sugieren que están faltas de lógica y sin base alguna las negaciones de la posibilidad de la inspiración sin la destrucción de las características individuales.

Podemos decir con toda seguridad que en sentido muy real tanto las palabras como los pensamientos fueron dados, mediata o inmediatamente, bajo la influencia del Espíritu divino. Nosotros afirmamos que la Biblia es de hecho y en verdad la misma Palabra de Dios; que es la Palabra de Dios en lenguaje humano; verdaderamente divina, y al mismo tiempo verdaderamente humana; que es la revelación de Dios a sus criaturas; que los que la escribieron fueron guiados divinamente, para preservarles del error en el relato de los hechos; que lo que dicen o escriben los escritores bíblicos, guiados por Dios, es dicho o escrito por Dios con tanta veracidad como si no hubiera usado la instrumentalidad de los hombres; que las ideas expresadas en ella son las mismas ideas que el Espíritu Santo quiso expresar; que Dios es, en el sentido más real, responsable por cada una de sus palabras. Esto es lo que la Biblia afirma de sí misma.

8

DOCTRINA ACERCA DE LOS ANGELES

No hemos de pensar que el hombre sea la forma superior de vida entre los seres creados. Es muy posible que entre Dios y el hombre existan criaturas de una inteligencia y poder superiores a los del hombre, de la misma manera que entre el hombre y las formas inferiores de vida existen seres de diversa gradación. En realidad, la existencia de deidades inferiores en todas las mitologías paganas presupone la existencia de un orden superior de seres entre Dios y el hombre, superiores al hombre e inferiores a Dios. La enseñanza expresa y explícita de las Escrituras hace que esta posibilidad se convierta en realidad. Sería cosa triste que nos hiciéramos víctimas de la percepción de nuestros sentidos en forma tan materialista que nos negáramos a creer en un orden de seres espirituales únicamente porque están más allá del alcance de nuestra vista y nuestro tacto. No debemos excluir de nuestro pensamiento la posibilidad de una vida más amplia. Una fe que se llama liberal excluye, tal vez, la creencia en tales seres. Pero al rechazar esta creencia tal fe da muestras de ser más estrecha que liberal. Una fe liberal es una fe que cree *mucho*, no poco; tanto, no tan poco, como sea posible.

I. SU EXISTENCIA.

1. ENSEÑANZA DE JESUS.

Mat. 18:10: "Porque os digo que sus ángeles en los cielos ven siempre la faz de mi Padre que está en los cielos." Marc. 13:32: "Empero de aquel día y de la hora, nadie sabe; ni aun los ángeles que están en el cielo." 8:38; Mat. 13:41; 26:53.

205

Bastan estos pasajes bíblicos, aunque de ningún modo son todos los que hay, para probar que Jesús creyó en la existencia de los ángeles. Jesús no se acomodaba aquí a una creencia popular. No es que El expresa simplemente una creencia supersticiosa, común entre los judíos de su tiempo. No era ésta su costumbre. Nunca dejó de corregir la opinión o tradición popular cuando era falsa; por ejemplo, al reprender el falso ceremonialismo de los fariseos y la falta de fe de los saduceos en la resurrección. Véase el Sermón del Monte (Mat. 5:20-37).

2. ENSEÑANZA DE PABLO Y DE OTROS APOSTOLES.

2 Tes. 1:7: "Y a vosotros, que sois atribulados, dar reposo con nosotros, cuando se manifestará el Señor Jesús del cielo con los ángeles de su potencia." Col. 2:18: "Nadie os prive de vuestro premio, afectando humildad y culto a los ángeles." ¿No es acaso uno de los propósitos que tuvo Pablo al escribir la carta a los Colosenses corregir la teoría gnóstica del culto a los ángeles? Véanse también Efe. 1:21; Col. 1:16. Juan creyó en un orden de seres angélicos: Juan 1:51; Apoc. 12:7; 22:9. Pedro: 1 Ped. 3:22; 2 Ped. 2:11. Véanse también Judas 9; Luc. 22:43; Marc. 8:38; Heb. 12:22. Estos y otros muchos pasajes bíblicos obligan al estudiante sincero de la Palabra a creer en la existencia de los ángeles.

II. NATURALEZA DE LOS ANGELES.

1. SON SERES CREADOS.

Col. 1:16: "Porque por él fueron criadas todas las cosas que están en los cielos, y que están en la tierra, visibles e invisibles; sean tronos, sean dominios, sean principados, sean potestades; todo fué criado por él y para él." Los ángeles no son los espíritus de los difuntos, ni son seres humanos glorificados (Heb. 12:22, 23). Nehem. 9:6: "Tú oh Jehová, eres solo; tú hiciste los cielos, y los cielos de los cielos, y toda su milicia."

2. SON SERES ESPIRITUALES.

Heb. 1:14; "¿No son todos espíritus administradores?" Salmo 104:4: "El que hace a sus ángeles espíritus, sus ministros al fuego flameante." Algunos piensan que Dios crea los ángeles con un propósito, y una vez cumplido ese propósito, dejan de existir. Pero las Escrituras enseñan claramente que hay muchos, muchísimos ángeles que existen todo el tiempo.

Aunque los ángeles son "espíritus," con frecuencia se han aparecido a los hombres en forma visible y aun humana (Gén. 19; Jueces 2:1; 6:11-22; Mat. 1:20; Luc. 1:26; Juan 20:12). Parece que no hay sexo entre los ángeles, aunque siempre que se usa la palabra "ángel" en las Escrituras, se usa en la forma masculina.

3. SON SERES DE GRAN PODER Y FUERZA.

2 Ped. 2:11: "Como quiera que los mismos ángeles, que son mayores en fuerza y en potencia" (que el hombre). Salmo 103: 20: "Vosotros sus ángeles, poderosos en fortaleza." Un ángel tuvo poder para destruir a Sodoma y a Gomorra, y otras ciudades pecadoras. Un ángel hirió al primogénito, y quitó la piedra de la entrada del sepulcro. Un ángel tuvo suficiente poder para amarrar aquel antiguo dragón, el diablo (Apoc. 20:2, 10). Un ángel hirió ciento ochenta y cinco mil en el campo de los asirios (Isaías 37:36). Su poder es delegado; son ángeles de *su* potencia (2 Tes. 1:7), ministros por los que se manifiesta el poder de Dios. Son poderosos, pero no todopoderosos.

4. EXISTEN VARIOS RANGOS Y ORDENES DE ANGELES.

Leemos de Miguel, el arcángel (Judas 9; 1 Tes. 4:16); ángeles, virtudes, potestades, que evidentemente significan rangos y órdenes de ángeles (1 Ped. 3:22; Col. 1:16). En los libros apócrifos encontramos una jerarquía de siete arcángeles, incluyendo a Miguel, Gabriel, Rafael, Uriel. El hecho de que en las Escrituras no se menciona más que un arcángel prueba que su doctrina de los ángeles no tuvo su origen en fuentes babilonias y persas, como algunos suponen, pues en éstas encontramos siete arcángeles en vez de uno.

5. EL NUMERO DE LOS ANGELES.

Heb. 12:22: "La compañía de muchos millares de ángeles." Cf. 2 Reyes 6:17; Mat. 26:53; Job 25:3.

III. LA CAIDA DE LOS ANGELES.

En un principio los ángeles fueron creados buenos. Las Escrituras hablan de la caída de los ángeles: "los ángeles que habían pecado."

2 Ped. 2:4: "Porque si Dios no perdonó a los ángeles que habían pecado, sino que habiéndolos despeñado en el infierno con cadenas de oscuridad, los entregó para ser reservados al juicio." Judas 6: "Y los ángeles que no guardaron su dignidad, mas dejaron su habitación, los ha reservado debajo de oscuridad en prisiones eternas hasta el juicio del gran día."

1. EL TIEMPO DE LA CAIDA DE LOS ANGELES.

Dicen algunos que tuvo lugar antes de la creación que se narra en Génesis 1:2, entre los versículos 1 y 2, y que esta caída fué lo que hizo que la creación original estuviera "desordenada y vacía" (Gén. 1:2). Esta opinión ni se puede probar ni refutar, pero permanece el terrible hecho de una cáida de los ángeles. (Acerca de la caída de los ángeles en relación con la caída de Satanás, véase Doctrina de Satanás pág. 212.)

2. LA CAUSA DE LA CAIDA.

Pedro no especifica qué clase de pecado fué. Judas dice que "no guardaron su dignidad, mas dejaron su habitación." Tomando esto en relación con Deut. 32:8, que parece indicar que a los ángeles se les habían designado ciertos territorios y confines, y con Gén. 6:1-4, que habla de los "hijos de Dios" (lo que algunos suponen que se refiere a los ángeles, lo cual no puede probarse, sin embargo), parece deducirse que el pecado de los ángeles consistió en abandonar su propia morada y rebajarse a cohabitar con "las hijas de los hombres." De esta manera su pecado hubiera sido la lujuria. Según algunos expositores bíblicos el contexto de Judas parece apoyar esta conclusión, pues se hace allí referencia a los pecados de Sodoma y Gomorra. Pero es difícil sostener tal punto de vista, porque, estudiando cuidadosamente el texto de Génesis 6, se ve que "los hijos de Dios" son los sethitas. Esta parece ser la verdadera interpretación; en cuyo caso, el pecado que se describe en Génesis 6 hubiera sido (1) natural y no monstruoso; (2) bíblico y no mítico (cf. Núm. 25; Jueces 3:6; Apoc. 2:14, 20-22, que describe pecados de una naturaleza similar); (3) está en conformidad con la manera en que posteriormente se designa a los seguidores de Dios (Luc. 3:38; Rom. 8:14; Gál. 3:26); (4) tiene una base histórica en el hecho de que la madre de Seth le consideró a éste como un (el) hijo procedente de Dios; (5) en la circunstancia de que los sethitas habían ya comenzado a llamarse por el nombre de Jehová (Gén. 4:26); (6) finalmente, como hipótesis es suficiente, y por consiguiente debe ser preferida (según Lange).

Hay otros también que dicen que el pecado de los ángeles fué la soberbia y desobediencia. Parece bastante cierto que estos pecados fueron los que causaron la caída de Satanás (Ezeq. 28). Si es verdadero este modo de ver, entonces debemos entender que las palabras "estado" o "dignidad" indican que aspiraron a más alta dignidad, en vez de estar satisfechos con la que les había sido designada de una vez para siempre bajo el Hijo de Dios.

3. LA OBRA DE LOS ANGELES CAIDOS.

Se oponen a los propósitos de Dios (Dan. 10:10-14); afligen al pueblo de Dios (Luc. 13:16; Mat. 17:15, 16); ejecutan los planes de Satanás (Mat. 25:41; 12:26, 27); impiden la vida espiritual del pueblo de Dios (Efe. 6:12); tratan de engañar al pueblo de Dios (1 Sam. 28:7-20).

4. EL JUICIO DE LOS ANGELES CAIDOS.

Judas 6; 2 Ped. 2:4; Mat. 25:41, demuestran que no hay esperanza de que sean redimidos. Su destino final es el fuego eterno. A juzgar por 1 Cor. 6:3 parece como si los santos hubieran de tomar parte en el juicio de los ángeles caídos.

IV. LA OBRA DE LOS ANGELES.

1. SU MINISTERIO CELESTIAL.

Isaías 6; Apoc. 5:11, 12; 8:3, 4: servicio sacerdotal y culto.

2. SU MINISTERIO TERRESTRE.

A los ángeles se les ha encomendado la administración de los asuntos materiales: por ejemplo, mostrar una fuente a Hagar; aparecerse a Josué con la espada desenvainada; librar de las cadenas a Pedro y abrirle las puertas de la cárcel; alimentar, fortalecer y defender a los hijos de Dios. La tarea de comunicar la verdad acerca de las cosas espirituales ha sido encomendada más particularmente al Espíritu Santo.

En general, la relación de los ángeles con la tierra está más o menos vinculada con los vientos, el fuego, las tormentas, las pestes (Sal. 103:20; 104:4; 1 Crón. 21:15, 16, 27). La nación de Israel está especialmente relacionada con los ángeles desde el punto de vista de la guardianía angélica (Dan. 12:1; Ezeq. 9:1; Dan. 11:1).

En particular, los ángeles tienen un ministerio especial en relación con la iglesia de Jesucristo, el conjunto de los creyentes. Ellos son los "espíritus administradores" de los santos (Heb. 1:14); ejecutan servicios en favor del pueblo de Dios. Ejemplos: a Abraham (Gén. 19); a Gedeón (Jueces 6); a María (Luc. 1); a los pastores (Luc. 2); a Pedro (Hechos 12); a Pablo (Hechos 27).

a) Guían al Creyente.

Conducen al obrero hacia el pecador (Hechos 8:26), y al pecador hacia el obrero (Hechos 10:3). Nótese: el ángel guía, pero el Espíritu instruye (8:29). ¿Están interesados los ángeles en las conversiones? (Luc. 15:10). ¿Cómo observan nuestro trato con los inconversos?

b) **Animan y Fortalecen al Pueblo de Dios.**

1 Reyes 19:5-8; Mat. 4:11; Luc. 22:43; cf. Hechos 27:4-35; 5:19.

c) **Defienden, Protegen y Libran a los Siervos de Dios.**

Dan. 6:22; Hechos 5:19; 2 Reyes 6:18; Gén. 19:11; Hechos 12:8-11; 27:23, 24.

d) **Son Testigos Oculares de la Iglesia y del Creyente.**

1 Tim. 5:21: los ángeles observan cuidadosamente los asuntos de la predicación, el servicio de la iglesia y el trabajo para ganar almas: pensamiento solemne y que asusta. 1 Cor. 4:9: los ángeles buenos son espectadores en la fiera lucha en que está empeñada la iglesia con las huestes del pecado. Esto es un aliciente para resistir. 1 Cor. 11:10: "Por causa de los ángeles." ¿Hay aquí una insinuación de falta de modestia en las mujeres, que escandaliza a los ángeles, los que cubren sus rostros en la presencia de Dios cuando le adoran?

e) **Guardan a los Creyentes Difuntos.**

Luc. 16:22; Mat. 24:31. De la misma manera que guardaron el sepulcro de Cristo, y Miguel guardó el sepulcro de Moisés (Judas 9).

f) **Acompañan a Cristo en su Segunda Venida.**

Separan los justos de los impíos (Mat. 25:31, 32; 2 Tes. 1:7, 8). Dan actualidad a la ira de Dios sobre los impíos (Mat. 13:39-42). No hay pluma humana que pueda describir cómo esto se realiza. Con el juicio de la obra de los ángeles está relacionada la más tremenda fantasía bíblica (cf. Apocalipsis: fuego, granizo, sangre, plaga de langostas, veneno de escorpiones, etc.). Algo terrible, ya se trate de hechos simbólicos o reales.

9

DOCTRINA ACERCA DE SATANAS

A través de las Escrituras se nos presenta a Satanás como el más grande enemigo de Dios y del hombre. Por demasiado tiempo se ha considerado a Satanás como objeto de ridículo en vez de temor. Las Escrituras hablan de la existencia de una personalidad del mal. De consiguiente debemos aprender todo lo que podamos acerca de ella.

El ridículo con que se trata la doctrina de Satanás se debe en gran parte a que los hombres pretenden encontrar en las Escrituras base para sus teorías y fantasías. Han leído el *Paraíso Perdido* de Milton, y no se han preocupado de leer el Libro de Job. Han prestado atención a las experiencias de Lutero, en vez de las epístolas de Pedro y Judas. A fin de evitar el escepticismo por un lado y el ridículo por otro, debemos recurrir a las Escrituras para formar nuestras opiniones sobre esta doctrina.

I. EXISTENCIA Y PERSONALIDAD DE SATANAS.

1. SU EXISTENCIA.

La existencia de Satanás es una cuestión incierta para la ciencia; ni la niega ni la afirma. La existencia y personalidad de Satanás sólo pueden negarse de una forma *a priori*. Sin embargo, la Biblia es clara y terminante en su enseñanza acerca de la existencia de una personalidad del mal, llamada diablo. Hoy día se ha hecho popular en algunos círculos usar varias clases de trucos para negar la existencia del diablo.

Mat. 13:19, 39: "Viene el malo. . . . El enemigo que la sembró, es el diablo." Juan 13:2: "Como el diablo ya había metido en el corazón de Judas, hijo de Simón Iscariote, que le entregase." Véanse también Hechos 5:3; 2 Cor. 11:3, 14; 2 Ped. 2:4; Judas 6.

No es tan fácil precisar cómo vino Satanás a la existencia como que en realidad existe. Probablemente fué en un tiempo un ángel bueno. Algunos intérpretes bien preparados y dignos de confianza sostienen que su caída se halla descrita en Ezequiel 28:12-19; cf. Isaías 14:12-14. De Juan 8:44 se deduce que en un tiempo estuvo en posesión de la verdad, pero apostató. Su caída (Luc. 10:18) está probablemente relacionada con la caída de los ángeles según se menciona en pasajes tales como 2 Ped. 2:4; Judas 6. Una de las causas fué la soberbia(?) (1 Tim. 3:6; Ezeq. 28: 15, 17). Tal vez este hecho dió origen a la expresión "Satanás y sus ángeles" (Mat. 25:41). Sin duda se refiere Pablo al hecho de que Satanás fué en un tiempo un ángel de luz (2 Cor. 11:14). Cuando se representa a Satanás bajo la forma de una serpiente, debemos entender que tales expresiones se refieren a él después de su caída. No hay fundamento alguno para representarle con cuernos, cola y pezuñas. Con esto no se hace más que poner en ridículo lo que es una verdad muy seria. Si se consideran con detención los pasajes citados, se llegará a la conclusión de que Satanás no es una ficción de la imaginación, sino un ser real.

2. SU PERSONALIDAD.

Juan 8:44: "Vosotros de vuestro padre el diablo sois, y los deseos de vuestro padre queréis cumplir. El, homicida ha sido desde el principio, y no permaneció en la verdad, porque no hay verdad en él. Cuando habla mentira, de suyo habla; porque es mentiroso, y padre de mentira." 1 Juan 3:8: "El que hace pecado, es del diablo; porque el diablo peca desde el principio." Satanás se nos presenta aquí como un homicida, un mentiroso, un pecador, todo lo cual son elementos de la personalidad. El tenía "imperio de la muerte" (Heb. 2:14), y es el "príncipe de este mundo" (Juan 14:30).

El relato que se hace de Satanás en Job (cc. 1, 2) confirma

fuertemente su personalidad. El es una persona tanto como lo eran "los hijos de Dios," Job, y hasta el mismo Dios. Zac. 3:1, 2; 1 Cró. 21:1; Salmo 109:6 apoyan también el hecho de la personalidad de Satanás. En todos estos pasajes bíblicos se usa el género masculino al referirse a Satanás, y se le asignan atributos y cualidades propios de la personalidad. No podemos negar que Satanás es una persona real sin anular el testimonio de las Escrituras. No se puede leer el relato de la tentación de Cristo (Mat. 4:1-11), sin darse cuenta de que los dos que toman parte en el conflicto del desierto son dos personas: Cristo, una persona; Satanás, una persona.

Los oficios que se asignan a Satanás en las Escrituras requieren un oficial que los desempeñe; la labor, un obrero que la realice; el poder, un agente; las ideas, un pensador; los designios, una personalidad.

Podemos decir que nuestras tentaciones proceden de tres causas: el mundo, la carne y el diablo. Pero podemos estar seguros de que algunas tentaciones no pueden proceder ni del mundo, ni de la carne: por ejemplo, las que nos acometen en los momentos de mayor devoción y tranquilidad. La única forma de explicarlas es atribuyéndoselas al diablo. "Esa antigua serpiente, el diablo, nos ha hablado a cada uno de nosotros, sin duda, con fatal elocuencia; y no necesito que un naturalista me venga a explicar la conformación de la boca de la serpiente para probarlo. Rechaza, si quieres, la figura retórica; pero siempre quedará el hecho feo y condenador." (*Joseph Parker*)

Difícilmente se podrá poner en duda el hecho de que Cristo enseñó la existencia de una personalidad del mal. No puede haber más que tres explicaciones del significado de sus enseñanzas: primera, que acomodó su lenguaje a una superstición grosera, con plena conciencia, en cuyo caso tenemos que admitir que no fué sincero; segunda, que participó de la superstición popular sin saberlo, en cuyo caso desaparece su omnisciencia y la confianza que debe inspirar como Maestro venido de Dios; tercera, que la doctrina no es una superstición sino una verdad cierta, en cuyo caso queda absolutamente confirmada la sinceridad de Cristo, así como su omnisciencia e infalibilidad como Maestro enviado por Dios.

II. LUGAR Y PODER DE SATANAS.

1. UN ANGEL PODEROSO.

Lo fué, y probablemente lo es todavía. Judas 8, 9: Ellos "vituperan las potestades superiores. Pero cuando el arcángel Miguel contendía con el diablo, disputando sobre el cuerpo de Moisés, no se atrevió a usar de juicio de maldición contra él, sino que dijo: El Señor te reprenda." Daniel 10 demuestra que Satanás tiene poder para oponerse a uno de los principales ángeles (nótense en particular los vv. 12 y 13). Cristo llama a Satanás "el fuerte armado" en Lucas 11:21. El es "el príncipe de este mundo" (Juan 14:30).

2. PRINCIPE DEL PODER DEL AIRE.

Efe. 2:2: "El príncipe de la potestad del aire, el espíritu que ahora obra en los hijos de desobediencia." Cf. 6:11, 12. El es también príncipe de los demonios o ángeles caídos, Mat. 12:24; 9:34; Luc. 11:14-18. Sin duda aquí se hace referencia al hecho de que el mundo de los malos espíritus se halla organizado, y que Satanás está a la cabeza del mismo.

3. DIOS DE ESTE MUNDO.

2 Cor. 4:4: "En los cuales el dios de este mundo cegó los entendimientos de los incrédulos." El es "el príncipe de este mundo" (Juan 12:31; 14:30; 16:11; cf. Efe. 2:1, 2; 1 Juan 5:19). Satanás no sólo es el objeto de la adoración del mundo, sino también el espíritu que dirige las actividades de los impíos.

4. ESTA AL FRENTE DE UN REINO QUE ES HOSTIL AL REINO DE DIOS Y DE CRISTO.

Hechos 26:18: "Para que abras sus ojos, para que se conviertan de las tinieblas a la luz, y de la potestad de Satanás a Dios." Col. 1:13: "Que nos ha librado de la potestad de las tinieblas, y trasladado al reino de su amado Hijo." El reino de la luz está regido por una persona: Jesucristo; el reino de las tinieblas, por otra persona: Satanás. Tan persona es el uno como el otro.

5. TIENE SOBERANIA SOBRE EL REINO DE LA MUERTE.

Heb. 2:14: "Para destruir . . . al que tenía el imperio de la muerte, es a saber, al diablo." Al parecer, las almas de los muertos no regenerados están (o estuvieron) hasta cierto punto sujetos al dominio de Satanás.

III. CARACTER DE SATANAS.

Podemos juzgar del carácter y naturaleza del malo por los nombres y títulos que se le dan.

1. EL ADVERSARIO, O SATANAS.

Zac. 3:1: "Y mostróme a Josué, el gran sacerdote, el cual estaba delante del ángel de Jehová; y Satán estaba a su mano derecha para serle adversario." (Véanse los vv. 1-5.) 1 Ped. 5:8: "Vuestro adversario el diablo." Luc. 10:18. Acerca del uso de la palabra, véase Núm. 22:22. Adversario quiere decir uno que se opone a otro. Satanás es el adversario de Dios y del hombre.

2. EL DIABLO.

Mat. 13:39: "El enemigo . . . es el diablo." Juan 8:44: "Vosotros de vuestro padre el diablo sois." Este nombre se le aplica a Satanás por lo menos 33 veces en el Nuevo Testamento, y significa un acusador o difamador (Apoc. 12:10). El calumnia a Dios delante de los hombres (Gén. 3:1-7), y a los hombres delante de Dios (Job 1:9; 2-4).

3. EL MALVADO.

Mat. 13:19: "Viene el malo." Este título sugiere que no sólo Satanás es malo él mismo, sino que es la causa de toda la maldad en el mundo.

4. EL TENTADOR.

Mat. 4:3: "Y llegándose a él el tentador." Véase Gén. 3:1-6. El está continuamente tratando de inducir a los hombres a pecar, y nadie se escapa de sus tentaciones.

A este respecto debemos decir algo de la astucia y malignidad de Satanás (Gén. 3:1). Satanás se trasforma en ángel de luz (2 Cor. 11:14). Esta fase de su trabajo se encuentra bien ilustrada en la tentación de Cristo (Mat. 4:1-11), y en la tentación de Eva (Gén. 3). El simuló que podía ayudar la fe de Cristo, que podía estimular su confianza en el poder divino y proporcionarle un incentivo para el culto. Las Escrituras hablan de "las asechanzas" o métodos sutiles del diablo (Efe. 6:11, 12). La "antigua serpiente" es más peligrosa que el "león rugiente."

La astucia de Satanás se echa de ver al tentar a los hombres en sus momentos de debilidad (Mat. 4:1-11; Luc. 22:40-46); después de los grandes éxitos (Juan 6:15, cf. vv. 1-14); incitando a hacer uso de las cosas buenas de una manera mala (Mat. 4:1-11); engañando a sus seguidores con señales y maravillas (2 Tes. 2:9, 10).

IV. NUESTRA ACTITUD PARA CON SATANAS.

1. SU PODER ES LIMITADO EN LO QUE CONCIERNE AL CREYENTE.

Job 1:9-12; 2:4-6. Satanás tuvo que pedir permiso a Dios para probar a Job. Juan 12:31; 16:11. Satanás ha sido juzgado ya; es decir, su poder y dominio sobre los creyentes fué deshecho en la cruz, a causa de la victoria de Jesús allí. Tuvo que pedir permiso hasta para entrar en los puercos (Mat. 8:30-32). Satanás es poderoso, pero no todopoderoso.

2. HAY QUE RESISTIRLE.

1 Ped. 5:8, 9: "Sed templados, y velad; porque vuestro adversario, el diablo, cual león rugiente, anda alrededor buscando a quien devore: al cual resistid firmes en la fe." Santiago 4:7: "Resistid al diablo, y de vosotros huirá." La mejor manera de

resistirle es sometiéndose a Dios (Rom. 6:17-23; Santiago 4:7), y vistiendo toda la armadura de Dios (Efe. 6:10-20).

V. DESTINO DE SATANAS.

1. ES UN ENEMIGO CONQUISTADO.

Esto es, en lo que concierne al creyente: Juan 12:31; 16:9, 10; 1 Juan 3:8; Col. 2:15.

2. ESTA CONDENADO ETERNAMENTE.

Gén. 3:14, cf. Isaías 65:25. No hay quien pueda librar a Satanás de la condenación.

3. FINALMENTE HA DE SER ARROJADO AL LAGO DE FUEGO, PARA SER ALLI ATORMENTADO PARA SIEMPRE.

Mat. 25:41; Apoc. 20:10: "Y el diablo que los engañaba, fué lanzado en el lago de fuego y azufre, donde está la bestia y el falso profeta; y serán atormentados día y noche para siempre jamás."

VI. DEMONIOS.

(Véase "Angeles Caídos" en la página 208.)

10

DOCTRINA ACERCA DE LAS ULTIMAS COSAS

En este capítulo se tratan asuntos tales como la Segunda Venida de Cristo, la Resurrección, tanto de los justos como de los pecadores, los Juicios, los Premios Finales y el Destino Eterno.

A. LA SEGUNDA VENIDA DE CRISTO

I. SU IMPORTANCIA.

1. SU PROMINENCIA EN LAS ESCRITURAS.

Se ha dicho que de cada treinta versículos de la Biblia uno menciona esta doctrina. Por cada vez que se menciona la primera venida se menciona ocho veces la segunda. En 216 capítulos se hace referencia a ella 318 veces. A ella se le dedican libros íntegros, (como 1 y 2 Tesa.), y capítulos completos (Mat. 24; Marcos 13; Lucas 21, por ejemplo).

Es el tema de los profetas del Antiguo Testamento. A veces, naturalmente, mezclan las dos venidas y no se echa de ver a primera vista, pero la doctrina está allí (1 Ped. 1:11).

Jesucristo dió testimonio continuamente de su segunda venida (Juan 14:3; Mat. 24 y 25; Marc. 13; Luc. 21; Juan 21:22).

Los ángeles, que dieron tan fiel testimonio de la primera venida de Cristo, dan también testimonio de la segunda (Hechos 1:11; cf. Heb. 2:2, acerca de la fidelidad de su testimonio).

Los apóstoles proclamaron fielmente esta verdad (Hechos 3:19, 20; 1 Tesa. 4:16, 17; Heb. 9:28; 1 Juan 2:28; Judas 14, 15).

2. A LA IGLESIA DE CRISTO SE LE ORDENA QUE ESPERE CON ANSIEDAD LA SEGUNDA VENIDA DE CRISTO.

Tito 2:13: "Esperando aquella esperanza bienaventurada, y la manifestación gloriosa del gran Dios y Salvador nuestro Jesucristo." 2 Ped. 3:12. La segunda venida de Cristo es el gran acontecimiento que ha de eclipsar todos los demás, al que la Iglesia debe esperar y anhelar ardientemente.

3. SE NOS PRESENTA COMO LA DOCTRINA QUE HA DE SER EL MAS GRANDE INCENTIVO PARA UNA VIDA CONSECUENTE.

Mat. 24:44-46; Lucas 21:34-36: "Y mirad por vosotros, que vuestros corazones no sean cargados de glotonería y embriaguez, y de los cuidados de esta vida, y venga de repente sobre vosotros aquel día. . . . Velad pues, orando en todo tiempo, que seáis tenidos por dignos de evitar todas estas cosas que han de venir y de estar en pie delante del Hijo del hombre." 1 Juan 2:28; 3:3. La regla que la Iglesia debería aplicar a todas las cosas de la vida práctica es: ¿Me gustaría que Cristo me encontrase haciendo esto cuando venga?

4. ES UNA DOCTRINA DE GRAN CONSUELO PARA EL CRISTIANO.

1 Tes. 4:14-18. Después de haber declarado que nos encontraremos con nuestros seres queridos que han muerto en el Señor, al tiempo de su venida, el apóstol concluye diciendo: "Consolaos los unos a los otros en estas palabras."

¿Por qué, pues, se habla contra una doctrina tan consoladora y llena de estímulo? Se podrán alegar muchas razones: la falta de preparación de parte de la iglesia; los prejuicios (2 Ped. 3:4); las predicciones ridículas acerca del tiempo; la falta de conocimiento de las Escrituras. Tal vez nuestra culpa al rechazar la segunda venida de Cristo sea mayor que la de los judíos al rechazar la primera venida.

II. LO QUE SIGNIFICA LA SEGUNDA VENIDA DE CRISTO.

1. UNA VENIDA PERSONAL Y VISIBLE.

Hechos 1:11: "Varones galileos, ¿qué estáis mirando al cielo? Este mismo Jesús que ha sido tomado desde vosotros arriba en el cielo, así vendrá como le habéis visto ir al cielo." 1 Tes. 4:16, 17: "Porque el mismo Señor . . . descenderá del cielo." Apoc. 1:7. En todos estos pasajes se nos enseña la venida corporal, personal y visible de nuestro Señor Jesucristo a esta tierra con sus santos para reinar.

2. OPINIONES ERRONEAS ACERCA DE LA SEGUNDA VENIDA DE CRISTO.

a) Que la Segunda Venida de Cristo significa la Venida de Cristo al Tiempo de la Muerte.

No puede ser éste su significado, porque:

A la muerte no la acompañan los acontecimientos narrados en 1 Tesalonicenses 4:16, 17. La verdad es que la segunda venida se presenta aquí como lo opuesto a la muerte, porque "los muertos en Cristo resucitarán" de entre los muertos cuando Cristo venga otra vez.

Según Juan 14:3 no somos nosotros los que vamos a Cristo, sino que Cristo viene por nosotros: "Vendré otra vez y os tomaré a mí mismo."

Juan 21:21-23: "Así que Pedro vió a éste (Juan), dice a Jesús: Señor, ¿y éste, qué? Dícele Jesús: Si quiero que él quede hasta que yo venga, ¿qué a ti? Sígueme tú. Salió entonces este dicho entre los hermanos, que aquel discípulo no había de morir. Mas Jesús no le dijo, No morirá; sino: Si quiero que él quede hasta que yo venga, ¿qué a ti?

1 Cor. 15:50-57 declara que en la segunda venida de Cristo nosotros venceremos a la muerte, no sucumbiremos a ella. Véanse Juan 8:51; Mat. 16:28.

La necedad de esta interpretación se echa de ver si sustituimos la palabra "muerte" por la segunda venida de Cristo en los lugares en que ésta se menciona: por ejemplo, Fil. 3:20; Mat. 16:28: "De cierto os digo: hay algunos de los que están aquí, que no gustarán la muerte, hasta que hayan visto al Hijo del hombre viniendo en su reino."

b) Que la Segunda Venida de Cristo Significa la Venida del Espíritu Santo.

No cabe duda de que la venida del Espíritu Santo es *una* venida (Juan 14:21-23), pero de ninguna manera *la* segunda venida, y por las siguientes razones:

Muchas de las promesas y de los testimonios de la segunda venida fueron dados *después* de Pentecostés: por ejemplo, Fil. 3:21; 2 Tim. 4:8; 1 Tes. 4:16, 17; 1 Cor. 15:51, 52.

Cristo no nos recibe a sí mismo en Pentecostés, sino que viene a nosotros. En la segunda venida nos toma, no viene a nosotros.

Los acontecimientos narrados en 1 Tesalonicenses 4:16, 17 no tuvieron lugar el día de Pentecostés, ni ocurren cuando el creyente recibe al Espíritu Santo.

c) Que la Segunda Venida de Cristo se Refiere a la Destrucción de Jerusalem.

Respuesta: Los acontecimientos de 1 Tesalonicenses 4:16, 17 no ocurrieron entonces.

Juan 21:21-23, y Apoc. 22:20 fueron escritos *después* de la destrucción de Jerusalem.

De todo lo dicho se deduce, por consiguiente, que la segunda venida de Cristo es un acontecimiento del futuro.

3. NECESIDAD DE DISTINGUIR ENTRE LA VENIDA DE CRISTO POR SUS SANTOS Y CON SUS SANTOS.

Existe una diferencia entre la *presencia* y la *aparición* de Cristo. La primera se refiere a su venida *por,* y la segunda *con,* sus santos. Debemos recordar también que la segunda venida abarca un período de tiempo, no acontece en un solo momento. Aun la misma primera venida abarcó más de treinta años, y en ella se incluyeron el nacimiento, circuncisión, bautismo, ministerio, crucifixión, resurrección de Cristo, etc. La segunda venida incluirá también una serie de acontecimientos como el arrebatamiento, la gran tribulación, el milenio, la resurrección, los juicios, etc.

III. PROPOSITO DE LA SEGUNDA VENIDA.

1. EN LO QUE ATAÑE A LA IGLESIA.

1 Tes. 4:13-17; 1 Cor. 15:50-52; Fil. 3:20, 21; 1 Juan 3:2. Cuando Cristo venga otra vez resucitará primero a los justos muertos, y trasformará a los justos vivos; y todos juntos serán arrebatados a encontrar al Señor en el aire para estar con El para siempre.

Efe. 5:23, 32; 2 Cor. 11:2; Apoc. 19:6-9; Mat. 25:1-10. La Iglesia, la esposa de Cristo, se desposará entonces con el Señor.

Mat. 25:19; 2 Tim. 4:8; 1 Ped. 5:4; 1 Cor. 3:12-15; 2 Cor. 5:10. Los creyentes serán recompensados por su fidelidad al tiempo de su venida. (Véase Recompensa Final de los Justos, pág. 250.)

2. EN LO QUE ATAÑE A LAS NACIONES E INDIVIDUOS INCONVERSOS.

Mat. 24:30; Apoc. 1:7; Mat. 25:31; Apoc. 20:11, 12; Isaías 26:21; 2 Tes. 1:7-9. Hay que distinguir entre el juicio de las naciones vivientes y el juicio del Gran Trono Blanco. No son lo mismo, porque ninguna resurrección acompaña al juicio de las naciones vivientes, como acontece en el caso del juicio del trono. Además, entre estos dos acontecimientos han de pasar mil años (Apoc. 20:7-11). El uno tiene lugar al principio del milenio y el otro al fin.

3. CON REFERENCIA A LOS JUDIOS.

Los judíos regresarán a su tierra (Isaías 11:11; 60) como inconversos; reedificarán el templo, y restaurarán el culto (Eze. 40-48); harán un pacto con el Anticristo por una semana (siete años), en medio de la cual romperán dicho pacto (Dan. 9:27;

2 Tes. 2); pasarán entonces por la gran tribulación (Mat. 24:21, 22, 29; Apoc. 3:10; 7:14); se convierten (como nación) al tiempo de la venida de Cristo (Zac. 12:10; Apoc. 1:7); serán grandes misioneros (Zac. 8:13-23); nunca volverán a ser arrojados de su tierra (Amós 9:15; Eze. 34:28).

4. CON REFERENCIA AL ANTICRISTO Y LOS ENEMIGOS DEL PUEBLO DE DIOS.

2 Tes. 1:7, 9; Apoc. 19:20; 20:10. Estos serán destruídos por el resplandor de su venida, y finalmente arrojados al pozo del abismo.

5. A ESTABLECER EL REINO MILENIAL SOBRE LA TIERRA.

El Milenio quiere decir el reinado de Cristo en la tierra por mil años (Apoc. 20:1-4). Algunos piensan que es la continuación de la *Edad del Reino* interrumpida por la incredulidad de los judíos en el tiempo de los apóstoles.

El Milenio comienza con la venida de Cristo con sus santos; con la manifestación de Cristo después de la gran tribulación (Mat. 24:29, 30); al terminar la septuagésima semana de Daniel. Como ilustración, véanse Apoc. 19:11-14; Dan. 7:21, 22; Zac. 14:3-9.

Después será destruído el Anticristo, Satanás será atado y destruídos los enemigos del pueblo de Dios (Apoc. 19:20; 20:1-3, 10).

El juicio de las naciones vivientes (Mat. 25).

La conversión y actividad misionera de los judíos (Zac. 8:13-23; cf. Hechos 15:14-17). Entonces tal vez se convierta el mundo, pero no ahora, ni en esta época. Israel será el que entonces estará en juego, no la iglesia.

La naturaleza del Milenio:

Es una teocracia; el mismo Jesucristo será el rey (Jer. 23:5; Luc. 1:30-33). Los apóstoles han de reinar, sin duda, con Jesucristo sobre los judíos (Isaías 66; Mat. 19:28); y la Iglesia, sobre las naciones gentiles (Luc. 19:11-19; Heb. 2:6, 7).

Jerusalem será la ciudad capital (Isaías 2:1-4). Se harán peregrinaciones a la ciudad Santa (Zac. 14:16).

Cristo reinará con justicia y equidad (Isaías 11:4; Sal. 98.9).

Habrá una tierra renovada (Rom. 8:19-21; Isaías 65:17; c. 35).

Los acontecimientos al fin del Milenio son la apostasía y la rebelión (Apoc. 20:7-9); la destrucción de Satanás (Apoc. 20:10); el Juicio del Gran Trono Blanco (Apoc. 20:11-15); un nuevo cielo y una nueva tierra (Apoc. 21 y 22).

IV. EL TIEMPO DE LA SEGUNDA VENIDA DE CRISTO.

Debemos distinguir con cuidado entre la venida de Cristo *por* sus santos, que se llama el "arrebatamiento" o "parousía," y su venida *con* sus santos, que se llama la *"revelación"* o "epifanía."

Al considerar el asunto de las "señales" de la venida de Cristo, hay que distinguir entre las señales que han sido características y peculiares a muchas generaciones, y que, por consiguiente, se han repetido, y las que son específicamente características de la proximidad de la venida de Cristo. Los cristianos no están a oscuras acerca de estos hechos: Luc. 21:29-33: "Así también vosotros, cuando viereis hacerse estas cosas, entended que está cerca el reino de Dios" (v. 31). 1 Tes. 5:1-8: "Mas vosotros, hermanos, no estáis en tinieblas, para que aquel día os sobrecoja como ladrón" (v. 4).

1. NADIE CONOCE EL DIA NI LA HORA.

Mat. 24:36-42: "Empero del día y hora nadie sabe, ni aun los ángeles de los cielos, sino mi Padre solo" (v. 36). Mar. 13:32, cf. Hechos 1:7.

Las Escrituras nos dicen acerca del tiempo de la venida de Cristo lo suficiente para satisfacer nuestra fe, pero no nuestra curiosidad. Estas palabras del Maestro deberían ser suficientes para hacer callar el fanatismo de los que están ansiosos de decirnos el año, mes y aun el día exactos, en que Cristo ha de venir. Este día está oculto en los designios de Dios. El mismo Jesús, que voluntariamente no quiso saberlo en su estado de humillación, no demostró curiosidad para penetrar en la cronología de este acontecimiento. Nosotros no deberíamos querer saber más de lo que Cristo conoció sobre este particular. Puede ser que "aquel día" no había sido fijado aún en los consejos del Padre, y que la fecha dependía, por lo menos hasta cierto punto, de la fidelidad de la iglesia en la evangelización del mundo. Nada sabemos con certidumbre. La Revelación que Jesús hizo a Juan parece enseñar que "aquel día," que por un tiempo Jesús había ignorado, es ahora conocido de El en su estado de exaltación.

2. SIN EMBARGO, NO DEBEMOS OLVIDAR QUE SI NO PODEMOS SABER CON EXACTITUD EL DIA Y LA HORA DE LA VENIDA DE CRISTO, PODEMOS SABER CUANDO ESTA CERCANO ESE DIA (Mat. 24:36-42; 1 Tes. 5:1-5).

Existen ciertas señales que indican su proximidad:

La apostasía general y abandono de la fe (1 Tim. 4:1; 2 Tim. 3:1-5; Luc. 18:8).

Un tiempo de acumulación de grandes riquezas (Sant. 5:1-9).

Un tiempo de gran actividad misionera (Mat. 24:14). Considérese la actividad misionera del último siglo. ¿No es esto maravilloso? ¿Será una "señal" de su venida?

La moderna historia de los judíos arroja mucha luz sobre el asunto de la proximidad de la venida de Cristo. A este respecto son significativos los siguientes hechos: el gran número de judíos que están volviendo a Palestina; el decaímiento del poder del gobierno turco, que ha gobernado a Palestina con mano de hierro, y ha excluído de ella al Judío; los planes de las naciones para devolver la Tierra Santa a los judíos con el consentimiento de los grandes poderes*; la lluvia temprana y tardía en Palestina; los ferrocarriles, la luz eléctrica, etc., en una tierra que ha

---

*Estas palabras fueron escritas antes de la primera guerra mundial.

estado desolada por largo tiempo. La higuera comienza a florecer, y se acerca la hora de la venida.

En relación con esto no se debe olvidar que muchas de las señales que se mencionan se refieren primariamente a la venida de Cristo *con* sus santos. Pero si esta etapa de su venida está cerca, seguramente está más cerca la primera etapa. Otras señales hacen referencia a la primera etapa del gran acontecimiento de su venida, que se conoce con el nombre de "arrebatamiento," o venida de Cristo *por* sus santos.

3. LAS ESCRITURAS PARECEN ENSEÑAR CLARAMENTE QUE NO EXISTE NADA EN LA ACTUALIDAD QUE IMPIDA LA VENIDA DE CRISTO POR SUS SANTOS EN CUALQUIER MOMENTO.

Queremos decir que no hay nada, según se colige de las enseñanzas de las Escrituras y las señales de los tiempos, que impida la inauguración del día del Señor, o la segunda venida de Cristo considerada en su conjunto (una serie de acontecimientos), con la venida de Cristo a tomar a su propio pueblo a sí mismo. En otras palabras, no existe nada que pueda impedir el "arrebatamiento" o "parousía"; la "epifanía," "manifestación, o "revelación" tendrá lugar en otra fecha más lejana.

Convendrá examinar y contestar, aunque no sea más que brevemente, algunas objeciones que se presentan, a este modo de ver.

Primera: Que el Evangelio no ha sido predicado en todo el mundo (Mat. 24:14), por consiguiente la venida de Cristo no es inminente.

Respuesta: Entendamos bien las significativas palabras del texto. La palabra "fin" aquí significa el fin del siglo, mientras que el arrebatamiento, o venida de Cristo *por* sus santos, la que aquí decimos que es inminente, no es el fin del siglo. La palabra "mundo" significa la tierra habitada; "evangelio," buenas nuevas; "testimonio" no quiere decir conversión. Concediendo que todos estos acontecimientos tienen que preceder al "arrebatamiento,"

¿no se han cumplido ya? En respuesta, véanse Hechos 2:5, 8:4; Rom. 10:18; Col. 1:6, 23, y se encontrará que es afirmativa. Debemos dar a la palabra "mundo" en Romanos y Colosenses el mismo significado que en Mat. 24:14. Además, debemos saber si la iglesia es el *único* testigo. Véase Apoc. 14:6. Si el arrebatamiento no es el fin del siglo, y si un ángel puede anunciar el evangelio, ¿por qué no ha de poder realizarse parte de la obra del testimonio después del arrebatamiento?

Segunda: A Pedro, Santiago y Juan se les dijo que no gustarían la muerte hasta que hubieran visto la venida del reino de Cristo (Mat. 16:28; Mar. 9:1; Luc. 9:27).

Respuesta: Es cierto, pero ¿no se cumplió esto cuando vieron a Cristo en el monte de la transfiguración? Pedro, que estuvo allí presente, dice con claridad que sí se cumplió (2 Ped. 1:16-18).

Tercera: Cristo dijo a sus discípulos que no acabarían de andar todas las ciudades de Israel hasta que viniera el Hijo del hombre (Mat. 10:23).

Respuesta: Mar. 6:30 y Luc. 9:10 demuestran que ellos no anduvieron todas las ciudades, ni existe evidencia alguna de que lo hicieron nunca, porque Israel rechazó el mensaje del reino. ¿No será posible que esto se realice después de la restauración de los judíos y la predicación de los "dos testigos"? (Apoc. 11).

Cuarta: Cristo dijo: "No pasará esta generación, que todas estas cosas no acontezcan." Véanse Mat. 24:34; Luc. 21:32; Mar. 13:30.

Respuesta: ¿Qué quiere decir "generación"? Algunos dicen "cuarenta años," de consiguiente el Maestro se refirió a la destrucción de Jerusalem, que fué su segunda venida. Pero esto no se sigue necesariamente. La palabra "generación" puede referirse a la *raza* judía; véase el uso de esta misma palabra en Mat. 11:16; 16:4; Mar. 8:38; Luc. 7:31; 16:8; 17:25; Fil. 2:15; Sal. 22:30; 24:6. En este mismo respecto téngase muy presente la admirable preservación de la raza judía. Otras naciones han pasado, perdiendo su identidad; el judío permanence, su generación (raza) no ha pasado, ni pasará "hasta que todas estas cosas acontezcan."*

B. LA RESURRECCION DE LOS MUERTOS.

En este acápite se incluye la resurrección, tanto de los justos como de los impíos, aunque, como se verá más tarde, ambas no ocurrirán al mismo tiempo.

I. LA DOCTRINA DE LA RESURRECCION CLARAMENTE ENSEÑADA EN LAS ESCRITURAS.

1. EN EL ANTIGUO TESTAMENTO.

Se presenta de diferentes maneras:

De Palabra: Job 19:25-27: "Yo sé que mi Redentor vive, y al fin se levantará sobre el polvo: y después de deshecha esta mi piel, aun he de ver en mi carne a Dios; al cual yo tengo de ver por mí, y mis ojos le verán, y no otro, aunque mis riñones se consuman dentro de mí." También Salmo 16:9; 17:15; Dan. 12:1-3.

En Sentido Figurado: Gén. 22:5 con Heb. 11:19: "Pensando que aun de los muertos es Dios poderoso para levantar; de donde también le volvió a recibir por figura."

En Profecía: Isaías 26:19: "Tus muertos vivirán; junto con mi cuerpo muerto resucitarán. ¡Despertad y cantad, moradores del polvo!" Estas son palabras de Jehová en respuesta a la lamentación de Israel en los vv. 17, 18. Aunque se refirieran a la resurrección de Israel como nación, aun así encierran la enseñanza de una resurrección corporal. Véase también Oseas 13:14.

En la Realidad: 1 Reyes 17 (Elías); 2 Reyes 4:32-35 (Eliseo y el hijo de la Sunamita); 13:21 (resurrección al contacto con los huesos muertos de Eliseo).

---

*Recomendamos muy encarecidamente *Jesús Viene*, de W.E.B., que sirve de mucha ayuda sobre este asunto. El autor le está sumamente agradecido a esta obra.

El Antiguo Testamento enseña, pues, la resurrección del cuerpo. La razón de Mar. 9:10, que parece indicar que los apóstoles no tenían conocimiento de una resurrección corporal, se encuentra en la renuencia de los apóstoles para creer en un Cristo crucificado.

2. EN EL NUEVO TESTAMENTO.

De Palabra: Nótese la enseñanza de Jesús en Juan 5:28, 29; todo el cap. 6, especialmente los vv. 39, 40, 44, 54; Luc. 14:13, 14; 20:35, 36. La enseñanza de los apóstoles: Pablo en Hechos 24:15; 1 Cor. 15; 1 Tes. 4:14-16; Fil. 3:11; Juan en Apoc. 20:4-6; 13.

En la Realidad: La resurrección de los santos (Mat. 27:52, 53; de Lázaro (Juan 11); de Jesucristo (Mat. 28). La resurrección de nuestro Señor les dió la seguridad de lo que hasta entonces había sido una esperanza apoyada por la autoridad de la Escritura de una manera imperfecta, y puesta en tela de juicio por los saduceos. Amplió esa esperanza (1 Ped. 1:3), y dió lugar prominente a la doctrina de la resurrección (1 Cor. 15).

II. NATURALEZA DE LA RESURRECCION.

1. UNA RESURRECCION LITERAL DE LOS CUERPOS DE TODOS LOS HOMBRES: UNA RESURRECCION UNIVERSAL.

Juan 5:28: "No os maravilléis de esto; porque vendrá hora, cuando todos los que están en los sepulcros oirán su voz; y . . . saldrán a resurrección de vida." 1 Cor. 15:22: "Porque así como en Adam todos mueren, así también en Cristo todos serán vivificados." El apóstol habla aquí de la muerte física en Adam, y de la resurrección física en Cristo.

Apocalipsis 20:12 y 2 Corintios 5:10 hacen ver la necesidad de la resurrección del cuerpo para que pueda realizarse el juicio según las obras hechas en el cuerpo. Véase también la esperanza de Job (19:25-27), y la de David (Salmo 16:9).

A veces se objeta que nosotros materializamos estas escrituras, cuyo sentido es espiritual y metafórico. A lo que contestamos: Aunque la frase misma, "resurrección del cuerpo," no se encuentra en la Biblia, estos pasajes se refieren claramente a una resurrección física antes que a una espiritual. De hecho Juan 5:25-29 hace una distinción bien marcada entre una resurrección espiritual (v. 25) y una resurrección literal (v. 28). Véanse también Fil. 3:21; 1 Tes. 4:13-17; 2 Tim. 2:18: "Que se han descaminado de la verdad, diciendo que la resurrección es ya hecha," lo que indica que la primitiva iglesia creía en la resurrección literal. No se puede creer que haga aquí una referencia a una resurrección espiritual como la de que se habla en Efesios 5:14. Hechos 24:15 habla de una resurrección de los justos y de los injustos, lo que con toda seguridad no puede referirse a una resurrección espiritual. Si se refiriera a una resurrección espiritual, en la otra vida todos tendríamos dos espíritus: el que se tiene aquí, y el que se recibirá al tiempo de la resurrección. Las palabras "cuerpo espiritual" describen, no tanto el mismo cuerpo, como su naturaleza. El "cuerpo espiritual" es cuerpo, no espíritu, por consiguiente no se ha de pensar que está definiendo un cuerpo. Las palabras "cuerpo espiritual" significan el cuerpo espiritualizado. De modo que hay un cuerpo natural, adaptado y destinado al uso del alma; y hay un cuerpo espiritual, adaptado al uso del espíritu en el día de su resurrección.

2. NUESTRA REDENCION COMPLETA INCLUYE LA REDENCION DEL CUERPO.

Rom. 8:11-23: "Y no sólo ellas, mas también nosotros mismos, que tenemos las primicias del Espíritu, nosotros también gemimos dentro de nosotros mismos, esperando la adopción, *es a saber*, la redención de nuestro cuerpo." Véase también 1 Cor. 6:13-20. En Juan 6:39 y Job 19:25-27 se nos dice que el polvo en que se disolverán nuestros cuerpos, será vivificado, lo que indica una resurrección física.

Este concepto del valor del cuerpo es lo que hace que los cristianos cuiden tanto de sus seres queridos desaparecidos y de sus sepulturas. El presente cuerpo del creyente, que se llama "el cuerpo de nuestra bajeza" (Fil. 3:21), no está aún preparado para entrar en el reino (1 Cor. 15:50). La esperanza de Pablo no descansaba en la liberación del cuerpo, sino en la redención del mismo (2 Cor. 5:4).

3. NATURALEZA DEL CUERPO RESUCITADO.

a) En General.

Aunque las Escrituras enseñan la resurrección literal del cuerpo, no es preciso insistir en la resurrección literal del cuerpo idéntico, con su pelo, dientes y uñas, que fué depositado en el sepulcro. La idea de que al tiempo de la resurrección vamos a ver manos volando a través del océano para unirse con el cuerpo, no se halla corroborada en las Escrituras. Tal idea no es necesaria para ser fiel a la enseñanza de la Biblia. La simple analogía humana nos debería enseñar esto, (1 Cor. 15:36, 37) "no siembras el cuerpo que ha de salir." Lo único en que tenemos que insistir es en que se conserva la identidad, aunque no sepamos aún en qué consiste ese lazo de la identidad. Después de todo, no es tan importante la identidad material cuanto la individualidad glorificada. El crecimiento de la semilla demuestra que puede haber identidad personal, aunque cambien por completo las condiciones físicas.

Sobre la resurrección del cuerpo se pueden decir cuatro cosas: primera, no es necesariamente idéntico al que bajó al sepulcro; segunda, tendrá alguna conexión orgánica con el que bajó al sepulcro; tercera, será un cuerpo que Dios concederá según su beneplácito; cuarta, será un cuerpo mucho mejor que el anterior.

b) El Cuerpo del Creyente.

Fil. 3:21: "El cual trasformará el cuerpo de nuestra bajeza, para ser semejante al cuerpo de su gloria, por la operación con la cual puede también sujetar a sí todas las cosas." Véanse también 1 Juan 3:2; 1 Cor. 15:49.

¿Quién podrá decir cuál fué la naturaleza y el parecer del cuerpo resucitado de Cristo, al que se ha de asemejar nuestro cuerpo resucitado? Fué un cuerpo real (Luc. 24:39); reconocible (Luc. 24:31; Juan 20:16); poderoso (Juan 20:19).

Resumiendo estos pasajes, podemos decir que el cuerpo resucitado del creyente será como el cuerpo glorificado de Cristo.

Las características del cuerpo resucitado del creyente se nos dan en 1 Cor. 15:

No es carne y sangre (vv. 50, 51; cf. Heb. 2:14; 2 Cor. 5:1-6; Luc. 24:39): "carne y huesos," de modo que no es puro espiritu, sino un cuerpo real.

Es incorruptible (v. 42), no sujeto a descomposición, enfermedad o dolor.

Es glorioso (v. 43), cf. la trasfiguración (Mat. 17); Apoc. 1:13-17. Se ha dicho que Adam y Eva, antes de su caída, tenían un cuerpo glorioso. El rostro de Esteban fué glorioso en su muerte (Hechos 6:15). 2 Cor. 3:18.

Es fuerte (v. 43); no está sujeto al cansancio, fatiga o debilidad; cf. ahora "el espíritu está presto, mas la carne enferma"; no sucederá así entonces.

Es un cuerpo espiritual (v. 44). Ahora el alma es la vida del cuerpo; entonces el espíritu será la vida del cuerpo.

Es celestial (v. 47-49).

c) El Cuerpo Resucitado del Incrédulo.

Las Escrituras guardán un silencio extraño sobre este asunto. Es digno de notarse que en las genealogías de Génesis 5 no se agrega la edad a los nombres de aquellos que no se hallaban en la línea escogida. ¿Habrá en ello la intención de pasar por alto a los impíos? En la historia del rico y Lázaro, no se da el nombre del rico impío; ¿por qué?

III. TIEMPO DE LA RESURRECCION.
1. LA RESURRECCION DE LOS JUSTOS.

Juan 6:39, 40, 44: "El día postrero." Esto no quiere decir un día de veinticuatro horas, sino un período indefinido de tiempo. Conviene limitar, de ordinario, la palabra "día" a un período de veinticuatro horas solamente cuando se la agrega un numeral, ordinal o cardinal, como "el día cuarto," etc. Cuando se mencionan el "día de la gracia," "día del juicio," "este tu día," etc., se refieren a períodos de tiempo más o menos largos, según sea el caso.

1 Cor. 15:23: "Mas cada uno en su orden: Cristo las primicias; luego los que son de Cristo, en su venida." 1 Tes. 4:14-17. En ambos pasajes la resurrección del creyente se relaciona con la venida de Cristo. Este hecho introduce el último día, y es tratado como una cosa separada y distinta.

2. LA RESURRECCION DE LOS IMPIOS.

Así como es diferente el resultado (Juan 5:28, 29; Dan. 12:2), así serán también el tiempo de la resurrección de los justos y el de los impíos.

Fil. 3:11: "Si en alguna manera llegase a la resurrección de (literalmente, de entre) los muertos." Para Pablo no tenía ningún aliciente estar seguro de que había de resucitar de entre los muertos, porque él sabía que todos los muertos habían de resucitar. Por lo que Pablo se esforzaba era por ser contado digno de la primera resurrección, es decir, la resurrección de los justos de entre los impíos. La resurrección "de entre" los muertos es la resurrección a la vida y la gloria; la resurrección "de" los muertos es la resurrección a vergüenza y desprecio eternos.

1 Cor. 15:21-24. Nótense las expresiones que se usan y su significado: "luego" significa lo que sigue en orden, el griego indicando secuencia, no simultaneidad; cada uno en su propia cohorte, batallón, brigada (cf. Marcos 4:28: "Primero hierba, luego, espiga, después grano lleno en la espiga"). Ya han pasado mil novecientos años entre "Cristo las primicias" y "los que son de Cristo." No podremos afirmar definitivamente cuántos años pasarán entre la resurrección de "los que son de Cristo" y la de los impíos ("el fin"); pero podemos estar seguros que pasará el tiempo suficiente para que Cristo "ponga a todos sus enemigos debajo de sus pies" (v. 25). Aquí se mencionan tres grupos o rangos: "Cristo," "los que son de Cristo," "el fin" (la resurrección

de los impíos). (Cf. vv. 5, 6, 7: "Apareció a Cefas, y después a los doce. Después . . . después . . . después . . . y el postrero de todos . . . me apareció a mí.") Primero Cristo, después (más tarde) "los que son de Cristo," luego (significando más tarde, una era nueva que tendrá lugar después de un intervalo) "viene el fin."

Dan. 12:2: "Y muchos de los que duermen en el polvo de la tierra serán despertados, unos (lit. los que se despiertan entonces) para vida eterna, y otros (lit. los que no se despiertan entonces) para vergüenza y confusión perpetua." Algunos de los más eminentes peritos en el hebreo traducen este pasaje de la siguiente manera: "Y (en aquel tiempo) muchos (de tu pueblo) despertarán (o serán separados) de entre los que duermen en el polvo de la tierra. Estos (los que despiertan) serán para la vida eterna, pero aquellos (los que entonces no despiertan) serán para vergüenza y confusión perpetua." Parece evidente, según este pasaje, que no todos despertarán al mismo tiempo (este), sino solamente los que están escritos en el libro (12:1).

Apoc. 20:4-6 da a entender que entre la resurrección de los justos y de los impíos pasarán por lo menos mil años, sea cual sea el período de tiempo que así se designa.

Juan 5:28, 29; Dan. 12:2; Apoc. 20:12 hacen ver que la resurrección de los impíos va siempre relacionada con el juicio, y que éste tiene lugar al fin y no al principio del día del Señor.

Cualesquiera que sean las dificultades que se presenten en relación con la resurreccion, cualesquiera que sean los obstáculos de índole milagrosa o sobrenatural que se presenten en relación con ella, deben resolverse teniendo presente la verdad enunciada por Cristo al referirse a la misma materia: Mat. 22:29: "Erráis, ignorando las Escrituras y el poder de Dios." (Cf. v. 23: "Aquel día llegaron a él los saduceos, que dicen no haber resurrección," etc., y los versículos siguientes para entender el v. 29).

C. EL JUICIO
I. EL HECHO DEL JUICIO.

1. ENSEÑADO CLARAMENTE EN EL ANTIGUO TESTAMENTO.

Sal. 96:13: "Delante de Jehová que vino: porque vino a juzgar la tierra. Juzgará al mundo con justicia, y a los pueblos con su verdad." A pesar de que en el pasaje anterior se hace referencia particularmente a la recompensa de los justos, en él se halla contenida también la idea del juicio. Tanto el premio como el castigo se hallan encerrados en la idea del juicio.

2. EL NUEVO TESTAMENTO.

Hechos 17:31: "Por cuanto ha establecido un día, en el cual ha de juzgar al mundo con justicia, por aquel varón al cual determinó; dando fe a todos con haberle levantado de los muertos." Heb. 9:27. Así como está "establecido a los hombres que mueran una vez," así también está establecido a los hombres que comparezcan en el juicio. No hay escape ni del uno ni del otro.

El hecho de que el mundo ha de ser juzgado forma parte del mensaje tanto del Antiguo como del Nuevo Testamento. El reino de Dios se ha de extender por todo el universo, pero es necesario que haya un juicio en el que sean juzgados los malos y premiados los justos, a fin de que sea establecido sobre la tierra el reinado de la justicia eterna.

3. LA CONCIENCIA DE TODA LA HUMANIDAD CORROBORA LA ENSEÑANZA DE LAS ESCRITURAS ACERCA DE LA SEGURIDAD DE UN JUICIO VENIDERO.

Esto es cierto tanto de la conciencia individual como de la conciencia universal. Los descubrimientos arqueológicos, así como la historia de todos los pueblos confirman este hecho. Se halla corroborado por Ecle. 11:9; 12:14, libro que es en realidad un libro de filosofía mundana, pues en él se narran las experiencias y observaciones de un hombre que juzgaba todas las cosas desde el punto de vista de "debajo del sol," es decir, sin referencia especial a una revelación de lo alto.

4. LA RESURRECCION DE JESUCRISTO ES PRUEBA SEGURA Y CIERTA QUE DIOS HA DADO A LOS HOMBRES DE UN JUICIO VENIDERO.

Hechos 17:31 (citado antes). Aquí encontramos la "seguridad" en el sentido de prueba o fundamento de evidencia. El contexto es muy sugerente: Dios había sufrido por mucho tiempo los pecados de los hombres, y en cierto sentido los había pasado por alto. De ahí que los hombres han pensado que Dios continuaría haciendo lo mismo. Pero no será así, sino que hay un juicio que ha de venir, cuya evidencia se halla en la resurrección de Jesucristo.

II. EL JUEZ, CRISTO.

Juan 5:22, 23, 27; 2 Tim. 4:1; 2 Cor. 5:10; Hechos 10:42; 17:31. El Hombre que pendió de la cruz es el mismo que se sentará en el trono. Nótese la expresión, "en cuanto es el Hijo del hombre." Esto indica que es apto para juzgar, pues puede compadecerse de los hombres. Pero El es también igual al Padre. Esto indica su competencia para juzgar, pues es omnisciente. Los textos que hablan de Dios juzgando al mundo, se han de entender como refiriéndose a Dios el Hijo. No puede haber apelación del Hijo al Padre.

III. NATURALEZA DEL JUICIO.

Hemos de estar prevenidos contra la idea errónea de que ha de haber un gran juicio general, que tendrá lugar al fin del mundo, en el que toda la humanidad estará presente ante el gran trono blanco. Los juicios de la Biblia difieren en cuanto al tiempo, lugar, personas y resultados.

1. UN JUICIO YA HA PASADO: EL JUICIO EN LA CRUZ.

Juan 5:24; 12:31; 2 Cor. 5:21; Gál. 3:13; 1 Ped. 2:24. En

este juicio fué juzgado Satanás y deshecho su poder sobre el creyente. Aquí fueron también juzgados y borrados los pecados del creyente.

2. HAY UN JUICIO PRESENTE QUE SE ESTA REALIZANDO TODOS LOS DIAS EN LA VIDA DEL CREYENTE.

1 Cor. 11:31; 32; 5:5; 1 Tim. 1:20; cf., por vía de ilustración, 2 Sam. 7:14, 15; 12:13, 14. Este juicio continuo de la vida del creyente debe realizarse para que no tenga lugar el juicio de Dios a causa de la falta consecuente de crecimiento en la gracia. Tiene que haber un juicio constante y continuo del pecado a medida que éste se presente en la vida del creyente (1 Juan 1:5-7).

3. HAY UN JUICIO VENIDERO.

a) De los Santos.

1 Cor. 3:8-16; 2 Cor. 5:10; 1 Cor. 4:5. Este ha de ser el juicio de las obras del creyente, no de su salvación. Se llama "el tribunal de Cristo." Se deduce que se refiere a los santos de 2 Cor. 5:1, 5, 7, 9; y también de 1 Cor. 4:5, donde se nos dice que "cada uno tendrá de Dios la alabanza." Esto no se puede decir de los impíos. En este juicio no se resolverá el destino final, sino que se hará el ajuste del premio o pérdida de él, según nuestras obras, y del puesto que cada uno ocupará en el reino, lo que será según la obra de cada cual.

b) De las Naciones Vivientes.

Mat. 25:31-46. Este juicio tendrá lugar al tiempo de la venida de Cristo con sus santos. En este capítulo deben notarse tres cosas: primera, el banquete de las bodas del Cordero (vv. 1-13); segunda, el juicio de los santos (vv. 14-30); tercera, el juicio de las naciones vivientes (vv. 31-46). Este no es un juicio general de buenos y malos, pues en él hay tres clases de personas. "Mis hermanos" no puede referirse a los santos, porque en este caso diría "en cuanto lo hicisteis a vosotros mismos, a mí lo hicisteis." La Iglesia tampoco se encuentra en este juicio, porque ya ha sido trasladada y recompensada, como ya hemos visto. La Iglesia no pertenece ya a las naciones, como tampoco Israel. Las naciones son las que tratan con Israel durante la gran tribulación. Los "hermanos" son probablemente el remanente judío que se ha vuelto a Cristo durante la gran tribulación, y que ha sido cruelmente perseguido por el Anticristo, así como por muchas naciones inicuas, como Rusia lo está haciendo hoy día. Este es un juicio de las naciones que viven; de las muertas no se hace mención.

c) Del Gran Trono Blanco.

Apoc. 20:11-15. Este juicio se llama el juicio final y tiene lugar al terminar el milenio, después que han sido juzgadas las naciones vivientes (Mat. 25). Es un juicio de "los muertos"; no se hace mención alguna de los vivos en relación con él.

Nótese la diferencia entre los juicios de las naciones vivientes y el del gran trono blanco: el primero tiene lugar al principio, y el segundo al fin del milenio; el uno tiene que ver con los vivos, el otro con los muertos; el uno trata de la conducta con "los hermanos", el otro con los pecados en general que se hallan en los libros.

d) De Israel.

Ezeq. 20:33-44; Sal. 50:16-22. Tiene lugar probablemente al fin de la gran tribulación.

e) De los Angeles Caídos.

Judas 6; 2 Ped. 2:4. En este juicio a los creyentes se los asocia con Cristo (1 Cor. 6:3).

D. DESTINO FINAL DE LOS IMPIOS.

"Cualquier opinión que se tenga de este mundo tiene su escatología. No puede menos de preguntarse adónde, y también qué y de dónde. 'Señor mío, ¿qué será el cumplimiento de las cosas?", preguntó Daniel al ángel (12:8). ¿Cuál es el fin, el destino final del individuo? ¿Se acaba con la muerte, o comienza un nuevo modo de ser; y en qué condiciones de felicidad o dolor vive allí? ¿Cuál es el propósito final del gran todo, ese lejano acontecimiento divino hacia el que se mueve toda la creación? En vano se pide al hombre que no se haga estas preguntas. El continuará haciéndoselas, y debe hacérselas. El escudriñará los más mínimos detalles de cualquier hecho, o vestigio de alguna ley, que le pueda dar alguna indicación sobre la respuesta. Tratará de deducir cuál será el futuro de la experiencia del pasado y del conocimiento del presente. Penetrará cuanto le sea posible en lo invisible; y cuando le falte el conocimiento, hará conjeturas y pintará cuadros sacados de sus propias esperanzas y anhelos.

"El punto de vista cristiano acerca del mundo tiene también su escatología. Pero el punto de vista cristiano es positivo, al paso que el de la ciencia es negativo; el primero ético, éste material; aquél humano, el otro cosmogónico; el primero termina en la inmortalidad personal, el segundo en la extinción y la muerte. La escatología del Cristianismo brota de su propio carácter como religión teológica; procura comprender la unidad del mundo a través de la idea de un fin o propósito." (*James Orr*)

Esta es probablemente la doctrina más difícil de aceptar en el Cristianismo. Si preguntamos por qué, recibiremos varias respuestas. Unos dirán que muchos no aceptan esta doctrina, porque se sienten culpables, y la conciencia les dice que si no se arrepienten y vuelven a Dios, les espera una suerte horrible. Otros piensan que es porque la idea de un castigo futuro produce terror en el corazón del pueblo, y por consiguiente la doctrina los repugna. A otros les parece que el pensamiento de una angustia futura es incompatible con el amor paternal de Dios. A pesar de todo, tenemos que admitir que es un hecho muy significativo que Jesús y Juan, que representan más que ninguno otro en el Nuevo Testamento el elemento del amor en sus vidas y enseñanzas, son los que más hablan del futuro sufrimiento de los malvados.

No puede haber duda razonable de que el futuro castigo de los malos ocupa un lugar prominente en las Escrituras. El mensaje del predicador es lo que se contiene entre las dos tapas de la Biblia. Se debe tener, sin embargo, gran cuidado al enseñar o exponer esta doctrina. Después de todo, no es el hablar de cosas duras lo que penetra la conciencia de la gente; es la voz del amor divino, dejándose oir en medio de la tormenta.

Sin embargo, no se debe dejar de proclamar sin cobardía la doctrina de la retribución futura, aunque resulte terrible su presentación. Podemos apelar al temor como motivo legítimo de acción, y aunque pueda clasificarse entre los motivos bajos, es muy cierto que es el único motivo que mueve a muchos a obrar.

ALGUNOS HECHOS RECONOCIDOS.

Hay algunos hechos preliminares que deben ser reconocidos en la discusión de este asunto:

1. Que a los justos les irá bien, y a los impíos mal (Isa. 3:10, 11). Ha de reconocerse como fuera de toda duda y de ley incontestable, que existe una retribución para el pecado y una recompensa para el justo. No se puede jugar con esta verdad sin correr un peligro muy grave. El hombre debe sufrir por su pecado, si persiste en él con voluntad y deliberadamente. A este sufrimiento la Biblia lo llama muerte eterna.

2. Debemos reconocer que gran parte del lenguaje usado en la Biblia al tratar de esta condición se expresa en términos figurados. Pero el estado no es menos real a causa de ello, porque, hablando en general, la realidad es más dura que el lenguaje figurado en que se presenta. Pero también aquí debemos andar con mucho cuidado, y distinguir entre lo que se afirma con lenguaje claro e inconfundible y lo que se presenta con palabras simbólicas y figuradas.

3. La disparidad entre el número de los salvados y de los perdidos. Existe el peligro de que nos olvidemos de los problemas relacionados con esta doctrina, tales como el aparente escaso número de los salvados, la suerte de los paganos que no han

tenido la oportunidad de oir el Evangelio, y la diferencia de privilegio y oportunidad entre los que viven en países así llamados cristianos.

Profecía vs. Historia. Es preciso admitir que es más difícil tratar de hechos futuros que con los del pasado. Es más difícil ocuparse de profecía que de historia. Podemos describir el pasado con todos sus detalles; del futuro no se pueden dar más que bosquejos generales.

"Nuestro modo de tratar los asuntos que se ocupan del futuro debe, por su misma naturaleza, ser muy diferente del modo con que trataríamos asuntos del pasado. La historia y la profecía deben ser tratadas de diferente manera. Al ocuparnos con la historia de las revelaciones hechas por Dios, nos ocupamos de lo que ya ha acontecido: las edades antes de la venida de Cristo, la vida terrena y la revelación de Jesucristo, y el subsiguiente curso de la providencia de Dios en la Iglesia. Es una realidad concreta ante nosotros, y podemos argumentar basados en ello como cosa conocida en su totalidad y en los detalles. Pero la cosa cambia por completo cuando el asunto de la revelación es lo que ha de acontecer, especialmente lo que ha de suceder bajo formas y condiciones de las que nosotros no hemos tenido experiencia directa. Es aquí donde no podemos esperar más que bosquejos, y éstos mismos habrán de estar envueltos mayormente en símbolos y figuras; el meollo espiritual buscará una envoltura material para manifestarse; las condiciones del futuro necesitarán ser presentadas en formas tomadas de las relaciones que conocemos. Los pensamientos salientes se dejarán ver con suficiente claridad; pero los pensamientos en que estos pensamientos están envueltos, tendrán que participar de la naturaleza de la metáfora y la imagen." (*James Orr*)

II. SE DICE QUE LOS IMPIOS "MUEREN EN SUS PECADOS."

Juan 8:21, 24: "Y díjoles otra vez Jesús: Yo me voy, y me buscaréis, mas en vuestro pecado moriréis: a donde yo voy, vosotros no podéis venir. Por eso os dije que moriréis en vuestros pecados; porque si no creyereis que yo soy, en vuestros pecados moriréis." Rom. 6:23: "Porque la paga del pecado es muerte." Véase Apoc. 20:14, 15; 21:8.

La "muerte" de que aquí se habla no significa cesación de la existencia, como vida eterna tampoco quiere decir principio de existencia. Vida eterna no significa únicamente vivir para siempre, sino vivir para siempre en un estado de bienaventuranza. Vida eterna no se refiere tanto a la cantidad cuanto a la calidad de la existencia. Lo mismo puede decirse de muerte eterna. Es una calidad de la existencia, no cesación de ser. Aun en esta vida la muerte puede coexistir con la vida: "Pero la que vive en delicias, viviendo está muerta" (1 Tim. 5:6); Efe. 2:1. Dios llama muerte a lo que los hombres llaman vida. El creyente recibe dos cosas: en la regeneración, vida eterna; en la resurrección, inmortalidad; pero en ambos casos ya tiene vida y existencia. Así sucede con el impío: la segunda muerte no significa para él cesación de la existencia, porque ya está muerto, aun en esta vida (1 Tim. 5:6; Efe. 2:1; Juan 5:24, 25). Apoc. 21:8 describe lo que significa "muerte" en el sentido en que aquí se usa: "Mas a los temerosos e incrédulos . . . su parte será en el lago ardiendo con fuego y azufre, que es la muerte segunda."

III. LOS IMPIOS NO SON ANIQUILADOS.

Si se interpretan correctamente los textos que con más tesón se aducen para probar la teoría de la aniquilación, se verá que se refieren más a la separación de la tierra que a una retribución futura. Los principales pasajes son los siguientes:

Sal. 37:20: "Mas los impíos perecerán, y los enemigos de Jehová como la grasa de los carneros serán consumidos: se disiparán como humo." Este salmo se escribió para comunicar ánimo a Israel contra sus enemigos y su poder en la tierra. Este poder terrestre será completamente deshecho, y no valdrá más que el humo de un sacrificio quemado. La gran verdad que aquí se enseña es que la tierra es heredad de los santos, y que los impíos no tendrán parte en ella.

Abdías 16: ". . . y serán como si no hubieran sido." Estas

palabras están tomadas de la visión acerca de Edom, y se refieren a la destrucción de los edomitas y su tierra, pero no al porvenir de los impíos en la vida futura.

Hablando del "castigo eterno" que caerá sobre los impíos, según se relata en 2 Tes. 1:9, el aniquilacionista diría que se refiere a los "resultados o consecuencias" de tal castigo, pero no al castigo mismo. Las Escrituras, sin embargo, afirman que el "castigo" mismo es eterno, y no las consecuencias.

Una exégesis sana no puede sostener la interpretación que los partidarios de la teoría de la aniquilación dan a estos pasajes. ¿Qué necesidad hay de una resurrección, si los impíos son aniquilados al tiempo de su muerte, o para qué han de resucitar de entre los muertos, si han de ser aniquilados inmediatamente para siempre? Además, no existe lo que llaman castigo "inconsciente." A una cosa inconsciente no se la puede castigar. ¿Se podría castigar a una piedra o una casa? Sólo puede haber castigo donde hay conciencia por parte del que sufre.

IV. LOS IMPIOS SERAN CASTIGADOS.

Rom. 2:8, 9: "Mas a los que son contenciosos, y no obedecen a la verdad, antes obedecen a la injusticia, enojo e ira; tribulación y angustia sobre toda persona humana, que obra lo malo, el judío primeramente, y también el griego." "Ira" indica la determinación de Dios para con los que persisten en la maldad (Juan 3:36); "enojo," la exteriorización de esa ira en el día del juicio; "tribulación," una aflicción severa (Mat. 13:21; 24:9; Apoc. 7:14): "angustia," un confinamiento torturador en un lugar estrecho sin alivio, como en una cárcel o en el cepo. Quiera Dios que nosotros no sepamos nunca lo que estas palabras realmente significan.

Mat. 25:41, 46: "Entonces dirá también a los que estarán a la izquierda: Apartaos de mí, malditos, al fuego eterno preparado para el diablo y para sus ángeles. E irán éstos al tormento eterno."

2 Tes. 1:7-9: "Cuando se manifestará el Señor Jesús del cielo

con los ángeles de su potencia, en llama de fuego, para dar el pago a los que no conocieron a Dios, ni obedecen el evangelio de nuestro Señor Jesucristo; los cuales serán castigados de eterna perdición por la presencia del Señor, y por la gloria de su potencia." Véase también Marcos 9:43-50, que dice que los impíos serán arrojados "en la Gehenna, al fuego que no puede ser apagado; donde el gusano de ellos no muere, y el fuego nunca se apaga."

En estos pasajes hay ciertas palabras que requieren nuestra atención, y que debemos entender para tener un concepto correcto de la doctrina que estamos considerando:

1. "ETERNO."

Leemos de un castigo "eterno" y de un fuego "eterno," y se objeta que la palabra "eterno" no quiere decir "para siempre." Tal vez sea esto cierto. Pero todos estamos listos a admitir que cuando esta palabra se aplica a la condición de los justos, significa para siempre, sin fin; por ejemplo, los justos irán "a la vida eterna." Sin embargo la misma palabra se aplica al castigo de los impíos; por ejemplo, "e irán éstos al tormento eterno." La equidad exige que demos la misma duración al gozo de los justos que al castigo de los impíos, ya que ambos están calificados con la misma palabra griega. Si el premio de los justos tiene un término, también lo debe tener el castigo de los impíos. Tanto dura el uno como el otro. Si "destrucción" significa aniquilación, no se necesita la palabra "eterna" para calificarla. Además, las Escrituras presentan el castigo de los impíos no sólo como "eterno" (por las edades), sino como duradero "para siempre jamás," o "por los siglos de los siglos" (Apoc. 19:3; 20:10; 14:11). Aquí se nos presenta un cuadro de siglos amontonándose sobre siglos en una sucesión eterna.

2. "CASTIGO."

El significado de esta palabra se puede encontrar en la división anterior (III), que trata del tema de la aniquilación.

3. "FUEGO."

Este es uno de los símiles más frecuentes para representar el tormento y miseria de los impíos. El fuego es un símbolo de la ira del juicio divino (Mat. 5:22). En Mat. 3:10 se representa a los impíos como un árbol cortado y echado al fuego; en Mat. 3:12, como la paja quemada en un fuego que nunca se apaga; en 13:42 se nos dice que los impíos son arrojados a un horno de fuego.

¿Es *literal* el "fuego" de que aquí se habla? Es norma aceptada como regla de lenguaje que una figura de locución no expresa las cosas con tanta viveza como la realidad misma. Si "fuego" es simplemente una expresión figurada, debe representar una gran realidad; y si la realidad es más viva que la figura, el castigo representado aquí por el fuego debe ser una cosa terrible.

Se dice que el fuego debe consumir necesariamente, que en el fuego nada puede continuar existiendo. ¿No es significativo que, al hablar de este fuego, el Bautista usa la palabra *inextinguible*, (*asbestos,* en griego)? Tal vez arroje alguna luz sobre este asunto el incidente de los tres muchachos hebreos en el horno de fuego. ¿Fueron consumidos, o resistieron al fuego? (Dan. 3:27). En la parábola de la cizaña (Mat. 13:36-43) nuestro Señor dice que la cizaña fué quemada. Al retirarse Cristo a la casa, después de haber pronunciado la parábola, sus discípulos le preguntaron qué significaban las figuras de lenguaje que había usado en la parábola. El accedió a lo que le pedían y les explicó el lenguaje figurado de la parábola y todas las palabras de sentido figurado menos la palabra "fuego." Les dijo: "El campo es el mundo; y la buena simiente son los hijos del reino, y la cizaña son los hijos del malo; y el enemigo que la sembró, es el diablo; y la siega es el fin del mundo; y los segadores son los ángeles. De manera que como es cogida la cizaña, y quemada al fuego, así será el fin de este siglo. . . . Y los echarán en el horno de fuego: allí será el lloro y el crujir de dientes." ¿Por qué no explicó el Maestro qué significaba la palabra figurada "fuego"? El explicó todas las otras palabras,

¿por qué no ésta? ¿Se olvidó? ¿O quiso que sus discípulos recibieran la impresión de que estaba hablando de un fuego literal? El tuvo la oportunidad de explicar el uso que hacía de las palabras, porque esto era precisamente lo que sus discípulos le habían preguntado. ¿Tuvo algún significado el hecho de que Jesús no les explicara la palabra "fuego"? Creamos o no en un fuego literal, tenemos motivos para buscar una razón por qué el Maestro no dió un sentido literal a la palabra figurada "fuego."

4. "TINIEBLAS."

Esta palabra se usa para describir la condición de los perdidos: "Serán echados a las tinieblas de afuera: allí será el lloro y el crujir de dientes." Estas palabras se hallan juntas siete veces: Mat. 8:12; 13:42, 50; 22:13; 24:51; 25:30; Luc. 13:28. El cuadro es el de un banquete, que de ordinario se celebraba de noche. Los impíos son echados fuera de la luz, del gozo y de la festividad a las tinieblas y tristeza exterior, como si se tratara de la angustia y tristeza de una prisión en la que reina la agonía, la ira, la desesperación. ¿Es ésta una descripción del infierno: ausencia de luz espiritual; separación de la compañía de los salvavados; lamentos; furia impotente?

E. RECOMPENSA FINAL DE LOS JUSTOS

El Apóstol Pablo dice que si tenemos en esta vida una esperanza que descansa en Cristo, pero nada más, somos los más miserables de todos los hombres (1 Cor. 15:19). La idea es que, si esta esperanza que el creyente tiene en Cristo es una esperanza ilusoria, sin una perspectiva de realización en el futuro, el cristiano se encuentra en un estado lamentable. Ha escogido una vida de sacrificio, privándose de los placeres de este mundo, y si no hay placeres en las tinieblas en que ha de entrar, se ha equivocado, pues ha escogido una vida que va a terminar en la propia destrucción. Si no tiene un hogar adonde ir, un Dios que le dé la bienvenida, un Rey que le diga: "Bien hecho, cambia la mortalidad por la vida," se encuentra en una situación verdaderamente deplorable. Pero la realidad no es así. La esperanza del cristiano atraviesa el velo hasta la misma presencia de Dios, y perdura por toda la eternidad.

I. EL CRISTIANO NUNCA MUERE.

Juan 8:51: "De cierto, de cierto os digo, que el que guardare mi palabra, no verá muerte para siempre." 11:25, 26: "Dícele Jesús: Yo soy la resurrección y la vida: el que cree en mí aunque esté muerto, vivirá. Y todo aquel que vive y cree en mí, no morirá eternamente. ¿Crees esto?"

Lo que Cristo quiere dar a entender aquí no es que el creyente no haya de pasar por la experiencia que llamamos muerte, sino que en realidad eso no es muerte, por lo menos en el sentido en que es muerte para el no creyente. Jesús ha quitado a la muerte su aguijón. El agudo contraste entre la muerte y la experiencia por la que pasa el creyente se nos presenta en 1 Tes. 4:13, 14: "Tampoco, hermanos, queremos que ignoréis acerca de los que duermen, que no os entristezcáis como los otros que no tienen esperanza. Porque si creemos que Jesús murió y resucitó, así también traerá Dios con él a los que durmieron en Jesús." Jesús "murió," gustó la amargura de la muerte; el creyente en El "duerme." Cf. Juan 11:11: "Nuestro amigo Lázaro duerme." En estas palabras no hay base para la moderna doctrina del sueño del alma. Cristo no quiso decir que el alma está inconsciente entre el tiempo de la muerte y de la resurreccion. Porque cuando los discípulos no entendieron este lenguaje figurado, Cristo les dijo llanamente: "Lázaro es muerto" (11:11, 15). Lo que Cristo quiso decir fué que la muerte es algo así como lo que sucede cuando dormimos. ¿Qué es lo que sucede cuando dormimos? No es, por cierto, que cesa la corriente de vida, sino que continúa, y cuando despertamos nos sentimos mejor y más fuertes que antes. Pero se excluyen todas las escenas del mundo y del tiempo. Lo mismo acontece en el caso de la muerte del creyente. En la palabra "sueño" se encierran tres ideas: existencia continuada, porque, aunque el cuerpo está inactivo, el alma sigue activa; reposo, perdemos el contacto y nos olvidamos de las cosas del mundo; despertamiento, siempre pensamos que al sueño le sigue el despertamiento.

La palabra "verá" en Juan 8:51 quiere decir que el creyente no contemplará la muerte de una manera detenida, fija, absoluta. La muerte no es el objeto de su mirada. La mira del creyente es a la vida, no a la muerte. La muerte del cuerpo no se ha de considerar más muerte que la vida del cuerpo, vida (1 Tim. 5:6). El creyente vuelve la espalda a la muerte, y mira y contempla la vida. La separación temporal del alma y el cuerpo ni siquiera interrumpe, mucho menos priva de la vida que nos da Jesús.

II. EL CREYENTE VA A ESTAR CON CRISTO.

2 Cor. 5:6: "Así que vivimos confiados siempre, y sabiendo, que entre tanto que estamos en el cuerpo, peregrinamos ausentes del Señor." Fil. 1:23: "Porque de ambas cosas estoy puesto en estrecho, teniendo deseo de ser desatado, y estar con Cristo, lo cual es mucho mejor."

La experiencia (muerte-sueño) por la que pasa el creyente, le presenta inmediatamente a la presencia de Cristo. Le lleva instantáneamente a su hogar con Cristo. En estas palabras no puede haber la menor insinuación de inconsciencia o sueño del alma. Parece deducirse de las palabras de Pablo en 2 Cor. 5:1-5 que el creyente recibe una especie de cuerpo espiritual durante el tiempo que está esperando la resurrección del cuerpo. Lo que Pablo desea no es estar en un estado incorpóreo, sino tener otro cuerpo que no está sujeto a la muerte. "Estar con Cristo," eso es lo que significa "muerte" para el creyente.

III. EL CUERPO DEL CREYENTE RESUCITA DE ENTRE LOS MUERTOS.

Para la completa discusión del cuerpo resucitado del creyente, sus características, etc., véase Doctrina de la Resurrección, pág. 229.

IV. EL CREYENTE RECIBIRA SU RECOMPENSA FINAL EN EL FUTURO.

Mat. 25:20-23: "Y llegando el que había recibido cinco talentos, trajo otros cinco talentos, diciendo: Señor, cinco talentos me entregaste; he aquí otros cinco talentos he ganado sobre ellos. Y su señor le dijo: Bien, buen siervo y fiel; sobre poco has sido fiel, sobre mucho te pondré: entra en el gozo de tu señor. Y llegando también el que había recibido dos talentos, dijo: Señor, dos talentos me entregaste; he aquí otros dos talentos he ganado sobre ellos. Su señor le dijo: Bien, buen siervo y fiel; sobre poco has sido fiel, sobre mucho te pondré: entra en el gozo de tu señor."

Luc. 19:12-19: "Dijo pues: Un hombre noble partió a una provincia lejos, para tomar para sí un reino, y volver. Mas llamados diez siervos suyos, les dió diez minas, y díjoles: Negociad entre tanto que vengo. Empero sus ciudadanos le aborrecían, y enviaron tras de él una embajada, diciendo: No queremos que éste reine sobre nosotros. Y aconteció, que vuelto él, habiendo tomado el reino, mandó llamar a sí a aquellos siervos a los cuales había dado el dinero, para saber lo que había negociado cada uno. Y vino el primero, diciendo: Señor, tu mina ha ganado diez minas. Y él le dice: Está bien, buen siervo; pues que en lo poco has sido fiel, tendrás potestad sobre diez ciudades. Y vino otro, diciendo: Señor, tu mina ha hecho cinco minas. Y también a éste dijo: Tú también sé sobre cinco ciudades."

Mateo 24 nos exhorta a esperar y velar por la venida de Cristo; y el capítulo 25 nos muestra cómo debemos obedecer esta exhortación. El capítulo 25 nos ilustra, en la parábola de las vírgenes (vv. 1-13), la necesidad de tener cuidado de nuestra vida espiritual íntima; mientras que en la parábola de los talentos (vv. 14-30), pone énfasis en la necesidad de trabajar por Cristo, mientras estamos esperando su regreso.

Aunque ambas parábolas tratan del mismo asunto de la recompensa de los santos, presentan el tema desde diferente punto de vista. La parábola de las minas fué pronunciada antes de la entrada en Jerusalem; la de los talentos, tres días después; la de las minas, a las multitudes; la de los talentos, a los discípulos. La de las minas fué dicha porque la gente pensaba que el reino iba a aparecer inmediatamente, de ahí la idea de un largo camino. En la de las minas hay oposición a Cristo; en la de los talentos, no. En la de los talentos se dividen sumas desiguales en la misma proporción; en la de las minas, sumas iguales se dividen en proporciones diferentes. La parábola de las minas fué pronunciada para reprimir la impaciencia; la de los talentos, para estimular la actividad hasta que Cristo regresara.

Los talentos no son distribuídos al antojo, sino conforme a la habilidad de cada uno para negociarlos. El que tenía cinco talentos pudo usar los cinco, y por consiguiente se le hizo responsable del uso de los cinco. Lo mismo sucedió con el de dos, y con el de uno. La cuestión no está en el cuánto: "Cuántos talentos he recibido," sino en "qué uso he hecho de ellos." El premio a la fidelidad es el mismo en cada caso: "Sé sobre muchas ciudades." En la parábola de las minas es diferente. Todos comienzan con el mismo número de minas. Según difieran en el uso que hacen de ellas, en su fidelidad, celo y actividad, así será también la diferencia en las ganancias y recompensa (diez ciudades, cinco ciudades). La recompensa del creyente será conforme a la fidelidad de su servicio a Dios en emplear los talentos con que Dios le ha dotado. La recompensa variará, por consiguiente, según nuestra fidelidad, o falta de ella, en nuestro servicio y en nuestra vida.

La fe en Jesucristo salva al creyente, pero su lugar en la vida venidera, así como la medida de la recompensa, dependerá de su fidelidad en el uso de los dones que ha recibido de Dios. De esta manera sucede que un hombre se puede salvar "así como por fuego," es decir, salvado por su fe en Cristo, pero sin premio. Véase 1 Cor. 3:10-15: "Conforme a la gracia de Dios que me ha sido dada, yo como perito arquitecto puse el fundamento, y otro edifica encima: empero cada uno vea cómo sobreedifica. Porque nadie puede poner otro fundamento que el que está puesto, el cual es Jesucristo. Y si alguno edificare sobre este fundamento oro, plata, piedras preciosas, madera, heno, hojarasca; la obra de cada uno será manifestada: porque el día la declarará; porque por el fuego será manifestada; y la obra de cada uno cuál sea, el fuego hará la prueba. Si permaneciere la obra de alguno que sobreedificó, recibirá recompensa. Si la obra de alguno fuere quemada, será perdida: él empero será salvo, mas así como por fuego." Aunque este pasaje probablemente se refiere, en primer lugar, a los maestros y predicadores cristianos, y toca el asunto de las doctrinas que se enseñan, tiene, sin embargo, una aplicación muy apta y verdadera a la vida y obra de cada creyente.

V. NATURALEZA DE LA RECOMPENSA DEL CREYENTE.

1. RECIBIRA UNA CORONA.

Las Escrituras hablan de varias coronas: La corona de la *Vida* (Santiago 1:12; Apoc. 2:10, compárese el contexto que habla de la muerte); de *Gloria* (1 Ped. 5:4; cf. Juan 17:22; Heb. 2:9); de *Justicia* (2 Tim. 4:8), la plena realización de la justicia de Cristo imputada y obrada adentro; de *Gozo* (1 Tes. 2:19), al ver a los convertidos que el ministerio de uno ha ganado para Cristo; de *Oro* (Apoc. 4:4); *Incorruptible* (1 Cor. 9:25), comparada con las coronas corruptibles de los juegos griegos; *Tu* corona (Apoc. 3:11), que es la que se guarda para ti, y que no debe perderse con la infidelidad; resumen de todas las expresiones anteriores, pues todas son características de "tu" corona.

2. LOS SIETE "EL QUE VENCIERE" DEL APO-CALIPSIS (cc. 2, 3).

a) 2:7: "Daré a comer del árbol de la vida, el cual está en medio del paraíso de Dios."

El árbol de la vida, que apenas ha sido mencionado desde el Génesis 3, donde fué perdido por el pecado, es ahora restaurado, en conformidad con la restauración de todas las cosas en Cristo. Esta figura expresa la participación en la vida eterna: el creyente no morirá ya más.

b) 2:11: "No recibirá Daño de la Muerte Segunda."

El que no ha nacido más que una vez, "según la carne," muere dos veces: física y eternamente. El que nace dos veces (el creyente), "según la carne" y "según el espíritu," no muere más que una vez; es decir, pasa por la separación física del alma y del cuerpo, que es lo que se llama muerte. La "muerte segunda," lo menos que puede significar es la separación completa de la presencia de Dios. Decir que el creyente no recibirá daño de la muerte segunda equivale a decir que contemplará eternamente el rostro del Padre, que está en el cielo.

c) 2:17 Recibirá una "piedrecita con un nuevo nombre escrito" en ella; al Creyente se le dará también a comer el "Maná Escondido."

Esta figura probablemente significa que al creyente se le da la piedra blanca de la absolución. En aquel tiempo se daba una piedra negra a los condenados en las cortes de justicia. Tal vez se haga alusión aquí a la piedra blanca (diamante?), que no se encontraba entre las piedras del ephod del sumo sacerdote, y que algunos piensan que eran el Urim y Thummim. La participación del maná escondida tal vez se refiera al hecho de que a los que se negaron a comer de la carne ofrecida en sacrificio a los ídolos, se les permitiría en premio deleitarse con el pan de Dios, el alimento divino. El nuevo nombre que se menciona tal vez simbolice una nueva naturaleza y nuevo carácter que poseerá el creyente en aquel nuevo país.

d) 2:26, 27. Autoridad sobre las Naciones.

No cabe duda de que esto se refiere al reinado de los santos con el Señor Jesucristo en el reino milenial. Los que han sufrido con El, también reinarán con El.

e) 3:4, 5. Será "Vestido con Vestiduras Blancas," y su Nombre jamás será Borrado del Libro de la Vida.

Las "vestiduras blancas" se refieren, sin duda, a la justicia de los santos. En los tiempos del Antiguo Testamento el ser borrado del libro de la vida significaba perder todos los privilegios de la teocracia, estar separado para siempre del favor de Dios. Aquí se da la seguridad de la salvación eterna del creyente. Cristo se gozará con él, y confesará con gozo que le reconoce como uno que le pertenece y le ha servido y confesado en la tierra.

f) 3:12. El Creyente será una Columna en el Templo de Dios, del que no Saldrá ya más; Dios Escribirá sobre El un Nuevo Nombre.

Filadelfia, el lugar donde se encontraba la iglesia a la que fueron dirigidas estas palabras, estaba expuesta a temblores de tierra, que con frecuencia sacudían las macizas columnas del templo. Esto no le acontecerá al creyente, nunca será sacudido. No entrará ni saldrá ya más, de modo que no habrá posibilidad de caer. Tendrá el nombre de Dios escrito sobre sí, y no habrá ya peligro de que nadie le pueda reclamar. Ya habrá pasado el tiempo de prueba del creyente; él tendrá un lugar permanente y eterno en el reino del Padre.

g) 3:21: "Yo le Daré que se Siente Conmigo en mi Trono."

Cristo nos exaltará consigo mismo. Santiago y Juan quisieron sentarse *al lado* de Cristo en el reino venidero. Pero esto es algo infinitamente mejor: sentarse con El en su trono.

VI. EL CREYENTE ENTRARA EN UNA NUEVA HABITACION Y NUEVO GENERO DE VIDA.

1. UNA NUEVA ESFERA DE VIDA PARA LOS SANTOS.

Nuevos cielos y nueva tierra: el paraíso reconquistado; nuevo ambiente espiritual; nuevas condiciones físicas; no rodeados de las tentaciones y defectos de esta vida mortal. "No más mar," que para el judío era símbolo de peligros seguros, dificultades e intranquilidad.

2. UN NUEVO HOGAR PARA LOS SANTOS.

Apoc. 21-22:5. Una descripción de la Ciudad Santa, la Nueva Jerusalem, que ha de ser la morada final y eterna del pueblo de Dios.

La Ciudad Santa se halla dentro de los nuevos cielos y la nueva tierra. Nótense algunas características de la Ciudad Santa: Su *Nombre:* Nueva Jerusalem. ¡Qué música más agradable al oído del judío, que por tanto tiempo ha estado sin una ciudad propia! Sus *Muros* (21:17): altos, seguros, defendidos contra todos los asaltos. Sus *Puertas* (21:15, 21): guardadas por los ángeles, con nombres sobre ellas, por las que sólo entran los santos. Sus *Fundamentos* (v. 14): los Apóstoles del Cordero; lustrosos (18). Sus *Habitantes:* los salvados de todas las naciones (las características de los habitantes 21:6, 7; 22:14; contraste con 21:8, 27). Sus *Dimensiones:* 4800 estadios (la Jerusalem terrestre no mide más que 33 estadios). Su *Gloria* (11-23): ¡qué suntuosidad!

3. NUEVAS CONDICIONES DE VIDA PARA LOS REDIMIDOS.

Allí está el hogar de Dios, de modo que el creyente tiene comunión continua con Dios. Algunas cosas que antes eran, ya han pasado: la muerte, el dolor, la maldición, las lágrimas, la tristeza, la noche; todo pasó. Aparecen ahora cosas nuevas: el río de la vida, el árbol de la vida, nuevo servicio, nuevas relaciones, nueva luz (22:4).

"Después de estas cosas oí una gran voz de gran compañía en el cielo, que decía: Aleluya: Salvación y honra y gloria y potencia al Señor Dios nuestro. "Y los veinticuatro ancianos y los cuatro animales se postraron en tierra,

y adoraron a Dios que estaba sentado sobre el trono, diciendo: Amén: Aleluya. "Y salió una voz del trono, que decía: Load a nuestro Dios todos sus siervos, y los que le teméis, así pequeños como grandes.

"Y oí como la voz de una grande compañía, y como el ruido de muchas aguas, y como la voz de grandes truenos, que decía: Aleluya: porque reinó el Señor nuestro Dios Todopoderoso.

"Gocémonos y alegrémonos y démosle gloria; porque son venidas las bodas del Cordero, y su esposa se ha aparejado.

"Y le fué dado que se vista de lino fino, limpio y brillante: porque el lino fino son las justificaciones de los santos."